UNSERE WELT IN 1000 BILDERN

DINOSAURIER

Lebewesen und Fossilien der Urzeit

UNSERE WELT IN 1000 BILDERN

DINOSAURIER

Lebewesen und Fossilien der Urzeit

JOHN WOODWARD

DK

DK Delhi
Lektorat Anita Kakar, Sneha Sunder Benjamin, Tina Jindal, Aishvarya Misra, Rohan Sinha
Gestaltung und Bildredaktion Stuti Tiwari Bhatia, Devika Khosla, Debjyoti Mukherjee, Nidhi Rastogi, Ankita Sharma, Harish Aggarwal, Jaypal Chauhan, Vijay Khandwal, Nityanand Kumar, Rakesh Kumar, Sudakshina Basu
Umschlaggestaltung Suhita Dharamjit, Juhi Sheth, Priyanka Sharma, Saloni Singh
Herstellung Balwant Singh, Pankaj Sharma
Fachliche Beratung Darren Naish

DK London
Lektorat Shaila Brown, Ben Morgan, Lisa Gillespie, Andrew Macintyre, Liz Wheeler, Jonathan Metcalf
Gestaltung und Bildredaktion Jacqui Swan, Jo Walton, Owen Peyton Jones, Karen Self, Phil Omerod
Umschlaggestaltung Amelia Collins, Surabhi Wadhwa-Gandhi, Sophia MTT
Herstellung Jacqueline Street-Elkayam, Alex Bell

Für die deutsche Ausgabe:
Projektbetreuung Sebastian Twardokus
Herstellungskoordination Ksenia Lebedeva
Herstellung Jenny Kolbe

Titel der englischen Originalausgabe:
Dinosaur Book

Übersetzung Michael Kokoscha
Lektorat Agnes Pahler

ISBN 978-3-8310-3564-9
5902-305586-20289-08

Druck und Bindung Golden Prosperity Printing & Packaging (Heyuan) Co., Ltd.

MIX
Papier | Fördert gute Waldnutzung
FSC® C018179

www.dk-verlag.de

INHALT

Die Zeit der Dinosaurier 58

Dinosaurier heben ab 130

Flugsaurier 146

Bewohner der Meere 156

Aufstieg der Säugetiere 168

Glossar 200

Register 204

Dank und Bildnachweis 208

Vorwort

Die Vielfalt des Lebens auf unserem Planeten ist so groß, dass noch täglich neue Organismen entdeckt werden. Mehr als 2 Millionen Arten sind von Wissenschaftlern beschrieben und benannt worden, doch es gibt vielleicht noch Millionen, die auf ihre Entdeckung warten. Dies ist aber nur ein Bruchteil der Arten, die in der Vergangenheit auf der Erde gelebt haben. Würdest du in der Zeit um 100 Millionen Jahre zurückreisen, wärst du von so vielen Tieren und Pflanzen wie heute umgeben, doch du würdest sie nicht erkennen – wenn du nicht dieses Buch gelesen hast.

Bis vor gut 2 Jahrhunderten wusste das noch niemand. Die Menschen dachten, dass die Tiere um sie herum schon immer existiert hätten und dass sich die Welt nicht im Lauf der Zeit verändert hätte. Doch im späten 18. Jahrhundert untersuchten Wissenschaftler seltsame Gebilde im Gestein und fanden heraus, dass es Fossilien waren – zu Stein gewordene Überreste des prähistorischen Lebens. Die meisten Fossilien zeigten Muscheln und andere bekannte Formen, doch einige unterschieden sich erheblich davon – gewaltige Knochen, Schädel und Zähne gigantischer Tiere, die Millionen Jahre vor den ersten Menschen gelebt hatten.

Durch die Untersuchung von Fossilien, die bis zum Beginn des Lebens vor etwa 3800 Millionen Jahren zurückreichen, konnten Wissenschaftler den größten Teil der Geschichte des Lebens zusammensetzen. Einer der aufregendsten Abschnitte begann mit den ersten Dinosauriern vor etwa 230 Millionen Jahren. In den folgenden 164 Millionen Jahren entwickelten sich diese Tiere zu den spektakulärsten

Landtieren, die jemals auf der Erde gelebt haben. Zu ihnen gehörten Giganten mit dem Gewicht von 12 Elefanten, Räuber, die massive Knochen zerbeißen konnten, und seltsame Geschöpfe mit Hörnern, Nackenschild und sogar Federn.

Die riesigen Dinosaurier wurden vor 66 Millionen Jahren durch eine globale Katastrophe ausgelöscht. Doch ihre Fossilien haben überlebt – auch solche, die beweisen, dass viele ihrer kleineren gefiederten Verwandten fliegen konnten. Einige Dinosaurier überlebten die Katastrophe und eroberten das neue Zeitalter als Vögel. Also erzählen uns Fossilien nicht nur etwas über das Leben in der Vergangenheit – sie können auch interessante Dinge über die Tiere verraten, die uns jeden Tag umgeben.

John Woodward

In diesem Buch findest du Größenvergleiche, die die Größe der Tiere im Vergleich zu einem Kind, einem Bus oder einer Hand zeigen.

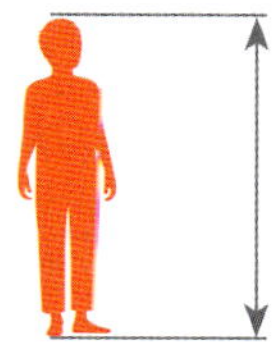

Kind = 1,45 m groß

Bus = 11 m lang

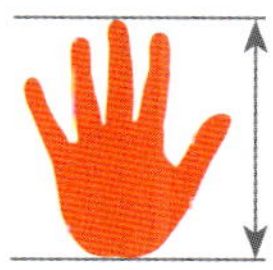

Hand = 16 cm lang

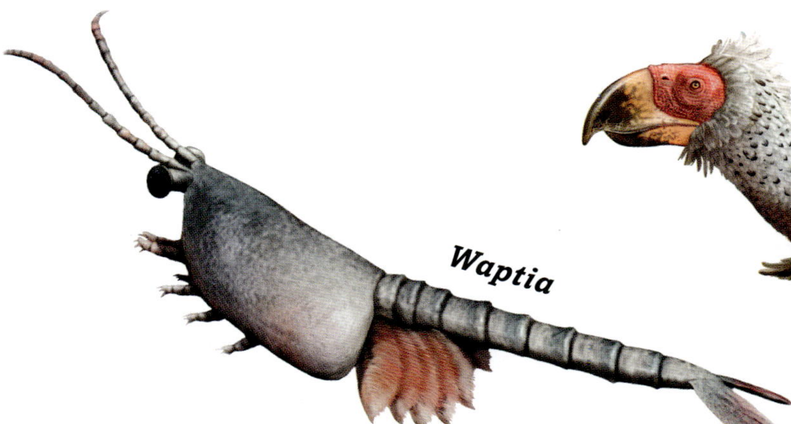

Zeitleiste des Lebens

Die Geschichte des Lebens auf der Erde ist in Stein geschrieben worden. Millionen von Jahre lang setzten sich Sedimente wie Sand und Ton auf dem Grund der Seen und Meere ab. Sie verwandelten sich in Sedimentgesteine. In ihnen finden sich die Fossilien prähistorischer Organismen. Jede Schicht stellt einen Schnappschuss des Lebens aus einer anderen Zeit dar.

Legende

Erdfrühzeit

Erdaltertum

Erdmittelalter

Erdneuzeit

Mio. Jahre = Millionen Jahre

252–201 Mio. Jahre

Trias
Reptilien beherrschten in der Trias die Welt. Aus ihnen entstanden die Dinosaurier, die Flugsaurier und die ersten Säugetiere, die nur wenig größer als Spitzmäuse waren. Panzerechsen und Schildkröten erschienen und riesige Echsen schwammen im Meer.

Austriadactylus

201–145 Mio. Jahre

Jura
Im Jura entstanden die riesigen pflanzenfressenden Dinosaurier, wie *Brachiosaurus*, und die fleischfressenden Theropoden, die Jagd auf sie machten. Kleinere Räuber entwickelten sich zu den ersten Vögeln. Die Wüsten schrumpften und Nadelbäume, Araukarien und Farne breiteten sich auf dem Land aus.

Allosaurus

299–252 Mio. Jahre

Perm
Im Perm wurde das Erdklima trockener und Wüsten verdrängten die Wälder. Reptilien und die verwandten Synapsiden beherrschten das Land. Anders als die im Wasser laichenden Amphibien konnten sie ihre Eier an Land ablegen. Am Ende des Perm wurden die meisten Arten durch den Temperaturanstieg und Veränderungen des Meerwassers ausgelöscht.

Moschops

Edaphosaurus

4,6–0,5 Milliarden Jahre

Präkambrium
Das Präkambrium macht fast 90 % der Erdgeschichte aus. Während der meisten Zeit waren die einzigen Lebensformen einzellige Organismen im Meer, wie die Cyanobakterien. Größere, blattförmige Organismen, die vielleicht Tiere waren, erschienen vor etwa 600 Millionen Jahren. Sie sind als Ediacara-Fauna bekannt geworden, doch diese Lebensformen verschwanden am Ende des Präkambriums.

Cyanobakterien

541–484 Mio. Jahre

Kambrium
Im Kambrium erschien ein großes Spektrum neuer Tierarten. Eine plötzliche Beschleunigung der Evolution – die kambrische Explosion – hat wohl die ersten Tiere mit Kopf, Gliedmaßen, Sinnesorganen, Schale und Außenskelett hervorgebracht. Alle wichtigen Gruppen der heutigen Wirbellosen entstanden im Kambrium – von Weichtieren und Gliederfüßern bis zu Stachelhäutern wie *Helicoplacus* (ein Verwandter der Seesterne).

Helicoplacus

Erdgeschichte

Die Geschichte der Erde währt 4,6 Millionen Jahre. Diese Zeit wird in Abschnitte unterteilt, die als Ären bezeichnet werden. Sie werden wiederum in Perioden untergliedert. Der Jura ist beispielsweise eine Periode, in der viele Dinosaurier lebten. Die Perioden sind nach verschiedenen Schichten von Sedimentgestein benannt, von denen jede Fossilien aus derselben Zeit enthält.

▶ 23–2 Mio. Jahre

Neogen
Säugetiere und Vögel nahmen die Formen an, die wir heute kennen. Unsere Vorfahren verließen die Bäume und passten sich mit dem aufrechten Gang an ein Leben in den Steppen an.

Dryopithecus

▶ 2 Mio. Jahre bis heute

Quartär
Unsere Vorfahren entwickelten größere Gehirne und erfanden Werkzeuge, um zu jagen, Feuer zu machen, eine Unterkunft zu bauen, Kleidung zu nähen und das Land zu bestellen.

Homo habilis

66–23 Mio. Jahre ◀

Paläogen
Das Verschwinden der Dinosaurier erlaubte es den Säugetieren, ihren Platz zu übernehmen. Aus kleinen nachtaktiven Tieren entstand eine Vielfalt von Land- und Wassertieren, darunter große Pflanzenfresser wie *Uintatherium*, der sich speziell an die Verdauung riesiger Mengen pflanzlicher Nahrung angepasst hat.

Uintatherium

▶ 145–66 Mio. Jahre

Kreide
Zu den Dinosauriern der Kreide zählen *Tyrannosaurus* und die pflanzenfressenden Ceratopsier mit ihren Hörnern, Nackenschild und Schnabel. Die Dinosaurier starben mit Ausnahme einiger Vögel in einem Massenaussterben am Ende der Kreide aus – genauso wie viele andere prähistorische Tiere.

Triceratops

Ichthyornis

Magnolia

359–299 Mio. Jahre ◀

Karbon
Das Karbon trägt seinen Namen wegen der Kohle, die in seinem Gestein gefunden wird. Sie besteht aus den Überresten der üppigen Wälder, die das Land bedeckten. In ihnen lebten riesige Tausendfüßer, libellenähnliche Insekten und frühe, aus den Fischen des Devon entstandene Amphibien.

Sigillaria

Meganeura

419–359 Mio. Jahre ◀

Devon
Fische beherrschten im Devon die Meere, das daher auch als Zeitalter der Fische bezeichnet wird. Die größten waren die Panzerfische – Fische mit Kiefern und schützenden Knochenplatten.

Rolfosteus

▶ 485–444 Mio. Jahre

Ordovizium
Im Ordovizium bedeckten warme Meere einen großen Teil der Erde und überfluteten den Kontinent, der später Nordamerika werden würde. In den Meeren wimmelte es von Leben. Große, asselähnliche Geschöpfe huschten über den Meeresgrund oder schwammen wie Garnelen im Wasser. Die ersten Fische und Seesterne erschienen, und einfache Pflanzen begannen sich an Land auszubreiten.

Trilobiten

▶ 444–419 Mio. Jahre

Silur
Korallenriffe gediehen im Silur und boten Lebensräume für die ersten Fische, die mit Kiefern zubeißen konnten und sich nicht mehr mit Saugmäulern behelfen mussten. Die Landpflanzen blieben klein, begannen aber, die Gefäße zu entwickeln, die später die Entwicklung von Holz und die Entstehung von Bäumen ermöglichen würden.

Baragwanathia

Planet im Wandel

Wenn du ins Erdmittelalter reisen könntest – das Zeitalter der Dinosaurier –, käme dir die Erde fremd vor. Die Kontinente hatten eine andere Form, das Klima war heißer und seltsame Pflanzen bedeckten einen großen Teil des Lands. Die Dinosaurier und ihre Verwandten beherrschten diese Welt nahezu 200 Millionen Jahre lang. Diese lange Zeitspanne wird in drei Perioden unterteilt, die sich durch ihre Tier- und Pflanzenarten unterscheiden: die Trias, den Jura und die Kreide.

Vor 252–201 Millionen Jahren

Schachtelhalm

Coelophysis

Ginkgo

Shonisaurus

Moos

Placerias

Die Welt der Trias

Zu Beginn der Trias waren die Kontinente zu einem Superkontinent verschmolzen, der Pangäa heißt. Im Landesinneren lag eine Wüste, doch zur Küste hin wurde das Klima feuchter. Hier wuchsen Ginkgo-Bäume und riesige Schachtelhalme. Die ersten Dinosaurier – auf zwei Beinen laufende Fleischfresser – erschienen in der Trias. Ihre Zeitgenossen waren Pflanzenfresser wie *Placerias*, ein Verwandter der frühen Säugetiere.

Vor 201–145 Millionen Jahren

Vor 145–66 Millionen Jahren

Die Welt des Jura

Der Kontinent Pangäa zerbrach während des Jura durch vulkanische Kräfte. Es entstanden zwei große, neue Kontinente. Die feuchte Meeresluft konnte nun einen größeren Teil des Festlands mit Regen versorgen, sodass Wälder die Wüsten ersetzten. Dinosaurier beherrschten das Land und manche entwickelten sich zu Riesen, etwa *Barapasaurus*, ein langhalsiger Pflanzenfresser. Die ersten gefiederten, fliegenden Dinosaurier entstanden, wie etwa *Archaeopteryx*.

Archaeopteryx

Barapasaurus

Palmfarn

Farn

Velociraptor

Mammutbaum

Archaeanthus

Alxasaurus

Mosasaurus

Die Welt der Kreide

In der Kreide wanderten die Kontinente langsam an ihre heutige Position – etwa so schnell, wie unsere Zehennägel wachsen. Die im Jura entstandenen Samenpflanzen brachten Bäume hervor und verdrängten die ältere Vegetation. Es gab mehr Dinosaurier als jemals zuvor, darunter *Velociraptor*, ein kleiner Fleischfresser mit gefährlichen, gebogenen Krallen an den Hinterfüßen, und *Alxasaurus*, ein gefiederter Pflanzenfresser.

Fossilien-typen

Unser Wissen über prähistorisches Leben stammt vor allem von Fossilien, das sind im Gestein eingebettete Überreste urzeitlicher Lebewesen. Das Studium der Fossilien und des Sedimentgesteins hat Wissenschaftlern ermöglicht, die Entwicklung des Lebens zu erforschen.

Steinkern

Fossilien können sich auf verschiedene Weise bilden. Weit verbreitet sind Steinkerne – Nachbildungen des gesamten Körpers oder von Körperteilen, die durch Mineralien entstanden sind, die sich in einer Höhlung verfestigt haben. Zur Versteinerung dieses Ammoniten kam es, als Mineralien das Gehäuse füllten, nachdem die weichen Gewebe zerfallen waren.

Versteinerter Ammonit

Wie Fossilien entstehen

Nur wenige Tiere haben Fossilien hinterlassen. Versteinerungen von Landtieren sind besonders selten, weil sie nur unter ungewöhnlichen Bedingungen entstehen. Das Tier muss an einer Stelle sterben, wo der Körper nicht bewegt oder von Aasfressern gefressen werden kann. Schlamm oder Sand müssen ihn bedecken. Er muss Millionen Jahre bedeckt bleiben, um sich in Gestein zu verwandeln. Dann müssen geologische Prozesse das Fossil an die Erdoberfläche bringen.

Der Körper eines ertrunkenen Tyrannosaurus sinkt auf den schlammigen Boden einer Flussmündung an einer Küste.

Der Dinosaurier ertrinkt.

Das Fleisch zersetzt sich, sodass harte Körperteile wie Knochen und Zähne übrig bleiben.

Das Fleisch verfault.

Tausend Jahre später haben Schlamm- und Sandschichten das Skelett bedeckt.

Sedimente lagern sich ab.

Spurenfossilien

Fossilien können die Tätigkeiten eines Organismus festhalten – etwa Fußabdrücke, Baue, Nester oder Kot. Fossile Fußabdrücke verraten uns etwas darüber, wie sich Tiere bewegt haben.

Archosaurier-Fußabdruck

Fossiler Fisch

Versteinerung

Die meisten Fossilien entstehen durch eine Versteinerung. Durch das Sediment sickerndes Wasser löst Überreste wie Knochen auf und ersetzt sie durch Mineralien, sodass die Knochen allmählich zu Stein werden.

Abdruck

Diese Fossilien entstehen ähnlich wie Steinkerne, doch sie geben den Körper nicht in seiner Form wider, sondern zeigen nur einen Abdruck. Trilobiten waren verbreitete Meerestiere, die beim Wachsen ihr Außenskelett häuteten und daher Millionen von Fossilien hinterließen.

Dieser Abdruck zeigt die Gestalt eines Trilobiten.

Der Abdruck zeigt anschaulich den Körper.

Trilobitenabdruck

Verkieselter Baum

Verkieselung

Ganze Baumstämme können durch Verkieselung erhalten werden, sodass kleinste Einzelheiten zu erkennen sind. In den Stamm einsickerndes Grundwasser lagert in Hohlräumen Siliziumkristalle ab. Dann ersetzen die Mineralien langsam die Holzfasern, sodass der Stamm zu Stein wird.

In Bernstein konservierte Fliege

Bernstein-Einschluss

Nur wenige Fossilien zeigen den konservierten Körper eines Tiers. Bernstein ist ein durchsichtiges, gelbes Material, das aus fossilem Baumharz entstanden ist. Es enthält manchmal kleine Tiere, die auf dem frischen Harz kleben geblieben sind.

Wasser sickert durch die Schichten und ersetzt die Knochen durch Mineralien.

Die Knochen versteinern.

Millionen Jahre später haben sich die Kontinente verschoben und das Fossil liegt nicht mehr am Meeresgrund.

Die Kontinente verschieben sich.

Gletscherbewegungen oder andere Prozesse tragen den Grund ab, sodass das Sedimentgestein verschwindet.

Erosion der Oberfläche

Die Erosion legt das Fossil frei. Paläontologen können es nun bergen.

Entdeckung

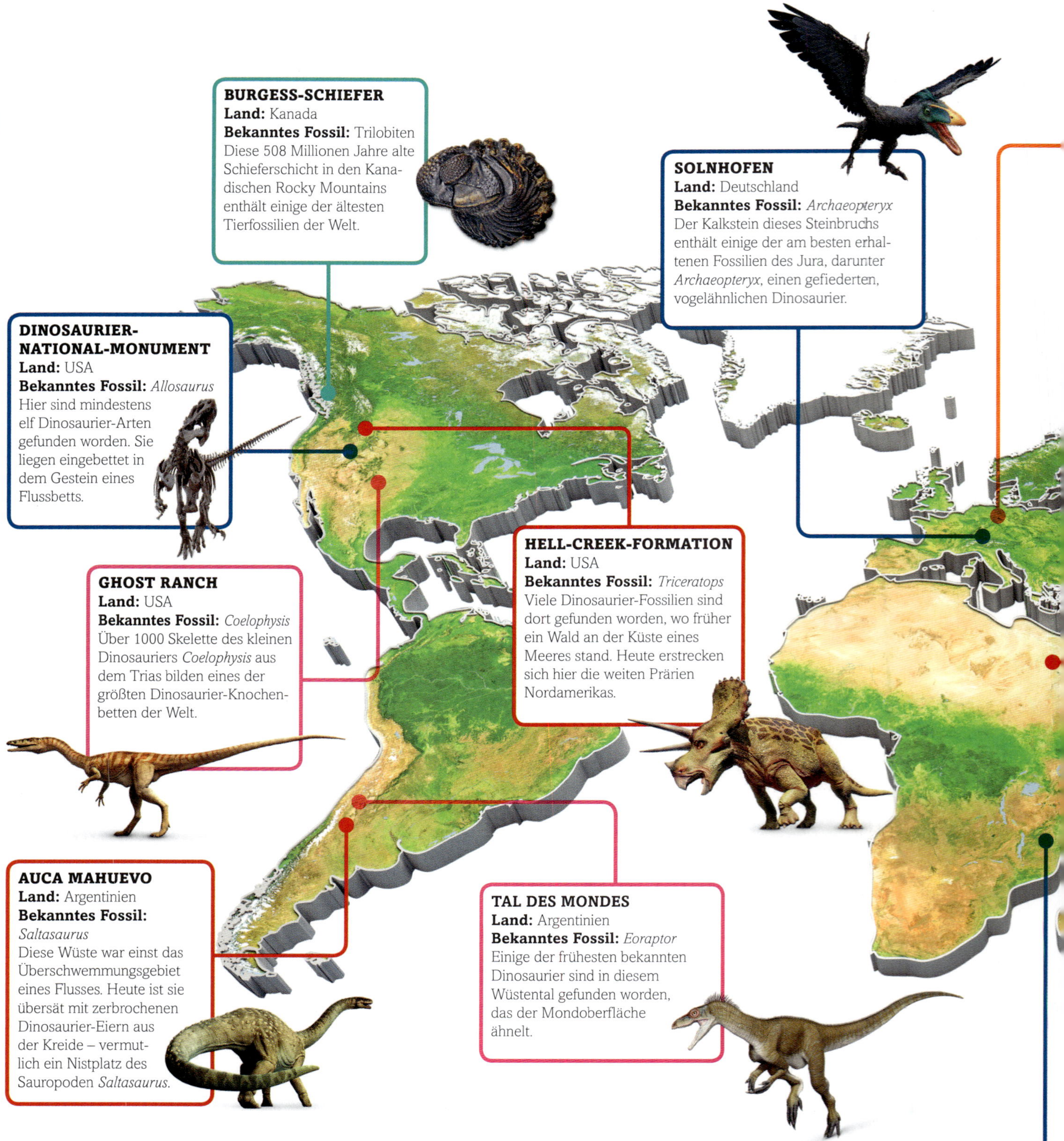

BURGESS-SCHIEFER
Land: Kanada
Bekanntes Fossil: Trilobiten
Diese 508 Millionen Jahre alte Schieferschicht in den Kanadischen Rocky Mountains enthält einige der ältesten Tierfossilien der Welt.

SOLNHOFEN
Land: Deutschland
Bekanntes Fossil: *Archaeopteryx*
Der Kalkstein dieses Steinbruchs enthält einige der am besten erhaltenen Fossilien des Jura, darunter *Archaeopteryx*, einen gefiederten, vogelähnlichen Dinosaurier.

DINOSAURIER-NATIONAL-MONUMENT
Land: USA
Bekanntes Fossil: *Allosaurus*
Hier sind mindestens elf Dinosaurier-Arten gefunden worden. Sie liegen eingebettet in dem Gestein eines Flussbetts.

HELL-CREEK-FORMATION
Land: USA
Bekanntes Fossil: *Triceratops*
Viele Dinosaurier-Fossilien sind dort gefunden worden, wo früher ein Wald an der Küste eines Meeres stand. Heute erstrecken sich hier die weiten Prärien Nordamerikas.

GHOST RANCH
Land: USA
Bekanntes Fossil: *Coelophysis*
Über 1000 Skelette des kleinen Dinosauriers *Coelophysis* aus dem Trias bilden eines der größten Dinosaurier-Knochenbetten der Welt.

AUCA MAHUEVO
Land: Argentinien
Bekanntes Fossil: *Saltasaurus*
Diese Wüste war einst das Überschwemmungsgebiet eines Flusses. Heute ist sie übersät mit zerbrochenen Dinosaurier-Eiern aus der Kreide – vermutlich ein Nistplatz des Sauropoden *Saltasaurus*.

TAL DES MONDES
Land: Argentinien
Bekanntes Fossil: *Eoraptor*
Einige der frühesten bekannten Dinosaurier sind in diesem Wüstental gefunden worden, das der Mondoberfläche ähnelt.

Fossilienfunde

Die meisten Fossilien werden in Sedimentgesteinen gefunden, die sich aus Schlamm und Sand gebildet haben. Diese Gesteine gibt es auf der ganzen Welt, doch an einigen Orten findet man besonders gute Fossilien von nicht vollständig verwesten Tieren, sodass man noch Federn oder Haut erkennen kann. Viele Fossilien entdeckt man in Wüsten – nicht weil sie dort entstehen, sondern weil man sie im freigelegten Gestein besser findet.

GRUBE MESSEL
Land: Deutschland
Bekanntes Fossil: *Darwinius*
In diesem Steinbruch findet man erstaunlich gut erhaltene Fossilien von Tieren, die von vulkanischen Gasen vergiftet worden und in einem See versunken sind.

LIAONING
Land: China
Bekanntes Fossil: *Sinosauropteryx*
Die hier gefundenen Dinosaurier-Fossilien sind hervorragend erhalten. Sie wurden in der Oberkreide unter einer dicken Schicht vulkanischer Asche begraben. Sie zeigen, dass viele Dinosaurier Federn besaßen.

WÜSTE GOBI
Land: Mongolei
Bekanntes Fossil: *Velociraptor*
In der Oberkreide wuchsen in der Wüste Gobi Nadelwälder. Es gab Seen, Bäche und viele Dinosaurier, darunter den Fleischfresser *Velociraptor*.

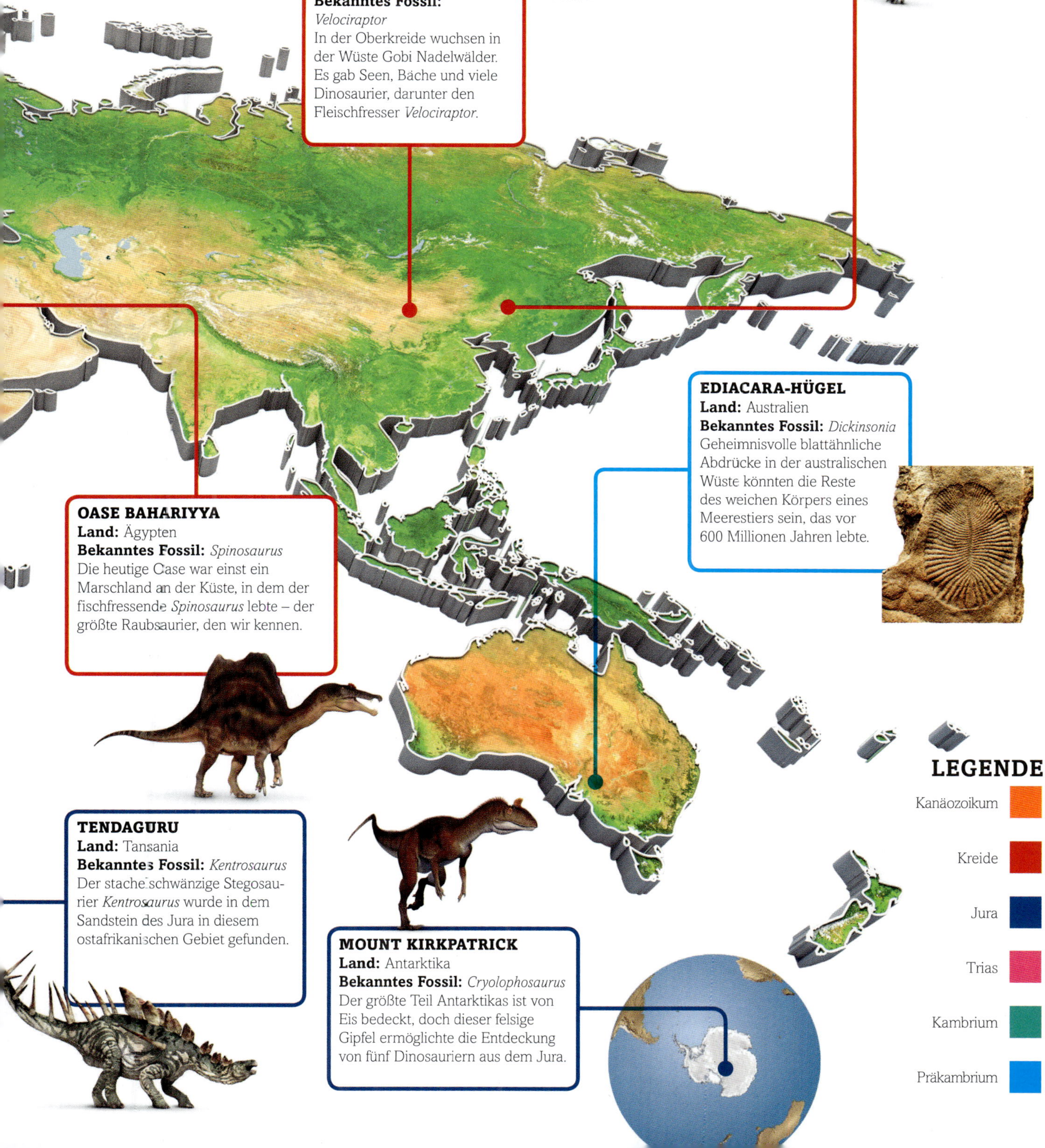

EDIACARA-HÜGEL
Land: Australien
Bekanntes Fossil: *Dickinsonia*
Geheimnisvolle blattähnliche Abdrücke in der australischen Wüste könnten die Reste des weichen Körpers eines Meerestiers sein, das vor 600 Millionen Jahren lebte.

OASE BAHARIYYA
Land: Ägypten
Bekanntes Fossil: *Spinosaurus*
Die heutige Oase war einst ein Marschland an der Küste, in dem der fischfressende *Spinosaurus* lebte – der größte Raubsaurier, den wir kennen.

TENDAGURU
Land: Tansania
Bekanntes Fossil: *Kentrosaurus*
Der stachelschwänzige Stegosaurier *Kentrosaurus* wurde in dem Sandstein des Jura in diesem ostafrikanischen Gebiet gefunden.

MOUNT KIRKPATRICK
Land: Antarktika
Bekanntes Fossil: *Cryolophosaurus*
Der größte Teil Antarktikas ist von Eis bedeckt, doch dieser felsige Gipfel ermöglichte die Entdeckung von fünf Dinosauriern aus dem Jura.

Erstes Leben

Das Leben entstand vor mindestens 3,5 Milliarden, vielleicht sogar vor über 4 Milliarden Jahren. Die ältesten bekannten Lebensformen waren mikroskopisch kleine, im Wasser lebende Zellen, deren wässriger Inhalt die zum Leben notwendigen chemischen Verbindungen enthielt. Man weiß nicht, wie diese Zellen entstanden sind, doch wahrscheinlich lieferten heiße Quellen die nötige Energie – entweder an Land oder im Meer.

Frühe Erde

Der Planet Erde entstand aus dem Gestein und dem Staub, die um die neu entstandene Sonne kreisten. Während er immer größer wurde, zog er weiteres Gestein und Kometen an, die Wasser und andere für das Leben benötigten Stoffe enthielten. Die auf der Erde einschlagende Materie erhitzte sie bis zum Schmelzen. Später kühlte sich die Erde soweit ab, dass sich flüssiges Wasser auf der Oberfläche sammeln konnte. Auch heute noch ist Wasser die Voraussetzung für das Leben auf der Erde.

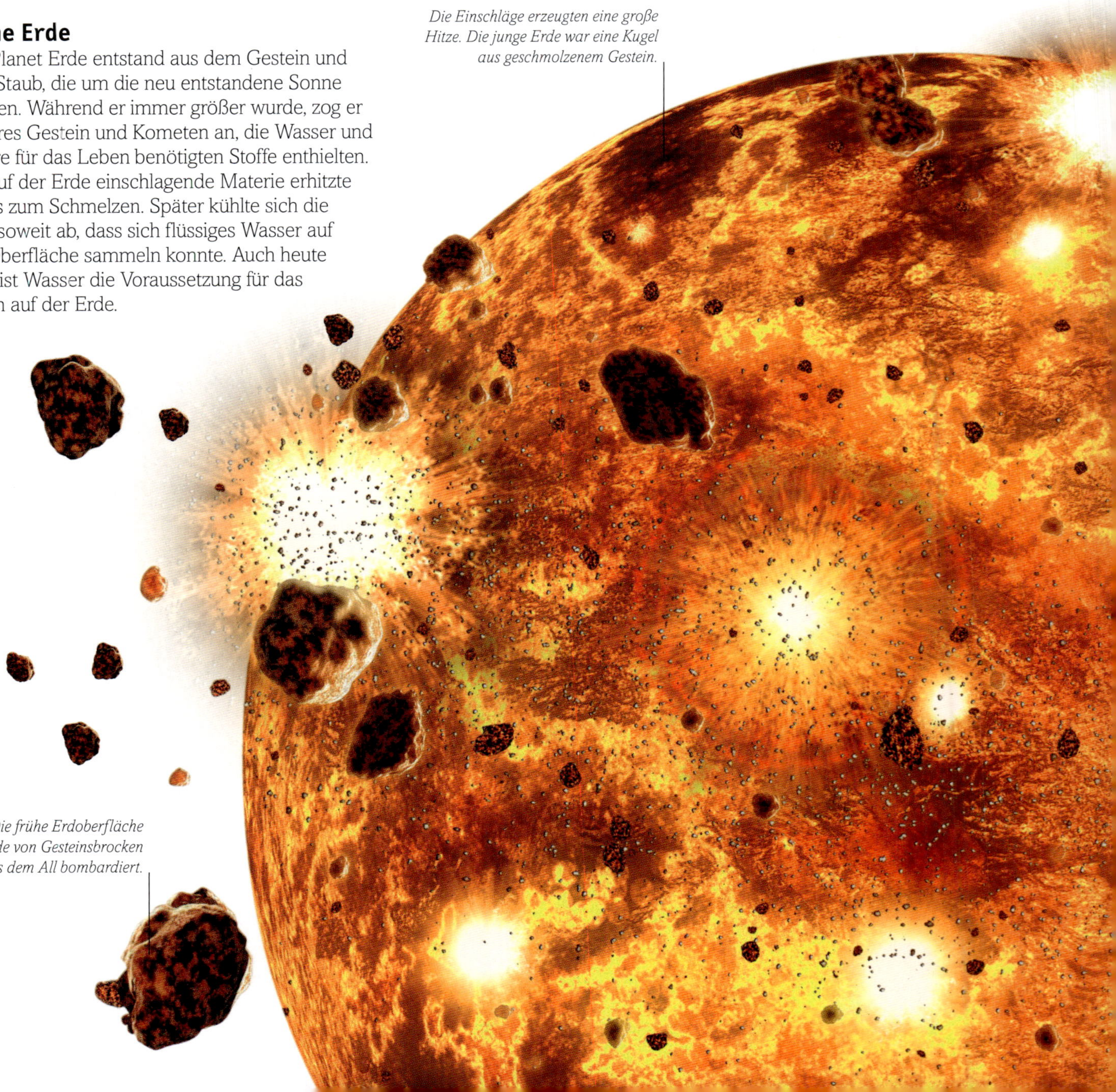

Die Einschläge erzeugten eine große Hitze. Die junge Erde war eine Kugel aus geschmolzenem Gestein.

Die frühe Erdoberfläche wurde von Gesteinsbrocken aus dem All bombardiert.

Erstes Leben

Die ersten Organismen haben sich wohl im Wasser entwickelt, in dem Stoffe aus dem Gestein aus dem Weltall gelöst waren. Noch heute entspringt dieses mineralstoffreiche Wasser dem Meeresboden und an Orten wie dem Yellowstone-Nationalpark (USA). Das Wasser enthält mikroskopisch kleine Organismen, die den ersten Lebewesen ähneln. Es ist also wahrscheinlich, dass das Leben an derartigen Orten begann. Die Mikroben geben der Quelle „Grand Prismatic Spring" ihre leuchtenden Farben.

Grand Prismatic Spring, Yellowstone-Nationalpark (USA)

Die heiße Quelle ist von Leben in Form von Mikroben umgeben.

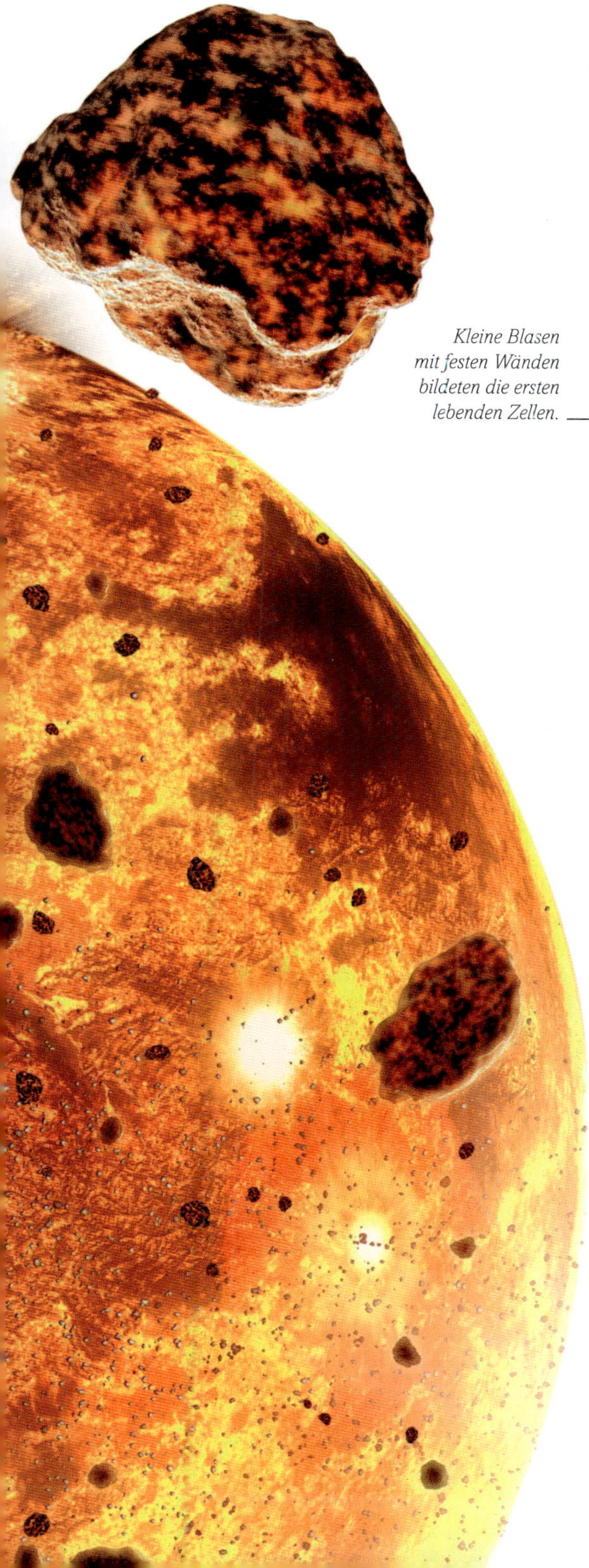

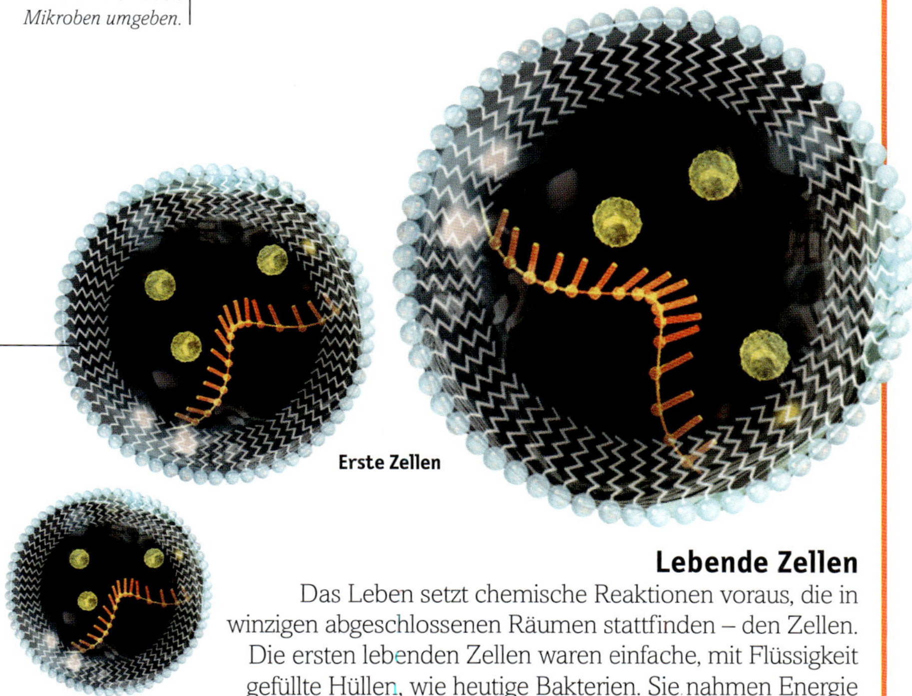

Kleine Blasen mit festen Wänden bildeten die ersten lebenden Zellen.

Erste Zellen

Lebende Zellen

Das Leben setzt chemische Reaktionen voraus, die in winzigen abgeschlossenen Räumen stattfinden – den Zellen. Die ersten lebenden Zellen waren einfache, mit Flüssigkeit gefüllte Hüllen, wie heutige Bakterien. Sie nahmen Energie auf und setzten einfache chemische Verbindungen in komplexere um, wie etwa die Eiweiße. So konnten sie wachsen, sich vermehren und große Kolonien bilden, wie jene, die heute noch in den heißen Quellen leben.

Nachweis frühen Lebens

Die ältesten Gesteine der Erde enthalten mikroskopisch kleine Strukturen, die man als fossile Archäen identifiziert hat – Organismen, die Bakterien ähneln. Das Gestein hat sich auf dem Meeresgrund gebildet und ist mindestens 3,8 Milliarden Jahre alt. Noch deutlichere Nachweise des Lebens liefern fossile Stromatolithen. Sie sind etwa 3,4 Milliarden Jahre alt und waren einst Kolonien von Cyanobakterien, die gewölbte Schichten bildeten. Diese Schichten sind in den Fossilien klar zu erkennen.

Stromatolith

CHEMIEFABRIKEN Im flachen Wasser der Shark Bay in Westaustralien findet man eine Milliarden Jahre alte Lebensform – die Stromatolithen. Die schlammig aussehenden Klumpen sind von Cyanobakterien erschaffen worden – einfachen Mikroben, die mithilfe des Sonnenlichts Wasser und Kohlendioxid in Zucker umwandeln. Bei der Fotosynthese wird Sauerstoff abgegeben, den Tiere zum Atmen brauchen.

Als sich die Cyanobakterien vor über 2,5 Milliarden Jahren in den Meeren verbreiteten, enthielt die Luft noch wenig Sauerstoff. Im Verlauf von Millionen von Jahren gaben sie so viel dieses Gases ab, dass es heute über ein Fünftel der Luft ausmacht. Das war die Voraussetzung für die Entwicklung der Tiere, die zur Verarbeitung ihrer Nahrung Sauerstoff benötigen. So verdanken alle Tiere ihr Leben den Cyanobakterien. Auch heute leben im Wasser und an Land viele dieser Mikroben, doch Stromatolithen sind selten, da sie für viele Tiere eine gute Nahrung darstellen. In der Shark Bay überleben sie, da nur wenige Tiere im konzentrierten Salzwasser dieser Lagune gedeihen.

Evolution und Aussterben

Fossilien enthüllen, wie sich das Leben im Lauf der Zeit verändert hat. Erst im 19. Jahrhundert erkannte man Fossilien als Beleg für die Evolution durch natürliche Auslese. Diese Theorie wurde vor allem vom englischen Wissenschaftler Charles Darwin entwickelt. Sie sagt aus, dass die einzelnen Tiere einer Art verschieden auf ihre Umwelt reagieren: Manche überleben und vermehren sich, andere nicht. Im Ergebnis verändern sich die Arten mit der Zeit, wenn sie sich an die sich ständig wandelnde Welt anpassen. Neue Arten entstehen und alte können aussterben.

Fossile Beweise

Als 1861 das erste Fossil eines *Archaeopteryx* mit Schwingen entdeckt wurde, betrachtete man es als deutlichen Beweis für die Theorie, dass sich die Arten im Lauf der Zeit entwickeln.

Knochiger Schwanz ❯ Auf den ersten Blick ähnelt das 150 Millionen Jahre Fossil des *Archaeopteryx* mit seinen Flügeln sehr einem heutigen Vogel. Doch es hat einen knochigen Schwanz wie ein Dinosaurier. Diese Kombination gibt es bei keiner heutigen Art.

Der gezackte Rand und das Blattadermuster tarnen das Wandelnde Blatt hervorragend.

Wandelndes Blatt

Natürliche Auslese

Jedes Tier unterscheidet sich von seinen Eltern. Diese natürliche Variation erzeugt Tiere mit unterschiedlichen Stärken und Schwächen, sodass einige eher überleben als andere. Ein besser als seine Verwandten getarntes Insekt wird eher hungrigen Vögeln entgehen, sich vermehren und seine Eigenschaften vererben. Seine schlechter getarnten Verwandten können dagegen aussterben.

Archaeopteryx

Neue Arten

Wenn Vögel einen neuen Lebensraum, etwa eine Insel im Meer, besiedeln, kann die Nahrungssuche schwierig werden. Die Tiere, die zufällig nützliche Eigenschaften haben, werden überleben. Wenn sie es schaffen zu brüten, werden ihre Nachkommen ihre Eigenschaften erben. Nach vielen Generationen werden sich die Vögel auf der Insel von ihren Vorfahren auf dem Festland deutlich unterscheiden. Dann ist eine neue Art entstanden.

Flugschwingen ❯ Das Fossil des *Archaeopteryx* zeigt Reste von Federn, die denen heutiger Vögel ähneln. Doch das Fossil zeigt auch, dass das Tier die Zähne und Knochen eines Theropoden hatte.

Fossil des *Archaeopteryx*

Galapagos-Finken
Auf den pazifischen Galapagosinseln leben verschiedene Finkenarten, deren Schnabel an eine bestimmte Nahrung angepasst ist. Sie stammen alle vom gleichen Vorfahren ab, der vermutlich vom südamerikanischen Festland herübergeflogen ist.

Ausgestorbene Vorfahren

Die Evolution und das Aussterben verursachen einen ständigen Wandel im Artenbestand. Neue Arten entstehen und alte sterben aus. In den letzten 500 Millionen Jahren sind über 90 % aller Arten auf der Erde ausgestorben. Wir kennen nur diejenigen von ihnen, die als Fossilien erhalten geblieben sind.

Trilobitenfossil

Massenaussterben

Manchmal verändert eine Katastrophe die Welt so stark, dass nur wenige Arten überleben. Das nennt man ein Massenaussterben. Wir wissen von fünf Massenaussterben seit der Entstehung des Lebens. Jedes vernichtete einen großen Teil des zu jener Zeit existierenden Lebens, sodass neue Arten die Lücken füllen konnten.

ORDOVIZIUM (444 Mio. Jahre)
Bis zu 60 % der marinen Arten verschwanden in einem Massenaussterben am Ende des Ordoviziums.

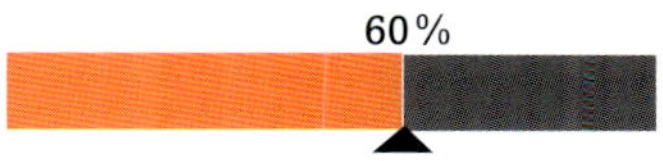

DEVON (359 Mio. Jahre)
Das Massenaussterben im Oberdevon betraf vor allem Meereslebewesen, besonders im Küstenbereich.

PERM (252 Mio. Jahre)
Das Perm endete mit einer Katastrophe, die das Leben auf der Erde nahezu vollständig auslöschte.

TRIAS (201 Mio. Jahre)
Viele der Arten, die neben den frühen Dinosauriern lebten, starben am Ende der Trias aus.

KREIDE (66 Mio. Jahre)
Das Massenaussterben vernichtete die Flugsaurier, die Dinosaurier und die meisten Meeresreptilien.

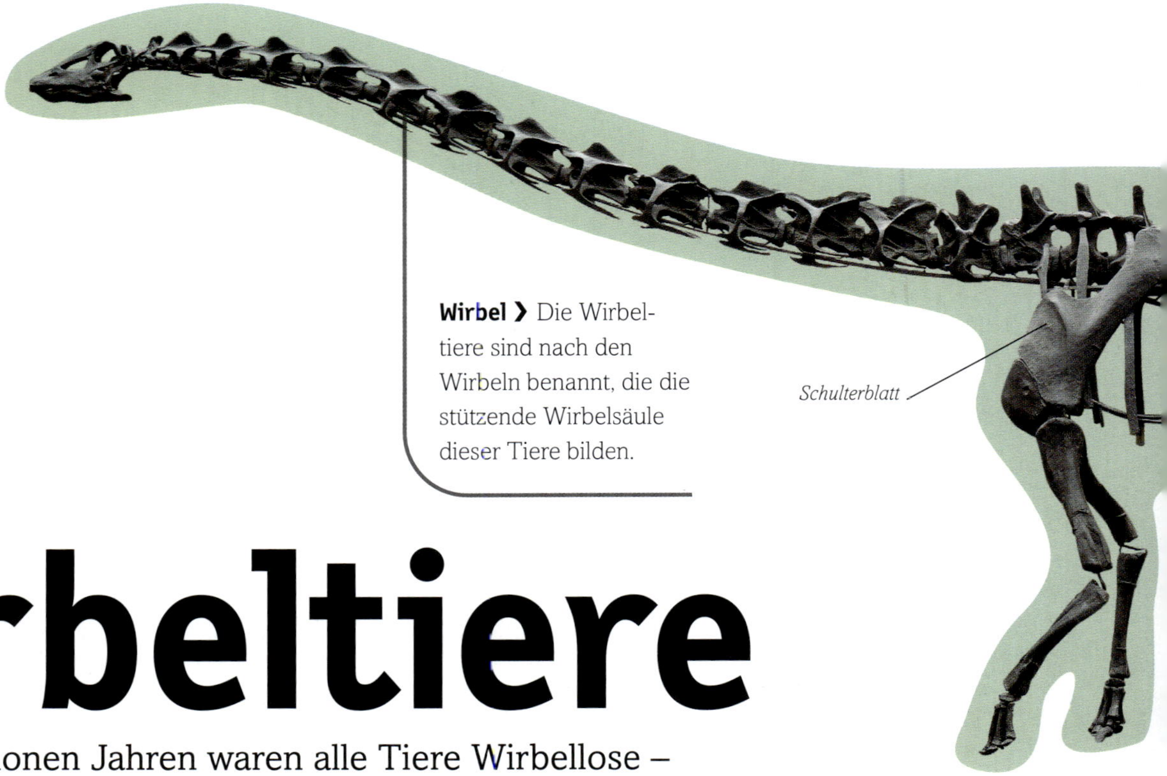

Wirbel ❯ Die Wirbeltiere sind nach den Wirbeln benannt, die die stützende Wirbelsäule dieser Tiere bilden.

Wirbeltiere

Vor etwa 530 Millionen Jahren waren alle Tiere Wirbellose – Lebewesen ohne gelenkiges Innenskelett. Doch dann erschienen neue Tiere in den Meeren, deren Körper von einer Rückensaite gestützt wurde, dem Vorläufer der Wirbelsäule. Aus diesen Tieren entstanden die Fische – sie waren die ersten echten Wirbeltiere und die Ahnen der Säugetiere, Reptilien und Vögel.

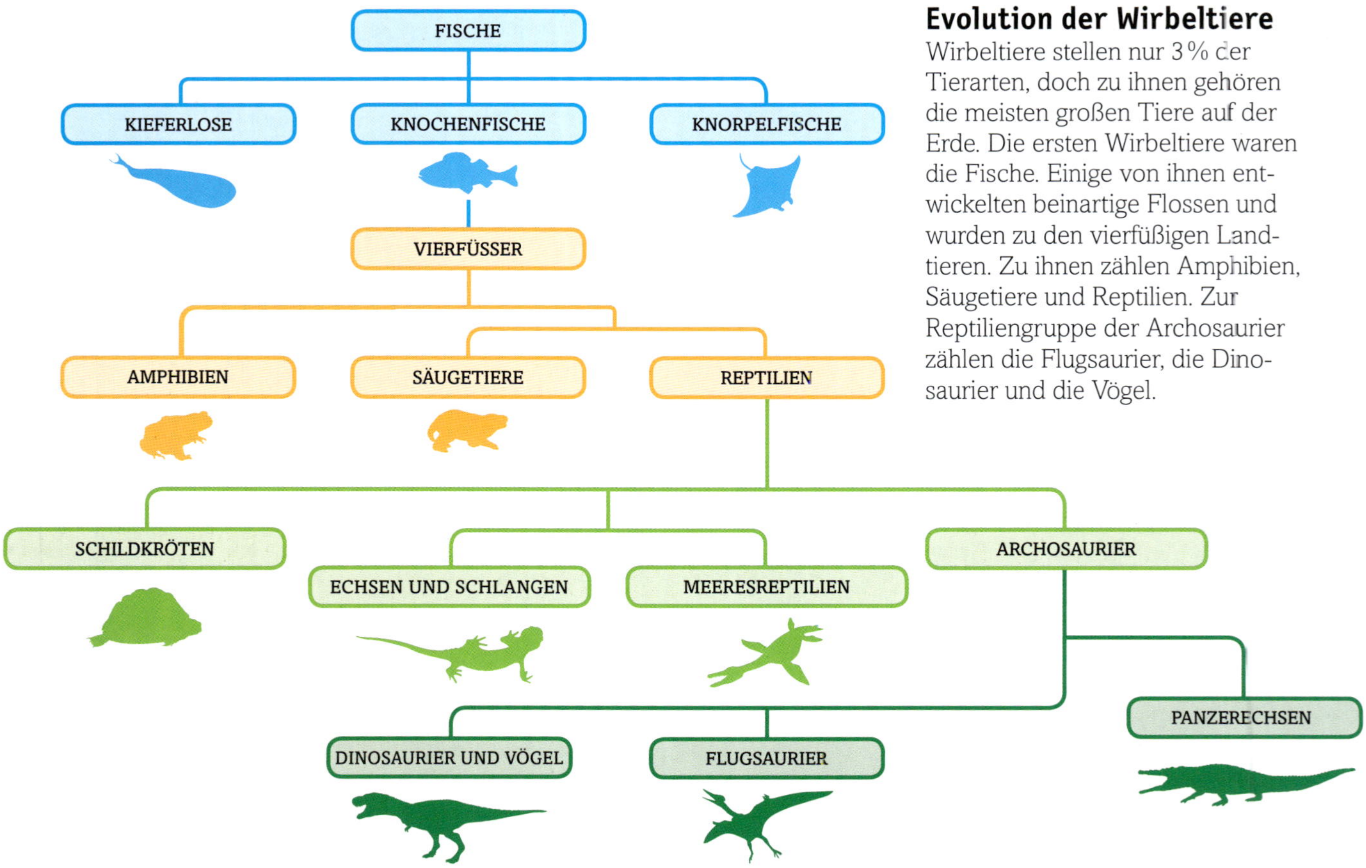

Evolution der Wirbeltiere
Wirbeltiere stellen nur 3 % der Tierarten, doch zu ihnen gehören die meisten großen Tiere auf der Erde. Die ersten Wirbeltiere waren die Fische. Einige von ihnen entwickelten beinartige Flossen und wurden zu den vierfüßigen Landtieren. Zu ihnen zählen Amphibien, Säugetiere und Reptilien. Zur Reptiliengruppe der Archosaurier zählen die Flugsaurier, die Dinosaurier und die Vögel.

Knochengerüst › Die Wirbelsäule zwischen Schultern und Hüfte trägt Kopf, Hals, Schwanz und Rippen. Sie besteht aus ineinander greifenden Wirbelknochen, die leicht, aber kräftig sind.

Gliedmaßen › Das enorme Gewicht des Dinosauriers wird von den Knochen der Beine getragen, die mit Hüfte und Schulter verbunden sind.

Diplodocus

Alle großen Landtiere sind Wirbeltiere, da ihr Gewicht von einem stabilen Innenskelett gestützt werden muss. Starke Knochen ermöglichten Dinosauriern wie *Diplodocus* zu einer enormen Größe heranzuwachsen. Die einzigen schwereren Tiere sind die Wale, doch ihr Gewicht wird durch das Wasser getragen.

Archosaurier

Reptil

Säugetier

Fisch

Amphibie

Wirbeltiergruppen

Wir teilen die Wirbeltiere meist in Fische, Amphibien, Reptilien, Vögel und Säugetiere ein. Man kann die Vögel aber auch als erfolgreichen heute noch lebenden Zweig der Reptiliengruppe der Archosaurier ansehen – oder als letzte überlebende Dinosaurier.

Was sind Dinosaurier?

Dinosaurier waren eine vielfältige und erfolgreiche Reptiliengruppe, die etwa 140 Millionen Jahre lang das Land beherrschte. Menschen gibt es dagegen seit weniger als einer Million Jahren. Die Dinosaurier unterschieden sich sehr von heutigen Reptilien. Ihre Größe schwankt zwischen der einer Taube bis zu Riesen von Lastwagengröße. Man unterteilt sie in zwei Gruppen: Echsenbeckensaurier (Saurischier) und Vogelbeckensaurier (Ornithischier). Diese kann man noch weiter unterteilen.

Saurischier
Die auch als Echsenbeckensaurier bezeichneten Saurischier hatten ein Becken wie heutige Echsen. Zu dieser Gruppe gehörten die sauropodomorphen Pflanzenfresser. Die fleischfressenden Theropoden werden von einigen Wissenschaftlern auch hier eingeordnet, doch andere rechnen sie zu den Ornithischiern.

Eoraptor

Frühe Dinosaurier
Die ersten Dinosaurier waren kleine, flinke Tiere, die auf den Hinterbeinen liefen – sie sahen wohl aus wie *Marasuchus*, ein früher Archosaurier. In der Obertrias entwickelten sich die frühen Dinosaurier auf verschiedene Weisen weiter. Die meisten verlegten sich auf Pflanzennahrung, doch andere wurden zu hochspezialisierten Jägern.

Marasuchus

Ornithischier
Diese Gruppe besteht aus schnabeltragenden Pflanzenfressern mit recht kurzem Hals. Der Gruppenname bedeutet Vogelbeckensaurier, obwohl Vögel kleine Saurischier sind und daher gar nicht zur näheren Verwandtschaft der Ornithischier zählen.

Hypsilophodon

Giraffatitan

Sauropodomorphe

Sauropodomorphe sind nach der Untergruppe der Sauropoden benannt – riesigen, langhalsigen Pflanzenfressern, die keinen Schnabel besaßen und auf vier Beinen liefen.

Alioramus

Theropoden

Theropoden waren fast alle auf zwei Beinen laufende Fleischfresser. Manche waren gewaltige Räuber, doch auch die Vögel gehörten zu ihnen.

Ceratopsier

Die meisten Ceratopsier trugen Hörner und ein knochiges Nackenschild. Diese Pflanzenfresser besaßen einen gekrümmten Papageienschnabel.

Einiosaurus

Pachycephalosaurier

Diese Dinosaurier hatten einen dicken Schädel. Sie liefen auf zwei Beinen und fraßen vermutlich eine große Bandbreite von Pflanzen und Tieren.

Pachycephalosaurus

Marginocephalier

Ornithopoden

Die Ornithopoden waren schnabeltragende, meist auf den Hinterbeinen laufende Pflanzenfresser. Die größten stützten sich mit den Vorderbeinen ab.

Iguanodon

Stegosaurus

Stegosaurier

Diese schnabeltragenden Pflanzenfresser besaßen auf dem Rücken und dem Schwanz Reihen großer Platten und Stachel. Sie liefen auf vier Beinen.

Ankylosaurier

Diese pflanzenfressenden Schwergewichte trugen eine starke Panzerung, um sich gegen Räuber aus der Gruppe der Theropoden zu schützen.

Ankylosaurus

Thyreophoren

Dinosaurier-Anatomie

Obwohl das weiche Gewebe nur selten als Fossil erhalten bleibt, wissen wir in etwa, wie Dinosaurier aufgebaut waren. Sie sind Wirbeltiere, und alle Wirbeltiere stimmen im Aufbau grundsätzlich überein. Sie besitzen an einem gelenkigen Skelett verankerte Muskeln und Organe, zu denen ein Herz, ein Magen, eine Lunge, Därme und ein Gehirn gehören. Man nahm einmal an, dass sie wechselwarme, träge Tiere gewesen seien. Heute weiß man, dass sie intelligent und aktiv wie Vögel waren. Manche waren wohl sogar gleichwarm.

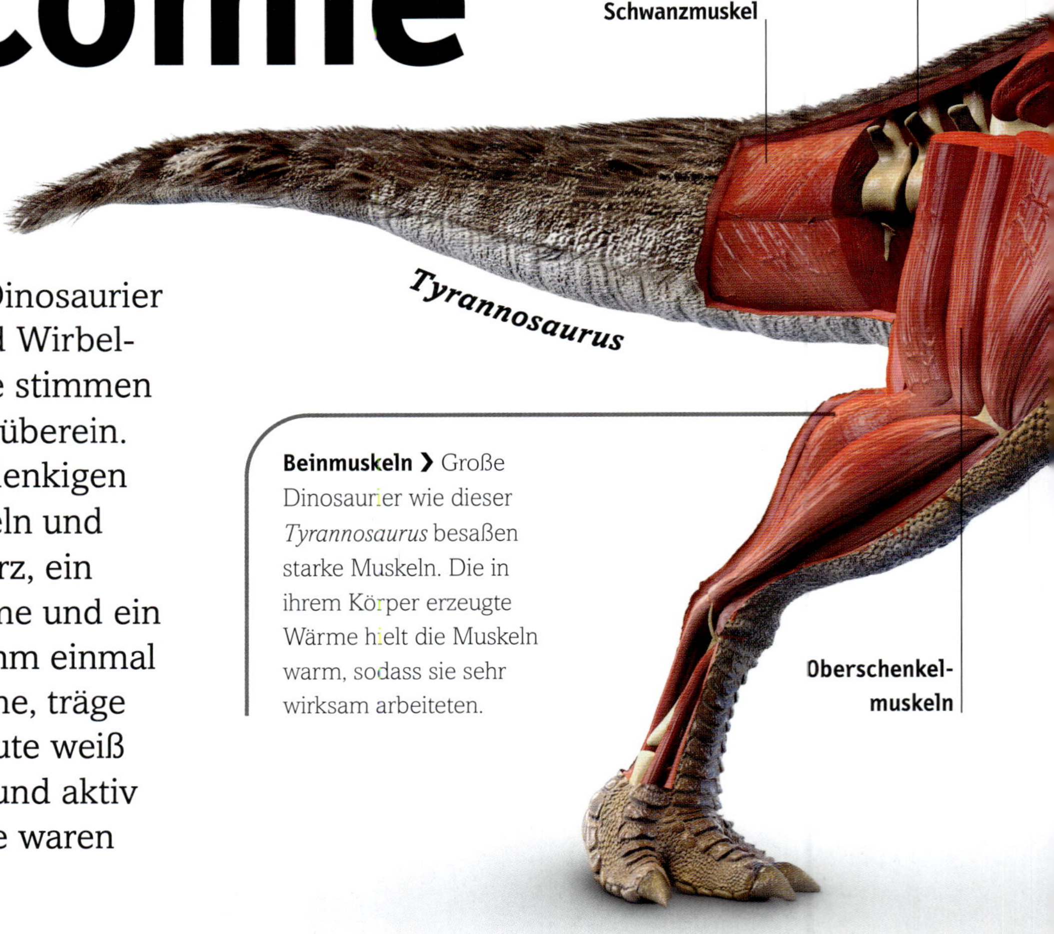

Beinmuskeln › Große Dinosaurier wie dieser *Tyrannosaurus* besaßen starke Muskeln. Die in ihrem Körper erzeugte Wärme hielt die Muskeln warm, sodass sie sehr wirksam arbeiteten.

Dinosaurier-Eigenschaften

Das Gehirn von Citipati war auf scharfe Sinne, nicht auf Intelligenz ausgerichtet.

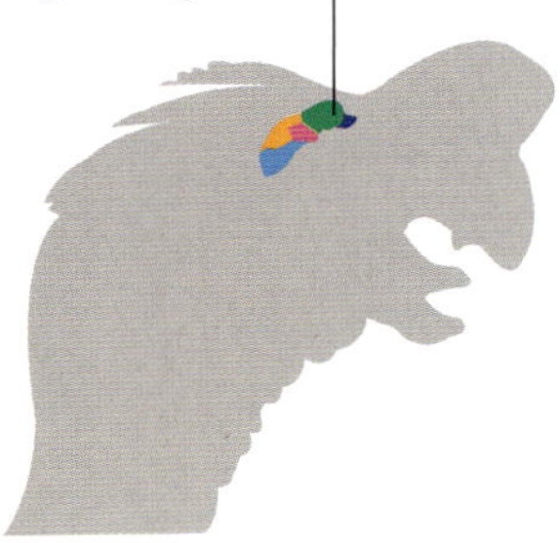

Gehirn: Die Gehirne der Dinosaurier waren klein, manchmal winzig. Die meisten waren nicht so intelligent wie heutige Vögel.

Die nächsten lebenden Verwandten der Dinosaurier haben Herzen mit vier Kammern.

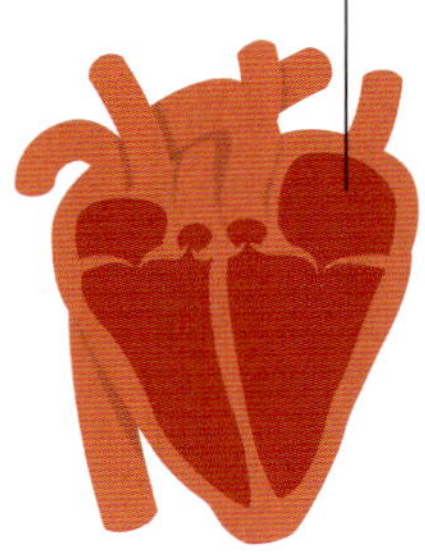

Herz: Um das Blut durch den Körper eines Dinosauriers zu pumpen, ist ein starkes Herz mit vier Kammern nötig – viel größer als das eines Vogels.

Luftsäcke (blau) nehmen Luft auf und lassen sie wieder durch die Lunge (rot) strömen.

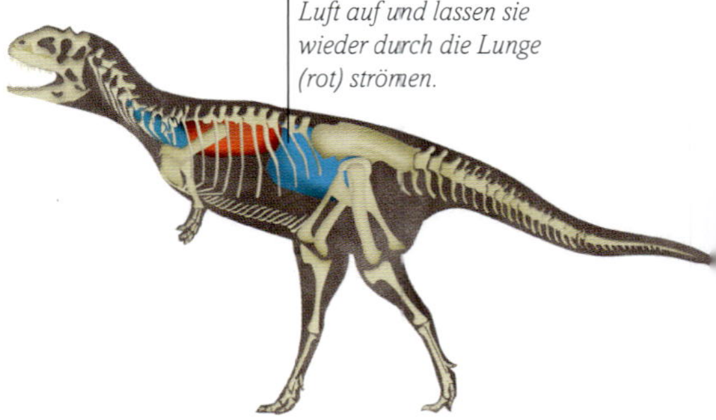

Lungen: Fossilien zeigen, dass die meisten Dinosaurier bereits Lungen wie heutige Vögel hatten, die viel effektiver als die der Säugetiere sind.

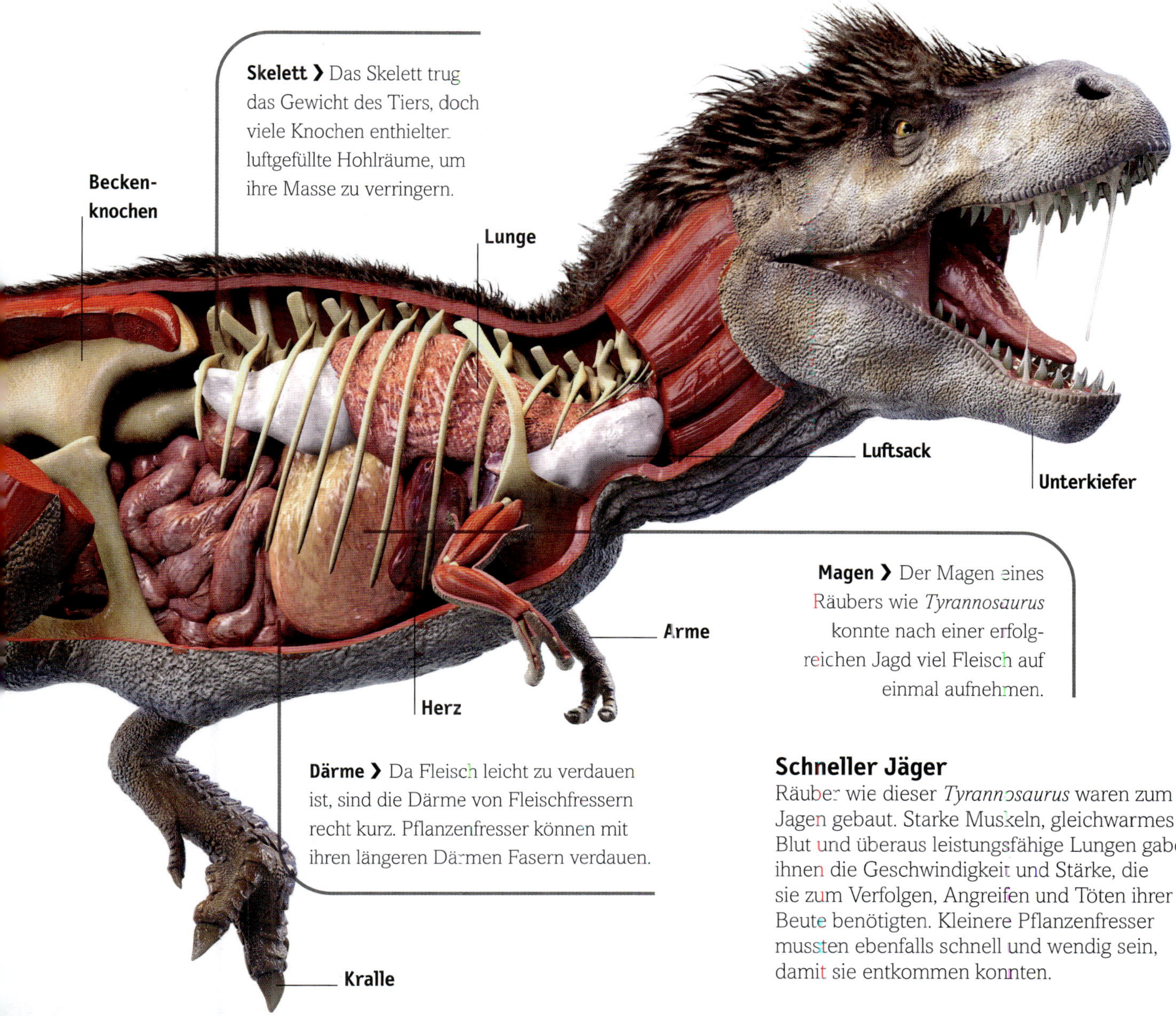

Skelett ❯ Das Skelett trug das Gewicht des Tiers, doch viele Knochen enthielten luftgefüllte Hohlräume, um ihre Masse zu verringern.

Magen ❯ Der Magen eines Räubers wie *Tyrannosaurus* konnte nach einer erfolgreichen Jagd viel Fleisch auf einmal aufnehmen.

Därme ❯ Da Fleisch leicht zu verdauen ist, sind die Därme von Fleischfressern recht kurz. Pflanzenfresser können mit ihren längeren Därmen Fasern verdauen.

Schneller Jäger

Räuber wie dieser *Tyrannosaurus* waren zum Jagen gebaut. Starke Muskeln, gleichwarmes Blut und überaus leistungsfähige Lungen gaben ihnen die Geschwindigkeit und Stärke, die sie zum Verfolgen, Angreifen und Töten ihrer Beute benötigten. Kleinere Pflanzenfresser mussten ebenfalls schnell und wendig sein, damit sie entkommen konnten.

Die Augen einiger Raubsaurier waren wohl wie die einer Katze an die Dunkelheit angepasst.

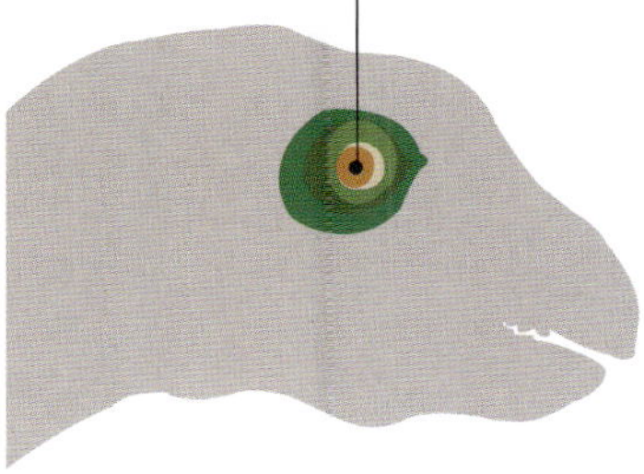

Sehvermögen: Der Schädelaufbau zeigt, dass viele Dinosaurier scharfe Sinnesorgane hatten. Räuber wie *Tyrannosaurus* konnten vielleicht so scharf wie ein heutiger Adler sehen.

Die säulenartigen Beine trugen ein hohes Gewicht.

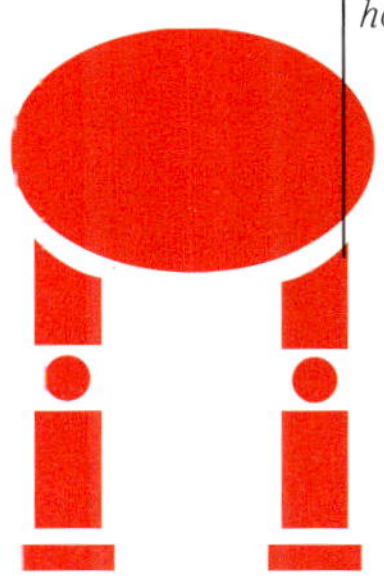

Beinposition: Bei Dinosauriern waren die Beine wie bei Vögeln – und anders als bei heutigen Reptilien – nach unten gerichtet, um das hohe Gewicht zu tragen.

Die Schuppen bestanden wie unsere Fingernägel aus festem Keratin.

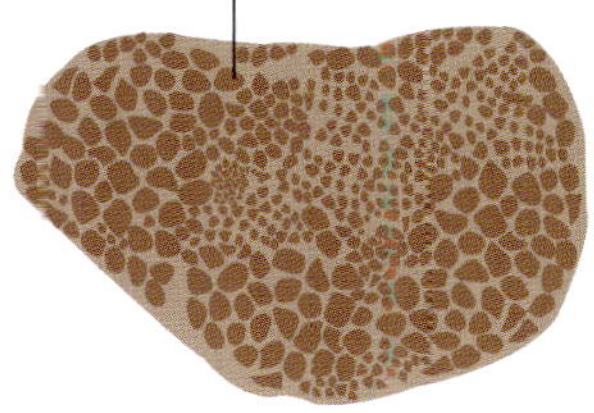

Schuppen: Die Haut der großen Dinosaurier war durch Schuppen geschützt. Viele kleine, gefiederte Tiere waren teilweise geschuppt.

Daunenfedern wie diese dienten der Isolation, nicht dem Flug.

Federn: Viele kleine und auch einige große Theropoden trugen Federn. Sie hielten sie warm und ermöglichten einigen von ihnen das Fliegen.

VOR DEN DINOSAURIERN

Die ersten Tiere

Dieses in Russland, Australien und Namibia *gefundene Fossil eines wurmähnlichen Tiers scheint weder Mund, noch Augen oder Darm zu besitzen.*

Fossilien *zeigen, dass der Körper von* Charnia *aus Verzweigungen bestand und daher gestreift aussah.*

Wie Blüten sehen die Fossilien *der Mawsoniten aus. Sie könnten die Überreste von Quallen sein.*

Charnia *war am Grund mit einem Stiel verankert* *und nahm mit dem farnähnlichen Körper Nahrung auf.*

Wissenschaftler nahmen früher an, dass die ersten Tiere vor 541 Millionen Jahren zu Beginn des Kambriums entstanden sind. Die lange Zeit davor, das Präkambrium, sollte mit Ausnahme von Bakterien und ähnlichen einzelligen Organismen frei von Leben gewesen sein. Doch im Jahr 1957 wurde im präkambrischen Gestein des englischen Charnwood Forest ein heute als ***Charnia*** bekanntes Fossil einer vielzelligen Lebensform entdeckt. Danach stellte man fest, dass 1946 in den australischen Ediacara-Hügeln gefundene Fossilien ebenfalls

Ein 15-jähriger Junge entdeckte ***Charnia***, ein Fossil aus dem Präkambrium.

präkambrisch und über 600 Millionen Jahre alt waren. Zu ihnen gehörten die ersten Tiere der Welt. Ähnliche Fossilien sind seitdem in Nordamerika, Afrika und Russland gefunden worden. Viele, darunter auch *Charnia,* waren auf dem Meeresgrund lebende Tiere, wie die heutigen Korallen. Andere, wie ***Spriggina***, konnten auf der Nahrungssuche umherschwimmen, und manche, darunter ***Dickinsonia***, ähnelten den heutigen Tieren so wenig, dass ihr Körperbau und ihre Lebensweise für uns immer noch ein Rätsel darstellen.

Leben im Kambrium

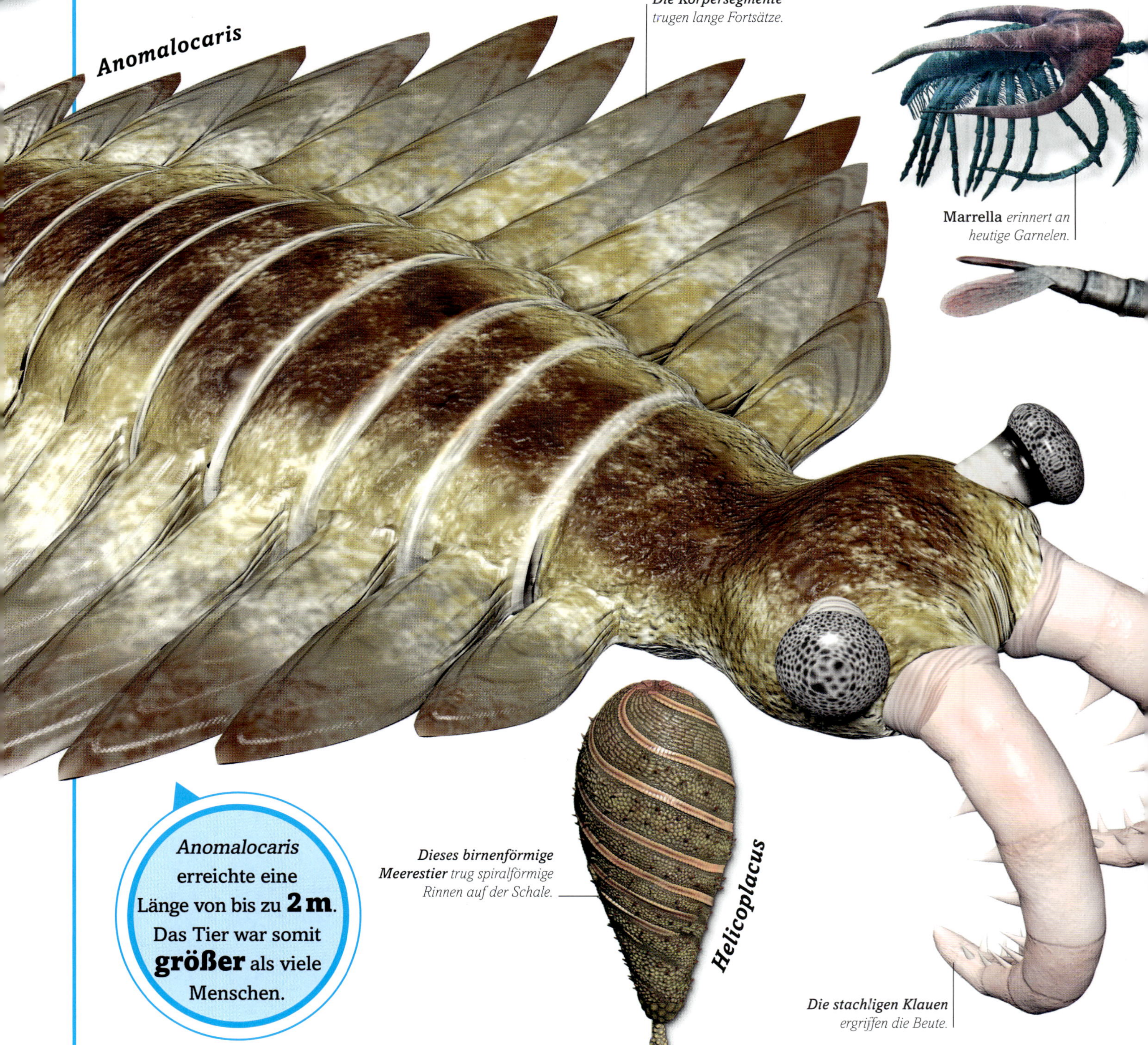

Anomalocaris

Die Körpersegmente trugen lange Fortsätze.

Die stachligen Klauen ergriffen die Beute.

Marrella

Marrella erinnert an heutige Garnelen.

Helicoplacus

Dieses birnenförmige Meerestier trug spiralförmige Rinnen auf der Schale.

Anomalocaris erreichte eine Länge von bis zu **2 m**. Das Tier war somit **größer** als viele Menschen.

Die ersten Tiere in den prähistorischen Meeren hatten wie heutige Quallen weiche Körper. Doch im Kambrium, vor 541 Millionen Jahren, erschienen neue Tierformen. Sie hatten feste Schalen, Stacheln und ein Außenskelett, wie etwa ***Anomalocaris*** und ***Marrella***. Dieses feste Gebilde stützte den Körper und schützte ihn vor Fressfeinden. Die weichen Teile verwesten nach dem Tod der Tiere meistens, doch die Schalen und Skelette blieben oft als Fossilien erhalten. Das Auftauchen zahlreicher Fossilien im kambrischen Gestein zeigt, dass

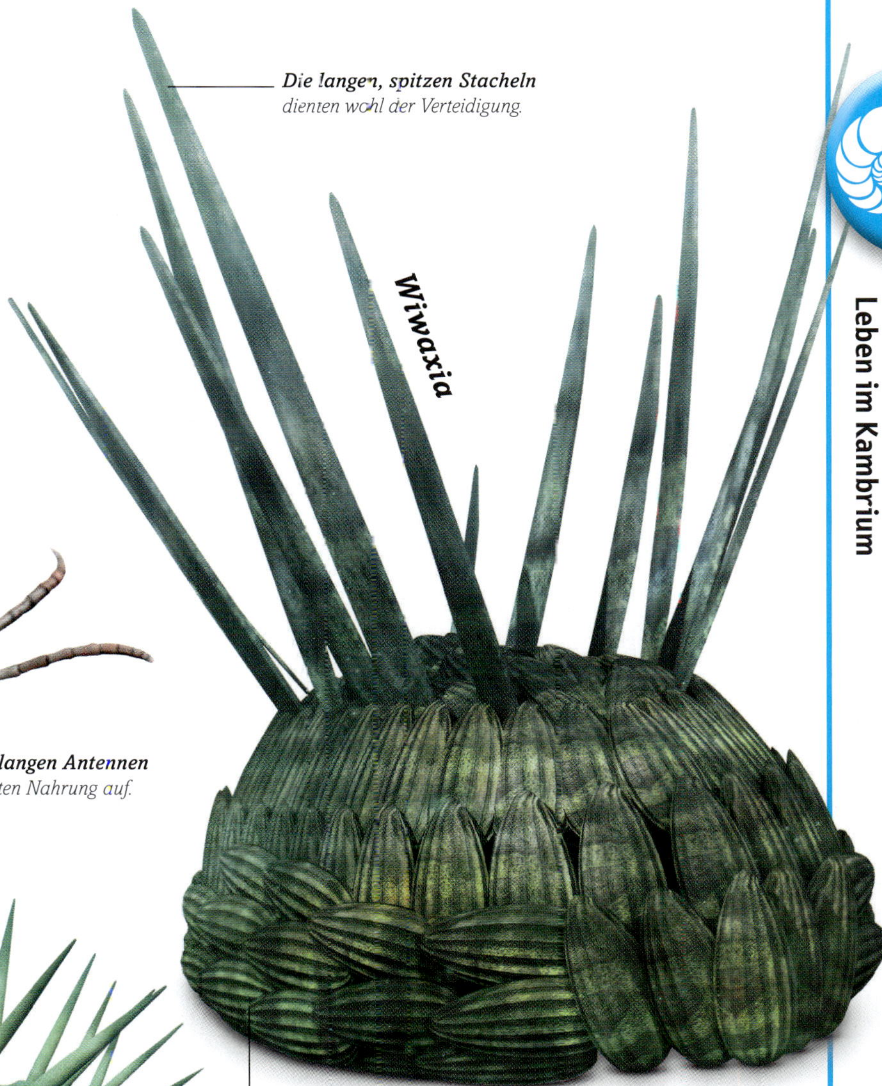

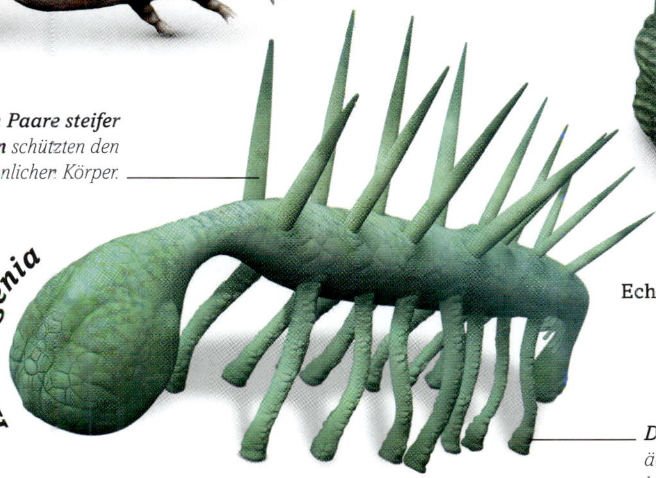

Echmatocrinus

viele Arten zur gleichen Zeit entstanden sind. Diese Erscheinung bezeichnen wir heute als kambrische Explosion. Tiere mit einem weichen Körper, wie der grabende Wurm ***Ottoia***, wurden im kanadischen Burgess-Schiefer gefunden. Geschöpfe wie *Ottoia* und das einer Garnele gleichende Tier ***Waptia*** ähnelten bereits unseren modernen Tieren. Andere, darunter ***Opabinia***, waren so ungewöhnlich, dass wir bis heute nicht wissen, wie sie gelebt haben.

IN STEIN VEREWIGT

Hoch in den Rocky Mountains in British Columbia (Kanada) liegt eine der wunderbarsten Fossilfundstätten – der Burgess-Schiefer. Er ist 1909 vom amerikanischen Fossiliensucher Charles Walcott entdeckt worden, der schnell erkannt hatte, über welchen Schatz er hier gestolpert war. In den folgenden 14 Jahren arbeitete er hauptsächlich hier und barg über 65 000 Fossilien.

Vor über 500 Millionen Jahren war der Burgess-Schiefer ein schlammiger Meeresgrund am Fuß einer Steilküste. Das Wasser wimmelte von Tieren, von denen manche von Schlammlawinen verschüttet wurden. Der Schlamm wurde allmählich zu Stein und die tierischen Überreste wurden als flachgedrückte Fossilien konserviert. Sie geben die Vielfalt des Lebens zu Beginn des Erdaltertums vor 541 Millionen Jahren wieder. Einige der Tiere besaßen ein Außenskelett, wie etwa die Trilobiten, andere hatten einen weichen Körper und unterschieden sich sehr von den heutigen Tieren, etwa die fünfäugige *Opabinia*. Diese Versteinerung stellt einen Schnappschuss des Lebens vor Millionen von Jahren dar.

Trilobiten

Paradoxides *war einer der frühesten und größten Trilobiten. Er wurde bis zu 37 cm lang.*

Paradoxides

Phacops *besaß ein Paar Komplexaugen, die aus vielen einzelnen Augen bestanden.*

Eingerollter Phacops

Der gepanzerte Körper *wurde zusammengerollt, um die weiche Unterseite zu schützen.*

Drotops

Die langen Stacheln *haben vermutlich den meisten Räubern den Appetit verdorben.*

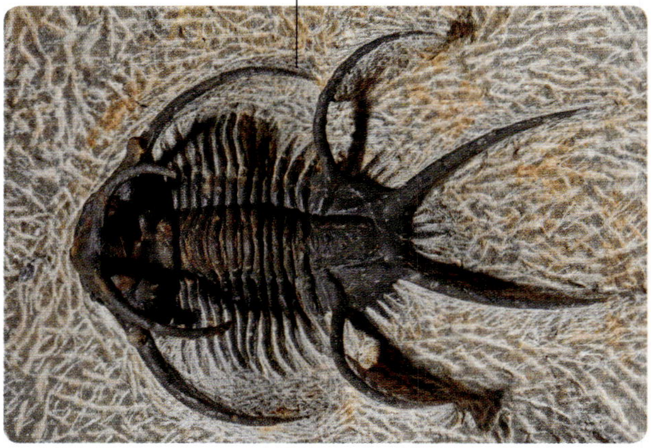

Ceratarges

Trilobiten gehören mit ihrem segmentierten Körper zu den Fossilien, die man am leichtesten erkennt. Die frühesten Trilobiten tauchen in über 520 Millionen Jahre altem Gestein auf. Es gab sie erstaunliche 270 Millionen Jahre lang, bis sie im katastrophalen Massenaussterben am Ende des Paläozoikums vor 252 Millionen Jahren untergingen. Trilobiten gehörten zu den ersten Gliederfüßern – Tieren mit Außenskelett und gegliederten Füßen, wie etwa die heutigen Insekten und Spinnen. Viele Trilobiten wie ***Drotops*** sahen wie plattgedrückte

Gestreckter Phacops

__Der Körper__ von Phacops bestand aus elf Segmenten, die jeweils ein Beinpaar trugen.

Walliserops

__Der Dreizack__ mag zur Abwehr von Rivalen gedient haben.

Selenopeltis

__Diese Fossilien__ sind vermutlich leere Hüllen von Selenopeltis – alle Trilobiten häuteten sich beim Wachstum.

__Der kuppelförmige Kopfschild__ bedeckte die Mundwerkzeuge.

Ditomopyge

__Wie die meisten Trilobiten__ war dieser ein Jäger und Aasfresser am Meeresgrund.

Ogygopsis

__Dieser Trilobit__ gehört zu den häufigsten im kanadischen Burgess-Schiefer.

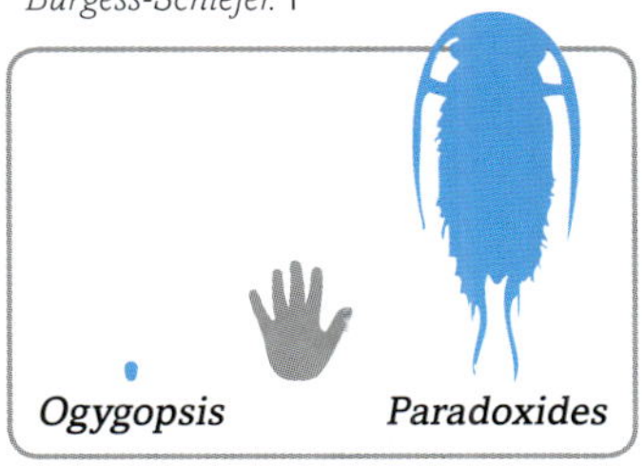

Xystridura

__Der Schwanz__ bestand aus zu einer Platte verschmolzenen Segmenten.

Asseln aus, mit vielen Beinpaaren und großen Augen. Trilobiten gehörten zu den ersten Tieren mit Komplexaugen. Einige, wie ***Ceratarges*** und ***Walliserops***, besaßen spitze Stacheln, die vielleicht bei der Balz oder der Verteidigung eine Rolle gespielt haben. Viele haben auf dem Meeresgrund nach Nahrung gesucht, doch andere konnten schwimmen. Es gab mindestens 20 000 Arten, von weniger als 3 mm großen Winzlingen bis zu Tieren, die so groß wie dieses Buch waren.

Die ersten Fische

Alle Landwirbeltiere und auch die Dinosaurier stammen von den Fischen ab, den ersten Wirbeltieren. Fische entwickelten sich aus Tieren wie ***Pikaia***, die vor über 500 Millionen Jahren lebten. Frühe Formen wie ***Astraspis*** besaßen ein weiches, kieferloses Maul und eine Rückensaite (Chorda) als Stütze des Körpers. Im Verlauf der nächsten 100 Millionen Jahre entwickelten die Fische Kiefer und eine Wirbelsäule anstelle der Chorda. Im Devon, vor 419 bis 359 Millionen Jahren, wurden sie so erfolgreich, dass es als das Zeitalter der Fische bezeichnet

Cladoselache

Anders als bei heutigen Haien *befand sich das Maul an der Schnauzenspitze.*

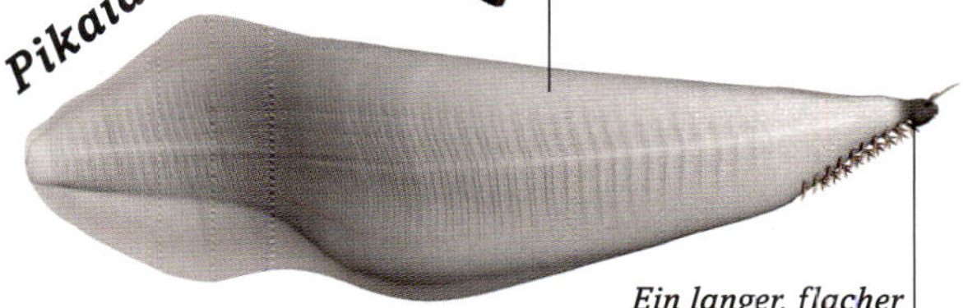

Pikaia

Pikaia *besaß ein stützendes Dorsalorgan, aber keine Knochen.*

Ein langer, flacher Körper *erstreckte sich hinter dem kleinen Kopf.*

Die seltsame Struktur *auf dem Rücken der Männchen mag Weibchen angelockt haben.*

Stethacanthus besaß viele **zahnähnliche** Schuppen auf Rückenflosse und Kopf.

Der stromlinienförmige Körper *des Hais eignete sich zum schnellen Schwimmen.*

Coccosteus

Dieser Panzerfisch *hatte einen knochigen Kopfschild.*

Holoptychius

Große Schuppen *bedeckten den Körper dieses Fleischflossers.*

Die paarigen Flossen *unter dem Körper enthielten starke Knochen.*

wird. Zwei Hauptgruppen entstanden: Haie wie ***Stethacanthus*** und ***Cladoselache*** besaßen Skelette aus gummiartigem Knorpel, während die Skelette von Fischen wie ***Cheirolepis*** aus harten Knochen bestanden. Einige dieser Fische trugen knochige Flossen unter ihrem Körper. Diese sogenannten Fleischflosser waren die ersten Tiere, die an Land krochen. Fische gedeihen seit dieser Zeit hervorragend. Obwohl das größte Massenaussterben vor 252 Millionen Jahren etwa 90 % der Meerestiere vernichtete, überlebten die Fische.

Panzerung

Dunkleosteus konnte bereits **gigantische** 6 m lang werden – so lang wie ein Weißer Hai.

Viele frühe Fische besaßen Knochenplatten, die ihren Kopf und zum Teil auch den Körper schützten. Die ersten dieser Fische lebten vor etwa 400 Millionen Jahren. Die Kieferlosen ***Cephalaspis*** and ***Drepanaspis*** besaßen einen hufeisenförmigen Kopfschild. Sie waren viel kleiner als die später auftretenden kiefertragenden Panzerfische (Placodermi). Einige dieser frühen gepanzerten Fische sahen monströs aus. Ihr Kopf und ihr Körper waren mit sich überlappenden Knochenplatten geschützt, die mit Gelenken verbunden waren. Diese Panzerung war vermutlich

ein Schutz gegen Räuber. Die einzigen Tiere, die sie bedrohen konnten, waren Haie und andere große Raubfische, da die furchterregenden Meeresechsen erst nach weiteren 100 Millionen Jahren in den Ozeanen erscheinen würden. Einige der Panzerfische, wie etwa der in der Größe einem Weißen Hai entsprechende ***Dunkleosteus***, hatten wohl nur wenige Feinde. Der Fisch konnte kräftiger als jeder andere zubeißen und er war mit etwa 5 cm dicken Knochenplatten gepanzert. Wahrscheinlich schützte er sich mit ihnen vor allem vor Artgenossen.

Frühes Landleben

Dieses Fossil ist ein ***Blatt*** *eines der ersten verholzten Bäume. Dieser lebte vor etwa 370 Millionen Jahren.*

Sciadophyton *war etwa 5 cm hoch.*

Die becherartigen Gebilde *enthielten die männlichen und weiblichen Geschlechtszellen.*

Die kleinen, schuppenartigen Blätter *nahmen Sonnenlicht auf und verwandelten Kohlendioxid und Wasser in Zucker.*

Gefäße *transportierten Wasser, dadurch konnte* Asteroxylon *bis zu 50 cm hoch werden.*

Bis vor etwa 500 Millionen Jahren gab es kein Leben an Land. Die Kontinente wirkten wie eine Marslandschaft aus Felsen und Sand. Die ersten Landbewohner waren vermutlich winzige Bakterien, die mattenähnliche Kolonien bildeten. Es folgten Pilze, die von den Bakterienmatten lebten und Böden schufen, in denen die ersten Pflanzen wurzeln konnten. Sporen dieser Pflanzen sind in 476 Millionen Jahre alten Fossilien gefunden worden. Die Pflanzen sahen wohl wie ***Aglaophyton*** und ***Sciadophyton*** aus – moosähnliche Gewächse, die an feuchten Stellen

Die Samen *steckten in diesen Gebilden.*

Elkinsia *war eine der ersten Pflanzen, die Samen anstelle von Sporen produzierte, sodass sie in trockeneren Gebieten wachsen konnte.*

Diese Gefäße *transportierten Wasser und Nährstoffe.*

Die eiförmigen Kapseln *enthielten Sporen, die auf feuchtem Boden zu neuen Pflanzen austreiben konnten.*

In der Nähe heißer Quellen *wuchs vor etwa 396 Millionen Jahren* Aglaophyton. *Die Pflanze hatte grüne Stängel anstelle von Blättern.*

Alle **frühen** luftatmenden Tiere ähnelten kleinen **Insekten**.

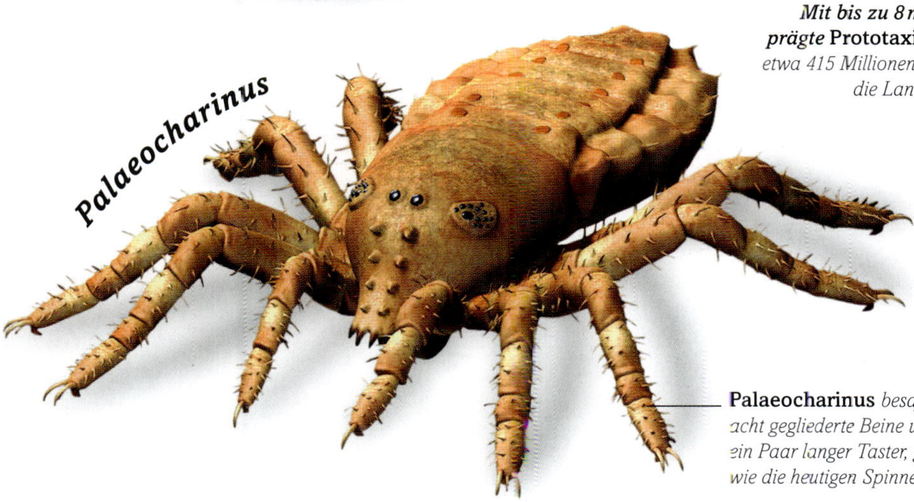

Palaeocharinus *besaß acht gegliederte Beine und ein Paar langer Taster, ganz wie die heutigen Spinnen.*

Mit bis zu 8 m Höhe prägte **Prototaxites** *vor etwa 415 Millionen Jahren die Landschaft.*

Prototaxites

in Bodennähe wuchsen. Mit der Zeit entwickelten diese Pflanzen Gefäße, die ihnen den Transport von Wasser und Nährstoffen erlaubten und über den Spross die Wurzeln mit den Blättern verbanden. So konnten Bäume wie der 6 m hohe ***Archaeopteris*** entstehen – der erste Baum mit festem Holz und echten Blättern, der große Wälder bilden konnte. Die Pilze, Bakterien und Pflanzen lieferten Nahrung für Landtiere wie den Tausendfüßer *Pneumodesmus*. Diese ersten Gliederfüßer fielen wiederum Räubern zum Opfer, etwa dem spinnenähnlichen ***Palaeocharinus***.

Gewaltige Bäume

Walchia

Dieser frühe Nadelbaum *besaß einen langen, geraden Stamm.*

Macroneuropteris

***Dieses fossile Blatt** wies eine herzförmige Basis auf.*

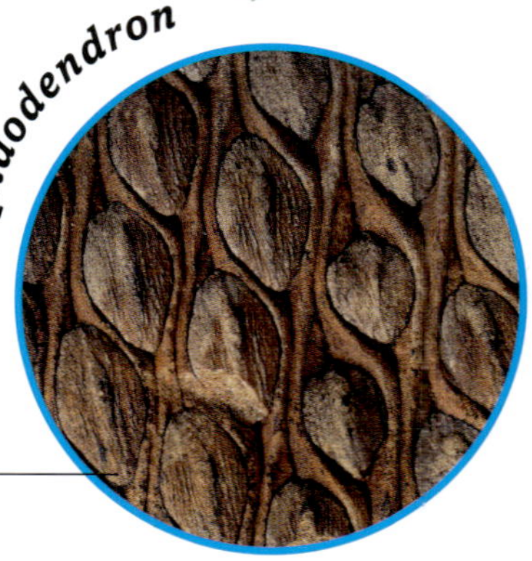

Lepidodendron

***Die Stammoberfläche** dieser riesigen Bärlapp-Pflanze trug ein Rautenmuster.*

Alethopteris

***Trotz der farnartigen Blätter** vermehrte sich* Alethopteris *bereits über Samen.*

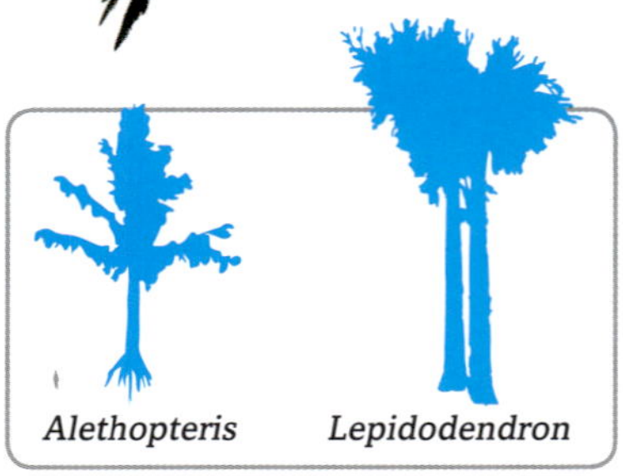

Obwohl das Devon als Zeitalter der Fische bekannt ist, fand zu dieser Zeit auch die Verwandlung des Lands durch die Pflanzen statt. Die ersten verholzten Bäume entstanden im Oberdevon vor etwa 385 Millionen Jahren. Sie bildeten die ersten Wälder. Während der nächsten 85 Millionen Jahre, im Karbon, besiedelten die Pflanzen das Land und schufen die Lebensräume der Tiere. Viele Pflanzen wuchsen in Sümpfen. Wenn sie starben, bildeten ihre Überreste Torf, der sich schließlich in Kohle verwandelte. Manche Gewächse, wie etwa

***Palmfarne** wie* Paripteris *gehörten zu den ersten Samenpflanzen.*

***Die Blattbasen der abgefallenen Blätter** hinterließen bienenwabenähnliche Muster.*

***Diese Pflanze** erinnert an einen Baumfarn.*

Glossopteris bildete einst **dichte Wälder** auf dem Kontinent **Antarktika**.

Glossopteris ***bedeutet „Zungenfarn“** und beschreibt die Blattform.*

***Die Fossilien** ähneln heutigen Farnwedeln sehr.*

Sigillaria und ***Lepidodendron***, ähnelten zwar heutigen Bäumen, waren aber Bärlapp-Pflanzen, somit Verwandte der Moose und Farne. Sie konnten recht hoch werden – *Lepidodendron* erreichte 40 m Höhe und mehr. Viele Pflanzen glichen heutigen Farnen und Schachtelhalmen, doch andere, wie ***Alethopteris*** und ***Paripteris***, produzierten bereits Samen. Im Pennsylvanium (Oberkarbon) entstanden Pflanzen wie ***Walchia***. Diese ersten Nadelbäume sollten eine wichtige Nahrungsquelle der Dinosaurier werden.

Zeit der Gliederfüßer

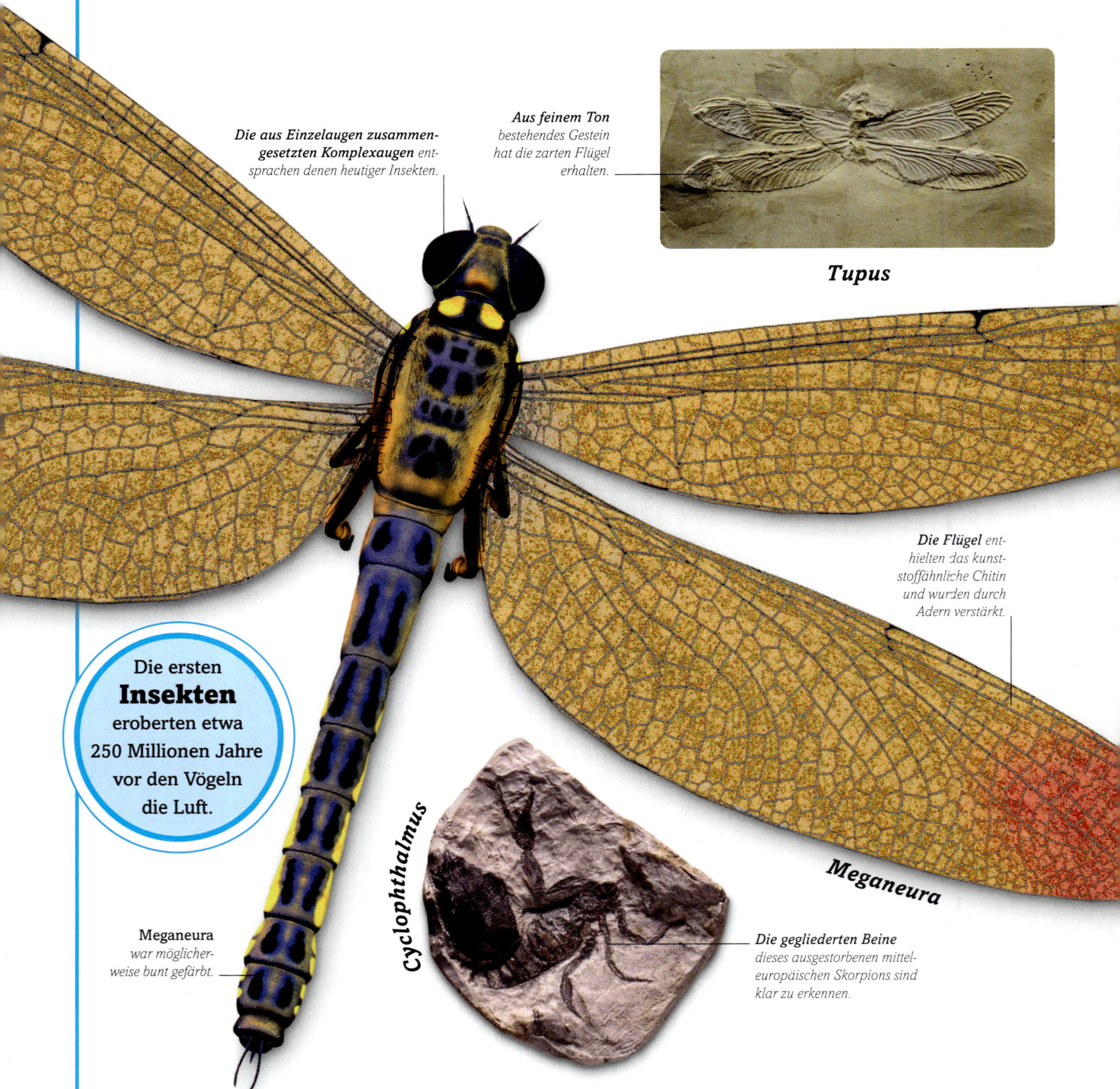

Die aus Einzelaugen zusammengesetzten Komplexaugen *entsprachen denen heutiger Insekten.*

Die Flügel *enthielten das kunststoffähnliche Chitin und wurden durch Adern verstärkt.*

Meganeura *war möglicherweise bunt gefärbt.*

Meganeura

Aus feinem Ton *bestehendes Gestein hat die zarten Flügel erhalten.*

Tupus

Cyclophthalmus

Die gegliederten Beine *dieses ausgestorbenen mitteleuropäischen Skorpions sind klar zu erkennen.*

Die ersten **Insekten** eroberten etwa 250 Millionen Jahre vor den Vögeln die Luft.

Vor etwa 358 bis 299 Millionen Jahren war das Land von Wäldern bedeckt, in denen viele kleine pflanzenfressende Tiere Nahrung fanden. Zu ihnen gehörten Würmer, deren Gänge man als Fossilien gefunden hat. Doch die meisten Landbewohner dieser Zeit waren Gliederfüßer – Tiere mit einem robustem Außenskelett und gegliederten Beinen, wie die heutigen Insekten, Spinnen- und Krebstiere. Zu ihnen gehörten Tausendfüßer wie ***Euphoberia*** und pflanzenfressende Insekten wie die Schabe ***Archimylacris***. Sie wurden von räuberischen

***Tausendfüßer wie* Euphoberia** *gehörten zu den ersten nur an Land lebenden Tieren.*

Euphoberia

Dieses 310 Millionen Jahre alte Insekt *saugte mit seinen Mundwerkzeugen Pflanzensäfte.*

***Wie alle fliegenden Insekten hatte* Stenodictya** *zwei Flügelpaare.*

Stenodictya

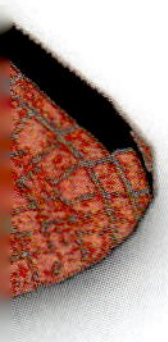

Die schlanken Scheren *dieses Skorpions ähneln sehr den Scheren seiner modernen Verwandten.*

Gallio

Der lange Schwanz *trug vermutlich einen Giftstachel, der zur Jagd und Verteidigung diente.*

Archimylacris

Die vor 300 Millionen Jahren *lebende Schabe fraß wohl sich zersetzendes Pflanzenmaterial.*

In diesem gut erhaltenen Fossil sind *die dunklen Bänder auf den Flügeln zu erkennen.*

Lithomantis

Hundertfüßern, frühen Spinnen, Skorpionen wie ***Cyclophthalmus*** und auch von Insekten wie ***Meganeura*** gejagt. Die Wälder wimmelten von diesen Tieren, insbesondere von Insekten, die vor der Entstehung der Vögel die einzigen fliegenden Tiere waren. Viele verbrachten den größten Teil ihres Lebens als flügellose Larven im Wasser oder im Erdboden, bevor sie sich in geflügelte erwachsene Tiere verwandelten. Wie bei den heutigen Eintagsfliegen war das Erwachsenenleben kurz, doch als Fossilien haben diese Tiere Millionen Jahre überdauert.

RIESE DER LÜFTE

Einige der spektakulärsten Insekten aller Zeiten flogen vor etwa 300 Millionen Jahren durch die üppigen Wälder des Karbon. Diese Urlibellen waren Verwandte unserer heutige Libellen, wurden jedoch viel größer. Fossilien der Riesenlibelle *Meganeura* zeigen, dass ihre Spannweite nahezu 70 cm erreichte – fast viermal so viel wie die der größten heute lebenden Libellen.

Wie ihre heutigen Verwandten war *Meganeura* ein Jäger anderer Insekten. Vermutlich wendete sie auch die gleiche Jagdtechnik an: Sie ergriff ihre Beute in der Luft mit ihren borstigen Beinen. Dann flog sie zu ihrem Ansitz und öffnete mit den kräftigen Kiefern das Außenskelett der Beute, um an das Fleisch zu gelangen. *Meganeura* hat wohl die Eier im Wasser abgelegt, in dem die geschlüpften Larven ihre ersten Jahre verbracht haben, bevor sie sich in die geflügelten erwachsenen Insekten verwandelten. Ein Rätsel ist, warum *Meganeura* so viel größer als die heutigen Libellen werden konnte. Eine Theorie besagt, dass der höhere Sauerstoffgehalt der Atmosphäre die Insekten größer werden ließ.

Frühe Amphibien

***Dieses Tier** gehörte zu einer Gruppe, die man als Schlangenlurche bezeichnet.*

Acanthostega

***Die Schwimmhäute** machten die Füße zu Paddeln.*

***Die Haut** hat zum Schutz vor Räubern vielleicht Tarnfarben getragen.*

Panderichthys

***Obwohl er ein Fisch war,** konnte* Panderichthys *vermutlich Luft atmen.*

Crassigyrinus

***Die winzigen Beine** kamen höchstens beim Schwimmen zum Einsatz.*

Eryops

***Das kräftige Skelett** war an das Leben an Land angepasst.*

Alle heutigen **Wirbeltiere** an Land (auch wir) stammen von diesen Tieren ab.

Die ersten Vierbeiner an Land waren die Amphibien, zu denen heute die Frosch- und Schwanzlurche gehören. Ihre Vorfahren waren die im Devon lebenden Fische ***Panderichthys*** und ***Eusthenopteron***, deren vier unter dem Körper gelegene Flossen von starken Knochen gestützt wurden. Einige dieser Fische, unmittelbare Vorfahren der Vierfüßer, konnten durch die Entwicklung von Lungen auch außerhalb des Wassers atmen. ***Acanthostega*** und ***Tiktaalik*** haben vermutlich zumindest zum Teil an Land gelebt. Vor etwa 359 Millionen Jahren hatten

Phlegethontia

Tiktaalik

Aus den knochigen Flossen *entstanden die ersten Beine.*

Seymouria

Der Schädel *war ungewöhnlich dick und stark.*

Der kräftige Schwanz *diente als Antrieb.*

Eusthenopteron

Der Körper *war durch Schuppen geschützt.*

Amphibamus

Die Vorder- und Hinterbeine *hatten die gleiche Länge.*

Amphibien wie ***Amphibamus*** richtige Füße entwickelt, doch zum Überleben mussten sie ihre Haut noch immer feucht halten. Sie mussten auch zur Eiablage wieder ins Wasser zurückkehren, da die Amphibieneier wie der Laich von Fischen an Land austrocknen. Aus Amphibien, die ***Eryops*** und ***Seymouria*** ähnelten, ging schließlich eine besser an das Leben auf dem trockenen Land angepasste Tiergruppe hervor. Die ersten Reptilien waren entstanden.

Aufstieg der Reptilien

Mesosaurus

Dieses Tier lebte wie eine Amphibie im Wasser, legte aber bereits Eier wie ein Reptil.

Proterogyrinus

Robuste Knochenplatten schützten den Pflanzenfresser vor Räubern.

Scutosaurus

Der breite, starke Schädel war wohl an das Graben von Bauen angepasst.

Westlothiana ist benannt nach **West Lothian** in Schottland, dem **Fundort**.

Procolophon

Säulenförmige Beine ließen das Tier hoch über dem Boden stehen.

Der schlanke Körper und die kurzen Beine könnten eine Anpassung an das Graben sein.

Die Schuppen verhinderten, dass kostbare Körperflüssigkeit verdunstete.

Die frühen Amphibien konnten an Land leben, verloren aber ihre Körperflüssigkeit über die Haut und mussten ihre Eier im Wasser oder an feuchten Stellen ablegen. Im Karbon entwickelten amphibienähnliche Tiere wie ***Proterogyrinus*** und ***Westlothiana*** Eier, deren Schale Feuchtigkeit zurückhielt. Man konnte sie daher auch an trockenen Stellen ablegen. Sie bekamen außerdem eine dickere Haut und wasserdichte Schuppen, die den Wasserverlust bremsten. Aus diesen Vorfahren der ersten echten Reptilien, nämlich von Tieren

Spinoaequalis

Spinoaequalis *lebte überwiegend im Wasser, kehrte aber zur Eiablage an Land zurück.*

***Die Füße** waren an das Landleben angepasst.*

Hyperodapedon

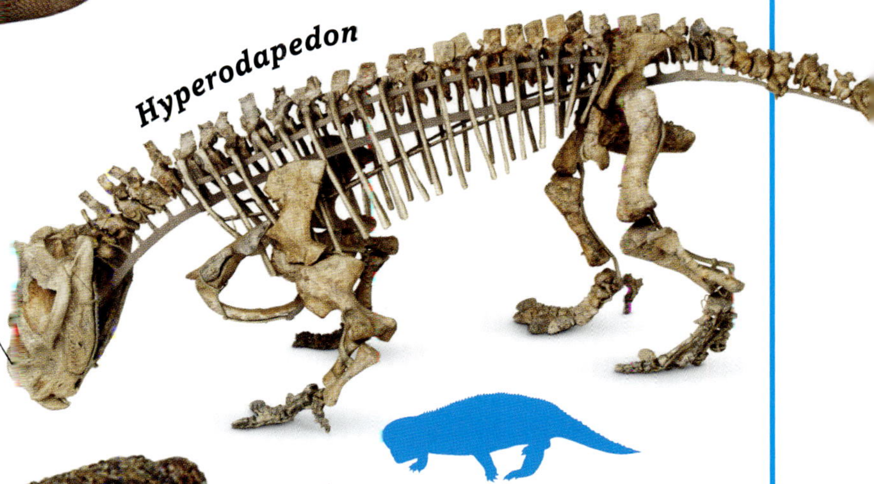

Der Pflanzenfresser **Hyperodapedon** *hatte einen scharfen Schnabel.*

***Wie heutige Krokodile** jagte* **Mesosaurus** *im Wasser.*

Westlothiana

Stagonolepis

***Dieses mit den Vorfahren der Dinosaurier** entfernt verwandte Reptil fraß die unterschiedlichste Nahrung.*

wie ***Spinoaequalis*** und ***Mesosaurus***, entstanden schließlich Echsen, Schlangen und Panzerechsen. Dieser neue Wirbeltiertyp war ideal, um das Festland während der Periode des Perm zu besiedeln – einer Zeit großer Wüsten, die vor 299 Millionen Jahren begann. Zu den Reptilien des Perm gehörten verschiedene Pflanzenfresser wie der gepanzerte ***Scutosaurus*** und ebenso Jäger mit scharfen Zähnen. Einige überlebten das katastrophale Massenaussterben am Ende des Perm und wurden zu den Vorfahren der Dinosaurier.

Ausbreitung der Reptilien

***Dieser Synapside** hatte einen fassförmigen Körper.*

***Das schlanke und flinke Tier** lief wie ein Vogel auf zwei Beinen.*

***Das Segel** diente wohl der Balz, könnte aber auch Wärme aufgenommen oder abgegeben haben.*

Dimetrodon *besaß dolchähnliche Eckzähne, mit denen er Fleisch zerreißen konnte.*

***Die beiden stoßzahnähnlichen Eckzähne** waren wohl zum Graben geeignet.*

***Der halb im Wasser lebende** **Ophiacodon** konnte die Beine als Paddel einsetzen.*

Vor etwa 320 Millionen Jahren, lange vor den ersten Dinosauriern, entstand aus den Reptilien die Gruppe der Synapsiden – aus ihnen sind schließlich die Säugetiere hervorgegangen. Frühe Vertreter wie ***Ophiacodon*** und Varanops besaßen noch seitlich abgespreizte Beine. Einige, wie der Räuber ***Dimetrodon*** und der Pflanzenfresser ***Edaphosaurus***, trugen auf dem Rücken große Segel, die von Wirbelfortsätzen aufgespannt wurden. Etwa 299 Millionen Jahre später entstand aus diesen reptilienähnlichen Tieren die Gruppe der Dicynodontier –

Archosaurier wie ***Postosuchus*** jagten frühe **Dinosaurier**.

Placerias war einer der größten von ihnen. Einige ähnliche Tiere überlebten das katastrophale Massenaussterben am Ende des Perm. Aus ihnen entwickelten sich die Cynodontier, die Vorfahren der Säugetiere. In der Zwischenzeit waren in der Linie der Reptilien die Archosaurier entstanden – die Tiergruppe, aus der schließlich Panzerechsen, Flugsaurier, Dinosaurier und Vögel hervorgingen. Einer der Spitzenprädatoren jener Zeit war ***Postosuchus***. Andere, wie zum Beispiel ***Effigia***, ähnelten den ersten Dinosauriern bereits sehr.

HUNGRIGER JÄGER Gut getarnt durch seine schuppige Haut, die in der Zeichnung den Farnen der Umgebung gleicht, beobachtet ein hungriger *Arizonasaurus* eine Herde pflanzenfressender Dicynodontier – Verwandte der Säugetiere. Reptilien wie *Arizonasaurus* stellten die Hauptbedrohung für die Pflanzenfresser der mittleren Trias dar, noch vor der Entstehung der großen Raubsaurier.

Die ersten Dinosaurier entstanden in der Trias, doch sie waren noch nicht die Giganten, die wir kennen. Die Trias wurde von Tieren eines anderen Typs beherrscht – Tieren wie *Arizonasaurus*. Wie die Dinosaurier waren sie Archosaurier, ähnelten jedoch hochbeinig laufenden Krokodilen. Viele von ihnen hatten kräftige Kiefer mit spitzen Zähnen, sodass sie jedes Tier überwältigen konnten, das ihnen über den Weg lief. *Arizonasaurus* gehörte zu einer Gruppe von Archosauriern, die ein großes Segel auf dem Rücken trugen, das von Wirbelfortsätzen aufgespannt wurde. Seine Funktion ist bis heute unklar, doch es könnte eine Rolle bei Auseinandersetzungen zwischen Artgenossen gespielt haben.

DIE ZEIT DER DINOSAURIER

Erste Dinosaurier

Eoraptor *besaß zwei unterschiedliche Zahntypen, was heißt, dass er sowohl kleine Tiere als auch Pflanzen fraß.*

Der lange, schmale Schädel *trug Kiefer voller großer, gesägter Zähne zum Fressen von Fleisch.*

Jede Hand *besaß fünf Finger, aber nur an drei Fingern saßen Krallen.*

Die unvollständigen Fossilien *reichen nicht, um zu beweisen, dass* Nyasasaurus *ein echter Dinosaurier war.*

Obwohl Dinosaurier sich zu den größten und beeindruckendsten Landtieren der Welt entwickelt haben, fingen sie klein an. In der mittleren Trias, vor etwa 240 Millionen Jahren, waren die größten Reptilien kräftige, krokodilähnliche Archosaurier. Sie hatten schlankere, langbeinige Verwandte, wie ***Marasuchus***, der lediglich 70 cm lang war und kleine Tiere jagte. Der größere ***Silesaurus***, der etwas mehr einem Dinosaurier ähnelte, war ähnlich gebaut, scheint aber sowohl Pflanzen als auch kleine Tiere gefressen zu haben. Diese leichten, flinken

Dieser Verwandte *der ersten Dinosaurier hatte einen schlanken, leichten Körper.*

Die kurzen Arme *zeigen, dass das Tier wie die ersten Dinosaurier auf den Hinterbeinen lief.*

Die langen Vorderbeine *dienten dem Laufen, doch konnte sich* Silesaurus *wohl auf den Hinterbeinen aufrichten.*

Die **Fossilien** von *Eoraptor* zählen zu den **ältesten** Überresten von Dinosauriern.

Thecodontosaurus *war etwa 2 m lang und besaß einen kräftigen Körper*

Die Hände *dienten der Nahrungssuche.*

ARCHOSAURIER

Sowohl die Dinosaurier als auch ihre frühen Verwandten zählen zu den Archosauriern, sodass sie schwer voneinander zu unterscheiden sind. Sie alle hatten unter dem Körper stehende Beine und Luftkammern im Schädel.

Das Fenster vor der Augenhöhle ist typisch für Archosaurier.

Dinosaurier haben ähnliche Hüftgelenke wie wir.

Einer der Unterschenkelknochen der Dinosaurier war sehr dünn.

Tiere waren mit Arten wie ***Nyasasaurus*** nahe verwandt, der vielleicht einer der ersten echten Dinosaurier gewesen ist. Die ersten eindeutigen Dinosaurier – Tiere wie ***Eoraptor*** – lebten vor etwa 230 Millionen Jahren und waren wahrscheinlich Allesfresser. Sie nahmen unterschiedliche Nahrung zu sich. Aus ihnen entstanden bald spezialisierte Räuber wie ***Herrerasaurus*** und Pflanzenfresser wie ***Thecodontosaurus***. Diese Tiere gehörten zu den Vorfahren der gewaltigen Dinosaurier, die das Land nun 140 Millionen Jahre lang beherrschen würden.

Prosauropoden

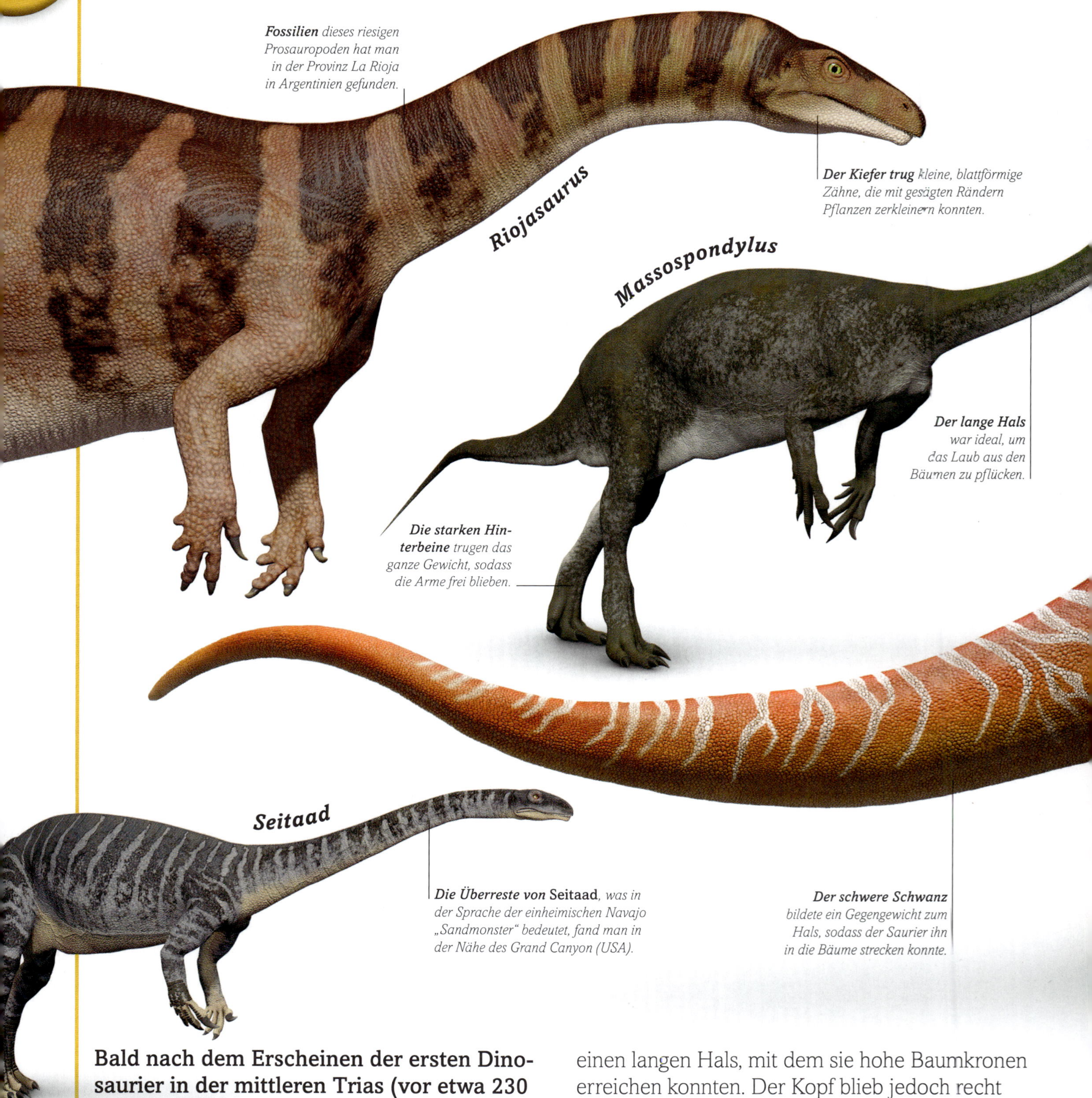

Bald nach dem Erscheinen der ersten Dinosaurier in der mittleren Trias (vor etwa 230 bis 225 Millionen Jahren) begannen sie sich in einzelne Arten mit unterschiedlichen Lebensweisen aufzuteilen. Einige spezialisierten sich auf Pflanzennahrung und entwickelten einen langen Hals, mit dem sie hohe Baumkronen erreichen konnten. Der Kopf blieb jedoch recht klein. Einer der frühesten, ***Saturnalia***, war nur etwa 1,8 m lang, doch seine Verwandten wurden größer. Der in der oberen Trias lebende ***Riojasaurus*** war etwa 10 m lang und wog so viel

wie ein Elefant. Diese Dinosaurier waren die Vorfahren der gewaltigen Sauropoden und werden daher Prosauropoden genannt. Sie standen auf den Hinterbeinen und benutzten die Arme, um Nahrung heranzuziehen. ***Plateosaurus*** hatte Hände mit vier Krallenfingern und einer vergrößerten Daumenkralle, die wohl auch der Verteidigung diente. Wenn er die Kiefer schloss, überlappten die oberen Zähne die unteren wie die Klingen einer Schere, um die Nahrung zu zerschneiden. Das faserige Pflanzenmaterial wurde im Magen in einem gewaltigen Verdauungssystem verwertet.

Sauropoden

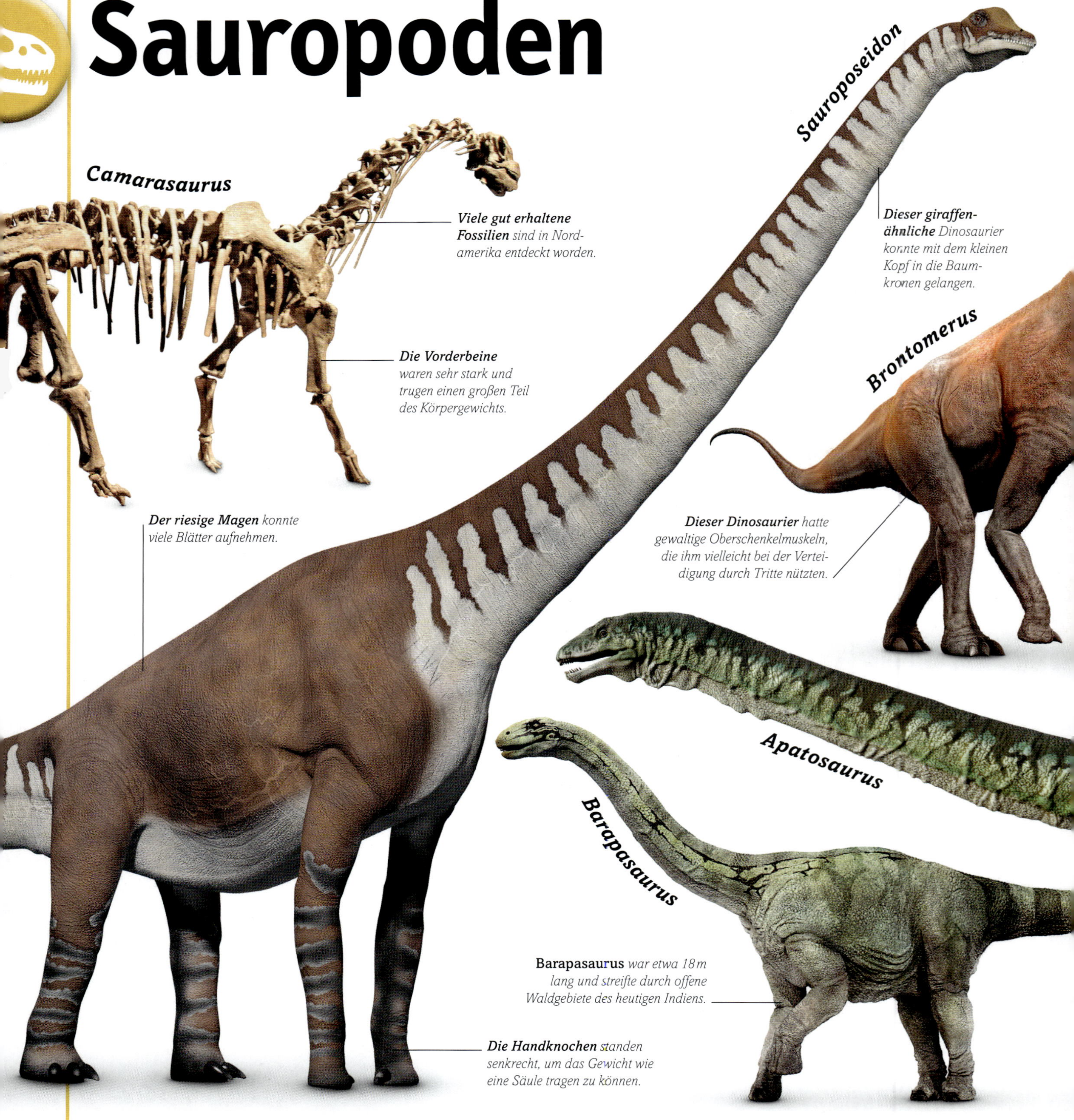

Mit einem Körper so groß wie Lastwagen und dem langen Hals und Schwanz waren die Sauropoden die größten Dinosaurier, die es auf der Welt gegeben hat. Diese Riesen waren Pflanzenfresser. Sie mussten ständig fressen, um ihre gewaltigen Körper am Leben zu halten. Die ersten erschienen vor rund 200 Millionen Jahren und ähnelten ***Barapasaurus***. Anders als ihre Prosauropoden-Vorfahren nutzten sie die Vorderbeine, um ihr Gewicht zu tragen. Ihre Hände wurden zu klobigen Füßen. Trotzdem konnten sich viele von ihnen aufrichten, um an die Baum-

Brontomerus *war ein Macronarier – ein Sauropode mit im Verhältnis zum Schädel großer Nase.*

Die langen Nackenstacheln *dienten wohl der Kommunikation mit Rivalen und Partnern.*

Hunderte von Zähnen *standen vorn in der schaufelähnlichen Schnauze.*

Nigersaurus *hielt seinen Hals erhoben, konnte ihn aber zum Fressen kleiner Pflanzen senken.*

Giraffatitan war **doppelt so groß** wie eine heutige Giraffe.

Dieser Sauropode *besaß eine stachlige Keule am Schwanzende, vermutlich für den Kampf mit Feinden oder Rivalen.*

Die Vorderbeine von **Giraffatitan** *waren ungewöhnlich lang, sodass er sehr hoch reichen konnte.*

Apatosaurus *hatte einen langen, peitschenähnlichen Schwanz.*

Die massiven Füße *mussten ein Gewicht tragen, das dem von vier Elefanten entsprach.*

kronen zu gelangen. Andere, wie ***Sauroposeidon*** und ***Giraffatitan***, konnten mit ihren langen Vorderbeinen die Schultern höher als die Hüften anheben, um hohe Bäume zu erreichen, ohne sich aufzurichten. Die einfachen Zähne der typischen Sauropoden eigneten sich dazu, Blätter von den Bäumen zu reißen, aber nicht, sie zu kauen. Daher musste die Nahrung im gigantischen Verdauungssystem aufbereitet werden. Einige Sauropoden wie ***Nigersaurus*** besaßen komplexere Zähne am Rand ihrer breiten Schnauze, vielleicht, um Pflanzen vom Boden abzuweiden.

Bewegliche Hälse

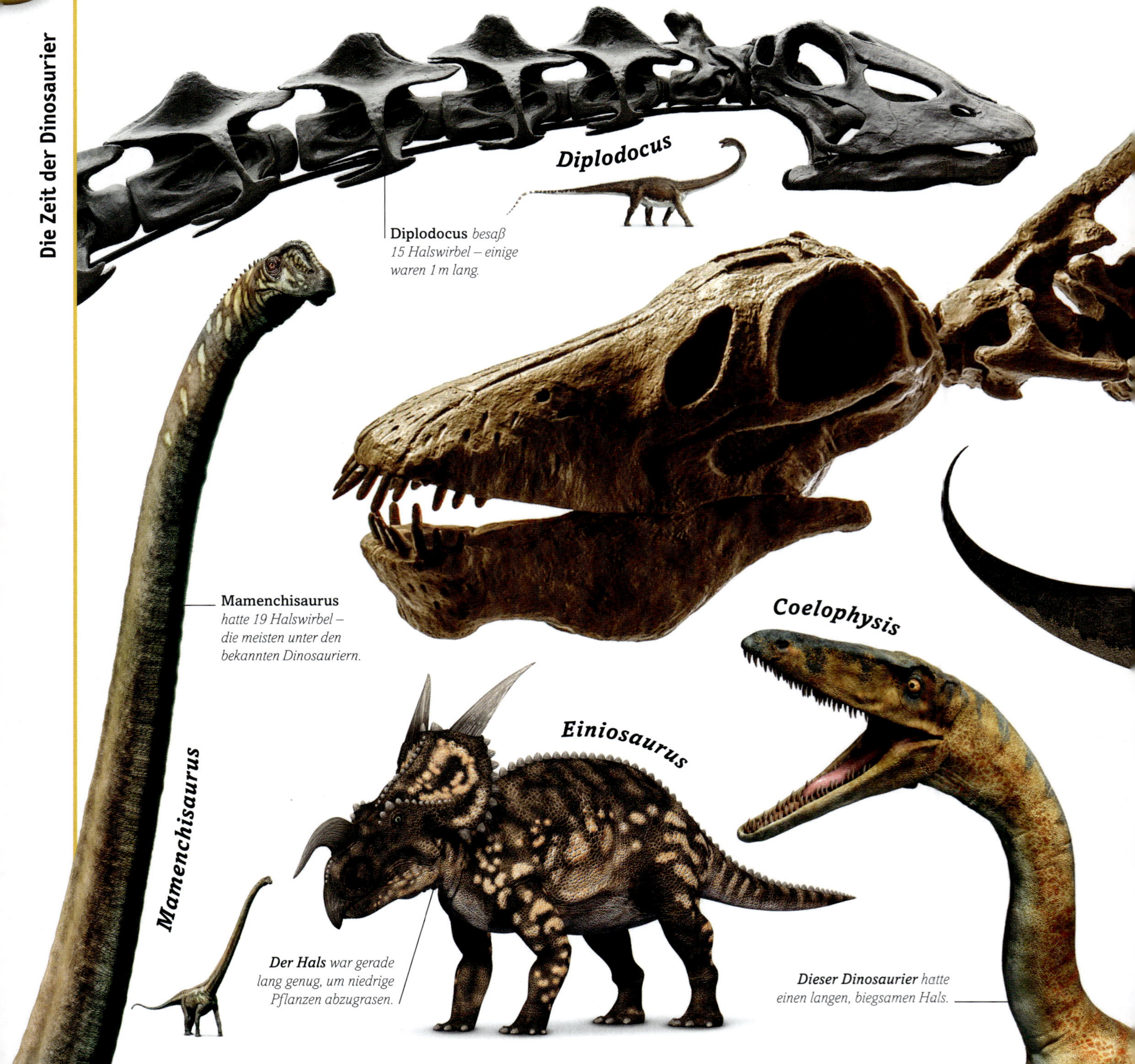

Diplodocus *besaß 15 Halswirbel – einige waren 1 m lang.*

Mamenchisaurus *hatte 19 Halswirbel – die meisten unter den bekannten Dinosauriern.*

***Der Hals** war gerade lang genug, um niedrige Pflanzen abzugrasen.*

***Dieser Dinosaurier** hatte einen langen, biegsamen Hals.*

Manche Dinosaurier, insbesondere die pflanzenfressenden Sauropoden, hatten einen derart langen Hals, dass es erstaunlich ist, wie sie den Kopf heben konnten. Der Hals von ***Mamenchisaurus*** konnte bis zu 18 m lang werden, achtmal so lang wie der einer ausgewachsenen Giraffe. Die Halswirbel der Dinosaurier enthielten Luftkammern, damit sie leicht waren und die Tiere hohe Bäume erreichen konnten. Kleine Räuber wie ***Coelophysis***

Die Halswirbel von **Amargasaurus** *trugen Fortsätze, die vielleicht einen Kamm gebildet haben.*

Amargasaurus

Obwohl **Tyrannosaurus rex** *einen kurzen Hals hatte, besaß er eine starke Nackenmuskulatur, die den riesigen Kopf trug.*

Sauropoden *hatten den längsten Hals aller bekannten Tierarten.*

Tyrannosaurus rex

Stegosaurus

Die Halsunterseite war *durch in die Haut eingebettete Knochenplatten geschützt.*

hatten einen s-förmigen Hals, den sie blitzartig vorstrecken konnten, um Beute zu fangen. Große Jäger wie ***Tyrannosaurus rex*** hatten einen kräftigen Hals, der ihren gewaltigen Kopf und Kiefer tragen musste und die Kraft hatte, die Beute zu zerreißen.

Doch die meisten der Ornithischier, wie etwa ***Stegosaurus*** und ***Einiosaurus***, hatten einen relativ kurzen Hals, um mit ihm niedrige Pflanzen abweiden zu können.

Titanosaurier

Bis vor Kurzem dachten Wissenschaftler, dass die riesigen Sauropoden größtenteils am Ende des Jura vor 145 Millionen Jahren ausgestorben seien. Doch seit den 1980er-Jahren hat man viele Fossilien entdeckt, die beweisen, dass sie weiterlebten und sich bis zum Ende der Dinosaurier weiterentwickelten. Diese späten Sauropoden nennt man Titanosaurier. Der Name ist irreführend, denn nicht alle waren Riesen. Sicher waren manche groß und viele sogar gigantisch. ***Patagotitan*** könnte sich beispielsweise als größtes Landtier herausstellen,

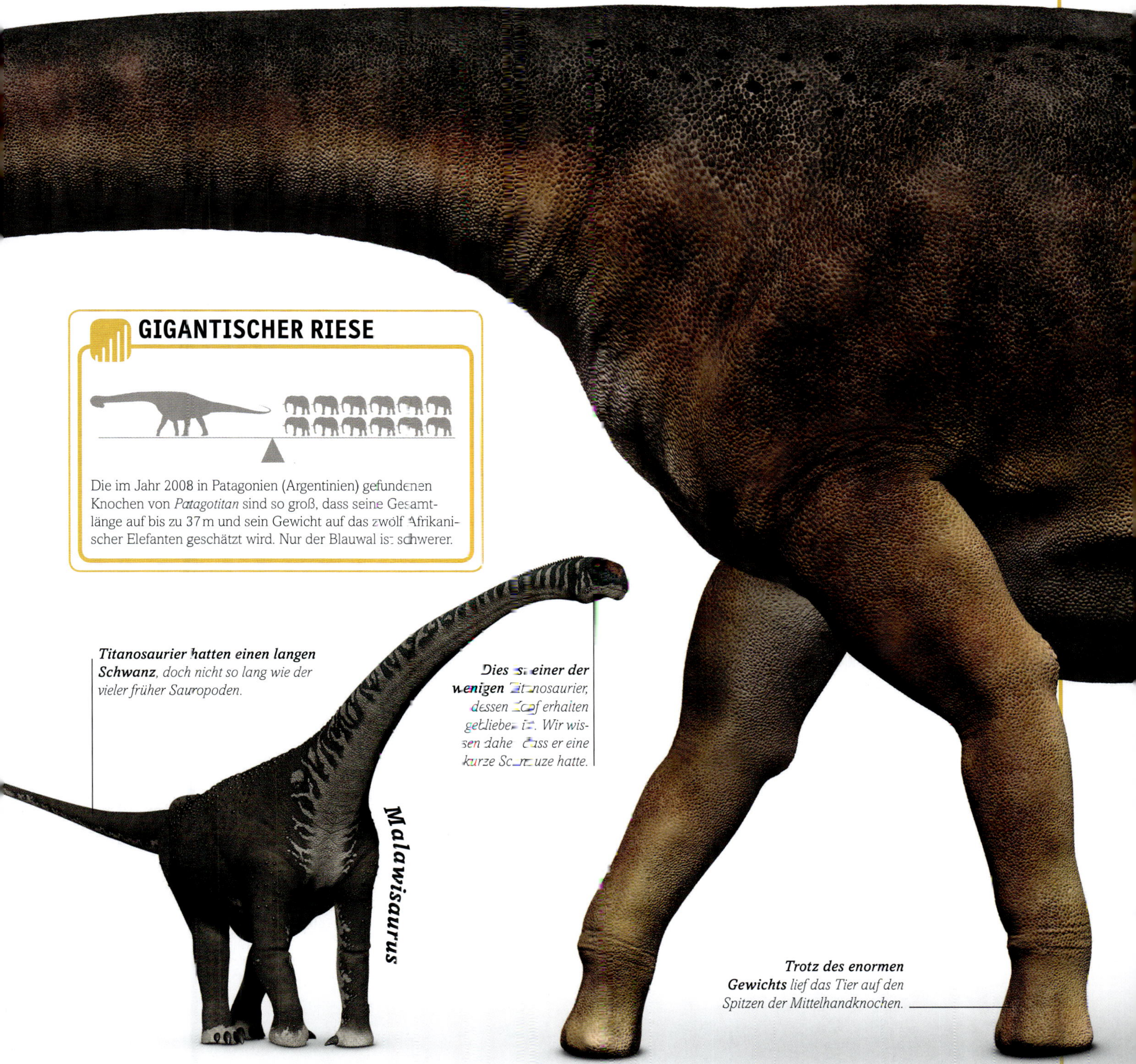

GIGANTISCHER RIESE

Die im Jahr 2008 in Patagonien (Argentinien) gefundenen Knochen von *Patagotitan* sind so groß, dass seine Gesamtlänge auf bis zu 37 m und sein Gewicht auf das zwölf Afrikanischer Elefanten geschätzt wird. Nur der Blauwal ist schwerer.

Titanosaurier hatten einen langen Schwanz*, doch nicht so lang wie der vieler früher Sauropoden.*

Dies ist einer der wenigen *Titanosaurier, dessen Kopf erhalten geblieben ist. Wir wissen daher, dass er eine kurze Schnauze hatte.*

Trotz des enormen Gewichts *lief das Tier auf den Spitzen der Mittelhandknochen.*

das jemals gelebt hat. Andere Titanosaurier wie ***Saltasaurus*** und ***Malawisaurus*** waren nicht viel größer als ein Elefant. In den 80 Millionen Jahren ihrer Existenz entwickelten die Titanosaurier viele verschiedene Kopf- und Körperformen, da sie den unterschiedlichsten Ernährungs- und Lebensweisen nachgingen. Trotzdem waren sie alle Pflanzenfresser, die große Mengen an Blättern und anderem Pflanzenmaterial vertilgten. Die Fossilien deuten auch darauf hin, dass sie in Herden lebten und gemeinsame Brutplätze benutzten.

GLOBALE VERBREITUNG

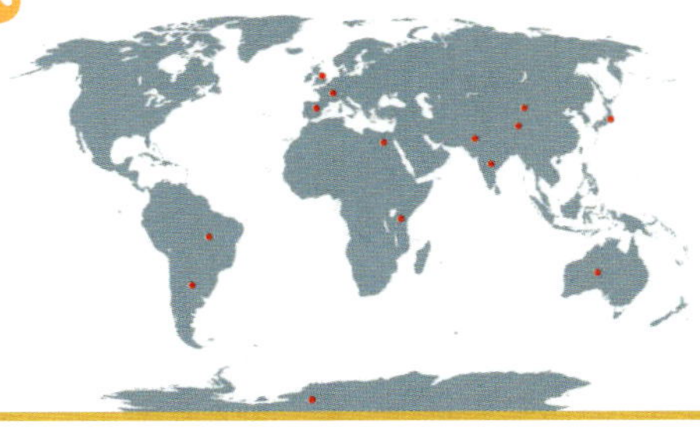

Titanosaurier sind zuerst in Südamerika entdeckt worden, doch mittlerweile fand man sie auch in Europa, Indien, der Mongolei, China, Afrika und sogar Antarktika – offensichtlich eine globale Erfolgsgeschichte.

***Die Haut** war vermutlich mit kleinen und hin und wieder großen Schuppen bedeckt.*

***Die Knochenplatten** in der Haut des Rückens scheinen eine gemeinsame Eigenschaft der Titanosaurier zu sein. Manche waren noch stärker gepanzert.*

***Das meiste Gewicht von** **Patagotitan** wurde von den Hinterbeinen getragen, die mit keilförmigen Polstern wie die Füße eines Elefanten versehen waren.*

In mancher Hinsicht waren Titanosaurier ganz typische Sauropoden, mit langem Hals, langem Schwanz und einem gewaltigen, von vier Beinen getragenen Körper. Bei Riesen wie ***Patagotitan*** und ***Puertasaurus*** näherten sich Länge, Umfang und insbesondere das Gewicht dem Maximalwert an, der für ein Landtier möglich erscheint. Sie hatten noch andere besondere Eigenschaften. Ihre Vorderfüße waren besser an das Tragen eines großen Gewichts angepasst als die der frühen Sauropoden. Spätere Titanosaurier wie ***Saltasaurus*** und ***Nemegtosaurus*** besaßen

Mit dem **langen** Hals konnte *Puertasaurus* **Nahrung** in über 15 m Höhe erreichen.

Der Hals *dieses riesigen Titanosauriers war bis zu 9 m lang und seine Gesamtlänge betrug wohl bis zu 30 m.*

Der Schädel *dieses Dinosauriers ist nie gefunden worden, sodass er auf der Basis der Schädel seiner Verwandten rekonstruiert worden ist.*

Der durch einen einzigen Schädel *bekannte Titanosaurier aus der mongolischen Wüste Gobi ist 70 Millionen Jahre alt – einer der letzten riesigen Dinosaurier der Erde.*

keine Fingerknochen mehr. Sie standen auf säulenartigen Strukturen, die aus ihren Mittelhandknochen bestanden. Titanosaurier hatten meist breite Brustkörbe und daher standen die Vorderbeine weit voneinander entfernt. Fossile Spuren erkennt man leicht am großen Abstand der Füße. Viele Titanosaurier besaßen eine starke Körperpanzerung, wie man sie bei frühen Sauropoden nicht gesehen hat. Die Haut von ***Ampelosaurus*** enthielt Knochenplatten, die als Osteoderme bezeichnet werden, und Stacheln als Schutz vor den Zähnen der großen Räuber.

Fußabdrücke und Fährten

In der Mongolei hinterließen Titanosaurier Fußabdrücke von **bis zu 2 m** Länge.

Vorder- und Hinterfüße erzeugen verschiedene Abdrücke.

Iguanodon

Ankylosaurus

Versteinerte Knochen können uns viel über die Gestalt eines Dinosauriers sagen, aber wenig über seine Lebensweise. Fossile Fußabdrücke zeigen uns dagegen, wie die Dinosaurier liefen und ob sie allein oder in einer Gruppe lebten. Ein einzelner Abdruck sagt nur aus, welches Tier ihn hinterlassen hat. Die interessanteren Informationen stammen von Fährten – Reihen von Fußabdrücken, die ein Tier in der Bewegung hinterlassen hat. Der Winkel und der Abstand der Abdrücke zeigen, wie die Füße gesetzt wurden. Der Abstand weist auch auf die

Titanosaurier

SCHRITTLÄNGE

Wenn man weiß, wie lang die Beine des Dinosauriers waren, kann man anhand der Schrittlänge ablesen, wie schnell er gelaufen ist. Man sieht auch, ob er schneller oder langsamer geworden ist.

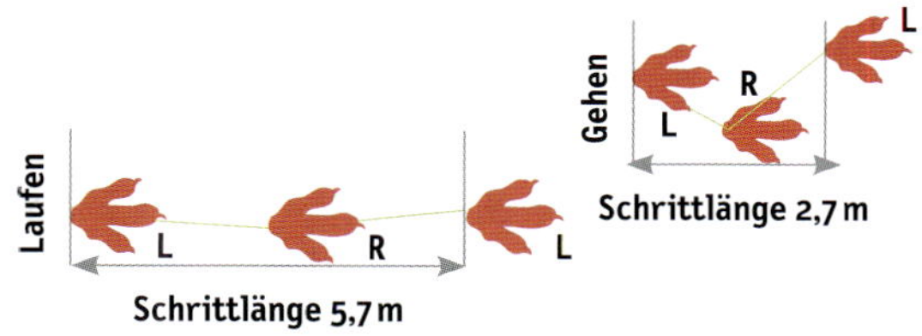

Apatosaurus

Coelophysis

***Abdrücke mit drei Zehen** sind typisch für Theropoden.*

Acrocanthosaurus

Schrittlänge hin und Unterschiede werden durch Geschwindigkeitsveränderungen hervorgerufen. Kleine und große Abdrücke an einer Stelle können auf einen Familienverband hinweisen, sich überlagernde auf eine Herde. Eine 113 Millionen Jahre alte Fährte in Texas (USA) erzählt sogar eine ganze Geschichte. Ein großer Dinosaurier scheint von einem Räuber – vielleicht dem Theropoden ***Acrocanthosaurus*** – verfolgt worden zu sein. An einem Punkt treffen sich die Fährten. Vielleicht war das die Stelle, an der damals der Räuber angegriffen hat.

Stegosaurier

Der mittelgroße Dinosaurier *Loricatosaurus lebte im Jura in England und Frankreich.*

Die flachen, rautenförmigen Platten *waren mit einer dicken Hautschicht bedeckt.*

Mit 4 m Länge war *Huayangosaurus einer der kleineren Stegosaurier.*

Dieser nordafrikanische Dinosaurier *ist einer der ältesten Stegosaurier.*

Die Vorderbeine *waren kürzer als die Hinterbeine, sodass der Kopf sich nah am Boden befand.*

Mit seiner Doppelreihe großer Knochenplatten auf dem Rücken und dem Schwanz gehört *Stegosaurus* zu den Dinosauriern, die man am leichtesten erkennt. Und doch war er nur einer von vielen ähnlichen Stegosauriern, die im Jura und in der Unterkreide in verschiedenen Teilen der Welt lebten (in den USA, Europa, Indien, China und Afrika). Alle Stegosaurier trugen Platten und Stacheln auf dem Rücken, und manche, wie die besonders stachligen ***Dacentrurus*** und ***Kentrosaurus***, besaßen auch Schulterstacheln. Sie dienten wohl der

Verteidigung. Bei den Stacheln am Schwanzende ist das sicher, denn mit ihnen haben die Stegosaurier nach Angreifern geschlagen. Die Knochenplatten waren dagegen vielleicht auffällig gefärbt, um Partner anzulocken. Alle Stegosaurier waren Pflanzenfresser. Ihre schmalen, schnabelartigen Mäuler waren ideal, um die nahrhaftesten Teile niedriger Pflanzen abzuweiden. Im Verhältnis zu ihrer Größe besaßen Stegosaurier die kleinsten Gehirne unter den Dinosauriern – das Gehirn des elefantengroßen ***Stegosaurus*** war nicht größer als das eines Hundes.

Schwanzformen

Ob lang, gefiedert, mit Stacheln oder Keulen bewaffnet – Dinosaurierschwänze dienten den verschiedensten Zwecken. Die meisten Dinosaurier hatten einen langen, knochigen Schwanz mit starken Muskeln. Dieser schwere Schwanz bildeten das Gegengewicht zum Kopf und zum Oberkörper. Das war für Tiere wie ***Xiongguanlong*** besonders wichtig, da sie auf den Hinterbeinen liefen. Der riesige ***Patagotitan*** konnte dagegen seinen Schwanz wie eine Peitsche schwingen und damit jeden Angreifer von den Beinen

SCHWANZFEDERN

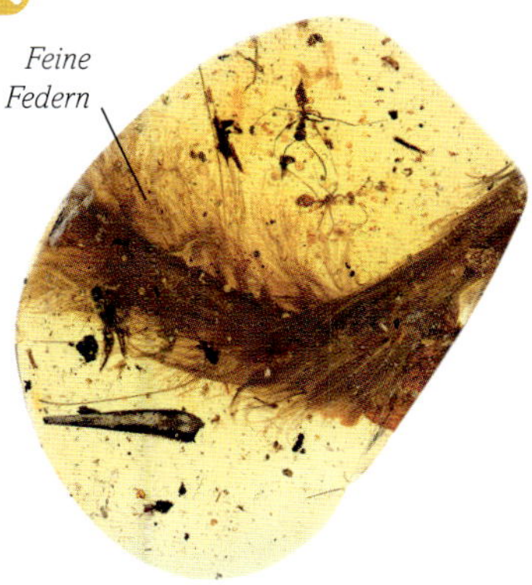

Unser Wissen über Dinosaurier stammt überwiegend aus der Untersuchung ihrer Knochen. Doch dieses Stück Bernstein enthält den Schwanz eines kleinen Theropoden, komplett mit Muskeln und braunen Federn.

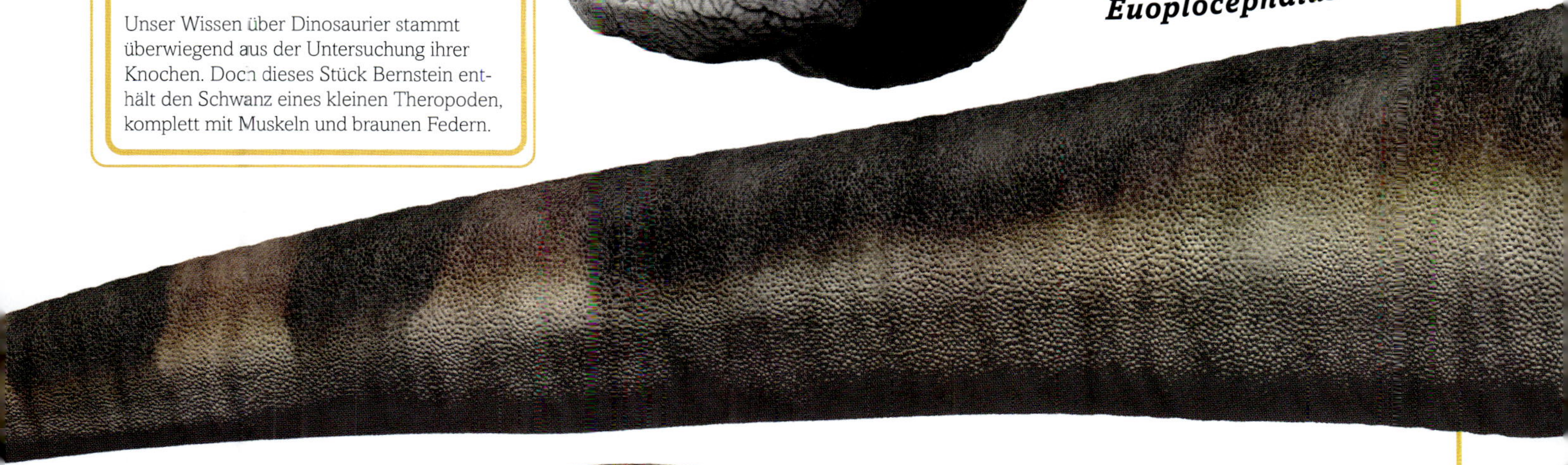

Im Vergleich zum Körper hatte Sinosauropteryx den **längsten Schwanz** der Theropoden.

holen. Der Schwanz von ***Huayangosaurus*** war mit zwei Paaren spitzer Stacheln bewaffnet und der mittelgroße Sauropode ***Shunosaurus*** war ähnlich ausgerüstet. Einige Ankylosaurier wie ***Euoplocephalus*** besaßen eine massive Schwanzkeule, mit der sie einen Feind wie mit einem Vorschlaghammer treffen und dessen Knochen zerschmettern konnten. Kleinere Theropoden wie ***Caudipteryx*** besaßen einen kurzen, knochigen Schwanz mit langen Federn ganz wie die heutigen Vögel. Dieser konnte der Balance oder der Balz gedient haben.

TÖDLICHE STACHELN

Für einen hungrigen Räuber wie diesen *Ceratosaurus*, der vor etwa 155 Millionen Jahren in Nordamerika und Europa lebte, war ein langsamer Stegosaurier wie *Dacentrurus* eine verlockende Beute. Die langen Stacheln auf seinem Rücken und Schwanz sahen beeindruckend aus, aber waren sie auch gefährlich? *Ceratosaurus* fand es schnell heraus – auf die harte Tour.

Ein Loch im Schwanzknochen eines anderen im Jura lebenden Räubers, *Allosaurus*, passt perfekt zum Schwanzstachel eines *Stegosaurus*. Es ist wahrscheinlich, dass der Stegosaurier sich verteidigt hat, indem er den Schwanz wie eine Stachelkeule schwang. *Dacentrurus* war mit zwei Paaren spitzer Stacheln am Schwanzende genauso ausgerüstet. Wenn ein Fressfeind wie *Ceratosaurus* ihn von hinten angriff – eine beliebte Taktik – konnte dieser eine üble Überraschung erleben. Mit einem Schlag seines stachligen Schwanzes konnte der Stegosaurier einen furchtbaren Schaden anrichten und den Jäger blenden oder sogar töten. Er mag nur ein langsamer Pflanzenfresser gewesen sein, doch *Dacentrurus* konnte sich gut verteidigen.

Ankylosaurier

Der **erste** in **Antarktika** entdeckte Dinosaurier war *Antarctopelta*, ein Ankylosaurier.

Die von Kopf bis Schwanz gepanzerten Ankylosaurier erschienen vor etwa 170 Millionen Jahren. Sie waren Pflanzenfresser, die sich langsam bewegten, sodass sie ohne Panzerung eine leichte Beute für Räuber gewesen wären. Frühe Verwandte wie ***Scelidosaurus*** besaßen einen mit Knochenplatten und -kegeln gepanzerten Körper, an dem sich ein Angreifer die Zähne ausbrechen konnte. Doch als die Räuber größer und stärker wurden, entwickelten Arten wie ***Saichania*** eine derart massive Panzerung, dass selbst Tyrannosaurier davon abgeschreckt

Sauropelta *trug am Hals lange Stacheln.*

Panzerplatten schützten den Kopf mancher Ankyloscurier.

Hungarosaurus

Reihen von Stacheln *saßen an den Seiten von* Hungarosaurus.

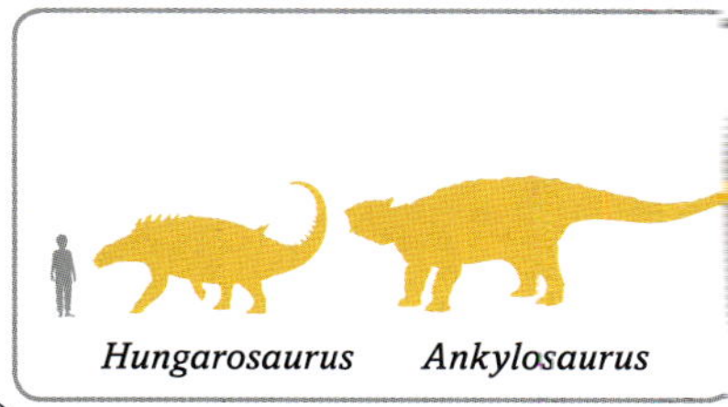

Gargoyleosaurus

Die Knochenplatten *waren in dicke Haut eingebettet.*

Ankylosaurus *hatte sogar gepanzerte Lider.*

Wie bei vielen Ankylosauriern *war nur der Bauch ungeschützt.*

Scelidosaurus

Der Schnabel *dieses Vorfahren der Ankylosaurier hatte scharfe Kanten zum Abschneiden von Pflanzen.*

wurden. Wie auch andere Arten, darunter ***Ankylosaurus***, besaß *Saichania* eine massive Schwanzkeule, die schwere Verletzungen verursachen konnte. Andere, etwa ***Sauropelta*** trugen lange Schulterstacheln, die vermutlich zur Abschreckung und auch zur Verteidigung dienten. Viele Ankylosaurier fraßen mit ihren breiten Mäulern große Mengen von Pflanzen, ohne allzu wählerisch zu sein. Ihre massiven Körper enthielten große Verdauungssysteme, die mit der faserhaltigen Nahrung fertig wurden.

Verteidigung

Das Leben barg für viele Dinosaurier einige Gefahren. Sie standen mächtigen Räubern gegenüber – fleischfressenden Theropoden mit riesigen Kiefern und großem Appetit. Einige wenige Riesen wie ***Supersaurus*** konnten schon durch ihre Größe Räuber überzeugen, sich eine leichtere Beute zu suchen. Kleine Dinosaurier konnten sich verstecken oder davonlaufen, etwa der straußenähnliche ***Struthiomimus***. Die steifen Borsten auf dem Rücken von ***Heterodontosaurus*** können Feinde ähnlich wie die Stacheln eines Stachelschweins abgeschreckt

haben. Der große Pflanzenfresser ***Kentrosaurus*** („Spitzechse") war mit Knochenplatten und Stacheln ausgerüstet. Er konnte den Schwanz wie der keulenschwänzige ***Euoplocephalus*** als Waffe benutzen. ***Styracosaurus*** besaß dagegen eindrucksvolle Hörner. ***Alxasaurus*** trug lange, dolchartige Krallen an den Händen, mit denen er ernste Verletzungen verursachen konnte. Der dickschädelige ***Pachycephalosaurus*** hat wohl seine Feinde mit dem Kopf voran angegriffen. Manchmal war sicher Angriff die beste Verteidigung.

Iguanodonten

Ouranosaurus

Ouranosaurus *besaß ein kammähnliches Segel auf dem Rücken.*

Dryosaurus

Dryosaurus ***war von der Größe eines Schafs*** *und besaß lange Füße und kräftige Hinterbeine, sodass er wahrscheinlich ein schneller Läufer war.*

Der scharfkantige Schnabel *diente dem Fressen von pflanzlicher Nahrung.*

Tenontosaurus

Camptosaurus

Die drei langen, spitzen Krallen *an den Händen dienten* Tenontosaurus *zur Verteidigung.*

Der spitze Daumendorn *mag der Verteidigung oder dem Zerreißen von zähem Pflanzenmaterial gedient haben.*

Zu den ersten entdeckten Dinosaurierfossilien gehörte der Zahn eines *Iguanodon*, einer der größten pflanzenfressenden Ornithopoden. Er wurde im Jahr 1822 in England entdeckt. Der Name „Leguanzahn" wurde ihm wegen der Ähnlichkeit mit den viel kleineren blattförmigen Zähnen heutiger Leguane gegeben. Später wurden sehr viele vollständige Skelette von *Iguanodon* gefunden – mindestens 38 an einem Ort in Frankreich. Wahrscheinlich war die Art also vor 135–125 Millionen Jahren sehr verbreitet. Doch *Iguanodon* war nur einer von

vielen ähnlichen Dinosauriern. Sie alle hatten starke Hinterbeine und kürzere, schwächere Vorderbeine, und die kleineren wie ***Dryosaurus*** liefen vielleicht nur auf den Hinterbeinen. Viele, darunter ***Tenontosaurus***, ***Muttaburrasaurus*** und der elefantengroße *Iguanodon* selbst waren kräftiger gebaut und mussten ihr Gewicht mit den Vorderbeinen abstützen. Trotzdem eigneten sich ihre Hände für verschiedene Aufgaben. Sie hatten einen zum Greifen geeigneten fünften Finger und einen Daumendorn, vielleicht für die Verteidigung.

Pflanzenfresser

Pflanzenfressende Dinosaurier setzten ihre Zähne auf unterschiedliche Weise ein. Die langhalsigen Sauropoden und ihre Verwandten (Tiere wie ***Diplodocus***) besaßen spezielle Vorderzähne zum Fressen von Pflanzen. Manche wurden wie Kämme zum Abstreifen von Blättern eingesetzt. Viele haben die Nahrung wohl nicht gekaut, sondern im Ganzen geschluckt. Andere Pflanzenfresser wie ***Edmontosaurus*** und auch ***Psittacosaurus*** hatten Schnäbel zum Abbeißen der Nahrung und spezielle Backenzähne, um sie zu zerkauen. Die Zähne einiger dieser Tiere, wie

Camarasaurus

Camarasaurus *hatte spatelförmige Zähne zum Abstreifen von Blättern.*

Iguanodon

Iguanodon ***hatte flache Zähne*** *mit gesägten Rändern.*

KIEFERBEWEGUNG

Die meisten heutigen Pflanzenfresser kauen ihre Nahrung. Dazu müssen ihre Kiefer komplexe Bewegungen ausführen: auf und ab, von einer Seite zur anderen, vorwärts und rückwärts. Die Schädel und Kiefer einiger pflanzenfressender Dinosaurier zeigen, dass sie dasselbe taten. Die Kiefer von *Psittacosaurus* und einigen Hadrosauriern konnten vor- und zurückbewegt werden, und Ankylosaurier konnten wohl ihre Kiefer seitlich bewegen, so wie es heute Schafe tun.

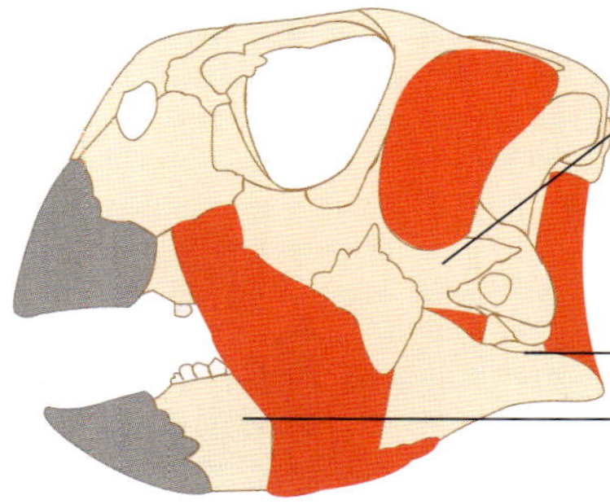

Psittacosaurus

Jobaria

Die blattförmigen Zähne *waren ideal, um Blätter von Zweigen zu schneiden*

Die Vorderzähne *dienten zum Abweiden niedriger Pflanzen.*

Der Papageienschnabel *diente zum Fressen von Pflanzen und vielleicht sogar zum Knacken von Nüssen.*

Hunderte von Zähnen *wirkten wie Mühlsteine.*

Psittacosaurus

die von ***Iguanodon***, hatten gezähnte Ränder zum Zerschneiden der Blätter. Hadrosaurier wie *Edmontosaurus* hatten Hunderte von Zähnen, die zusammen eine Oberfläche ähnlich einem Mühlstein bildeten und Blätter und anderes Pflanzenmaterial zu Brei zerreiben konnten. Deshalb verbrachten die Hadrosaurier nicht so viel Zeit mit der Nahrungsaufnahme. Wie bei allen Dinosauriern wurden beschädigte Zähne ständig durch neue ersetzt, sodass die Tiere niemals zahnlos waren.

Hadrosaurier

Hadrosaurier lebten in der Kreide vor etwa 100–66 Millionen Jahren. Sie bewohnten die Wälder und Sümpfe Nord- und Südamerikas, Europas und Asiens. Von den großen Pflanzenfressern besaßen die meisten einen Entenschnabel zum Fressen von Blättern. Sie ähnelten den frühen Iguanodonten in der Anordnung ihrer Zähne zu einer mühlsteinähnlichen Oberfläche, doch ihre Zähne und Kiefer waren komplizierter aufgebaut. Die Zähne konnten faserhaltige Pflanzen zu einem leicht verdaulichen Brei zerreiben. So konnten Hadrosaurier, wie ***Edmontosaurus***,

aus der Pflanzennahrung so viele Nährstoffe wie möglich aufnehmen. Viele Hadrosaurier, wie etwa ***Lambeosaurus***, hatten einen eindrucksvollen Knochenkamm auf dem Kopf, mit dem sie Partner anlockten. Er diente wohl auch der Temperaturkontrolle. Der hohle Knochenzapfen mancher Arten, wie etwa ***Parasaurolophus***, diente vielleicht der Verstärkung von Rufen, sodass sie sich wie trompetende Elefanten anhörten. Hadrosaurier lebten in Herden und blieben über Rufe in Kontakt, wenn sie durch die Wälder der Kreidezeit streiften.

Knochenkämme

Parasaurolophus hatte mit etwa 1 m den **längsten Kamm** der Dinosaurier.

Die Schädel vieler Dinosaurier besaßen Knochenfortsätze, die wahrscheinlich prächtige Kämme trugen. Die Knochen wurden vermutlich (wie die Hörner von Rindern oder Schafen) durch Keratinüberzüge verlängert oder sie waren mit einer bunten Haut überzogen. Sehr auffällige Kämme trugen die Hadrosaurier, wie ***Corythosaurus***, ***Olorotitan*** und vor allem ***Parasaurolophus***. Diese Knochenkämme waren hohl – vielleicht, um die Rufe zu verstärken, denn die Hohlräume waren bei vielen Hadrosauriern mit dem Nasenraum

verbunden. Doch Hadrosaurier waren nicht die einzigen Dinosaurier mit Kämmen. Auch verschiedene Räuber aus der Gruppe der Theropoden hatten Kämme, darunter der mit einem Doppelkamm ausgestattete ***Dilophosaurus*** und eine antarktische Art, ***Cryolophosaurus***.

Kämme waren auch ein Kennzeichen vogelartiger Oviraptoren wie ***Citipati***. All diese knochigen Erweiterungen dienten wohl vor allem der Balz, ähnlich wie die bunten Federn unserer heutigen Vögel.

Dinosaurier-Eier

Sauropoden-Ei

Dieses Ei *hatte in etwa die Größe eines Basketballs.*

Das Nest *war ein mit Farnen und Zweigen gepolsterter Erdhügel.*

Maiasaura-Nest

Saltasaurus

Die winzigen *Dinosaurier wuchsen schnell.*

Tausende von 80 Mio. Jahre alten ***Saltasaurus*-Eiern** wurden an einem Nistplatz gefunden.

Alle Dinosaurier legten Eier wie heute Vögel und Krokodile, ihre nächsten Verwandten. Manche Schalen waren ledrig und weich, die meisten hart und verkalkt wie bei Vogeleiern, und an manchen Fundorten ist der Boden übersät von Bruchstücken. Wenn die Eier unversehrt sind, liegen sie in Nestern auf dem Boden. Die größten Dinosaurier wie die **Sauropoden** haben ihre Eier wohl im warmen Boden oder in Haufen sich zersetzenden Pflanzenmaterials vergraben, wie es die heutigen Krokodile tun. Die Wärme war für die Entwicklung notwendig. Viele kleinere

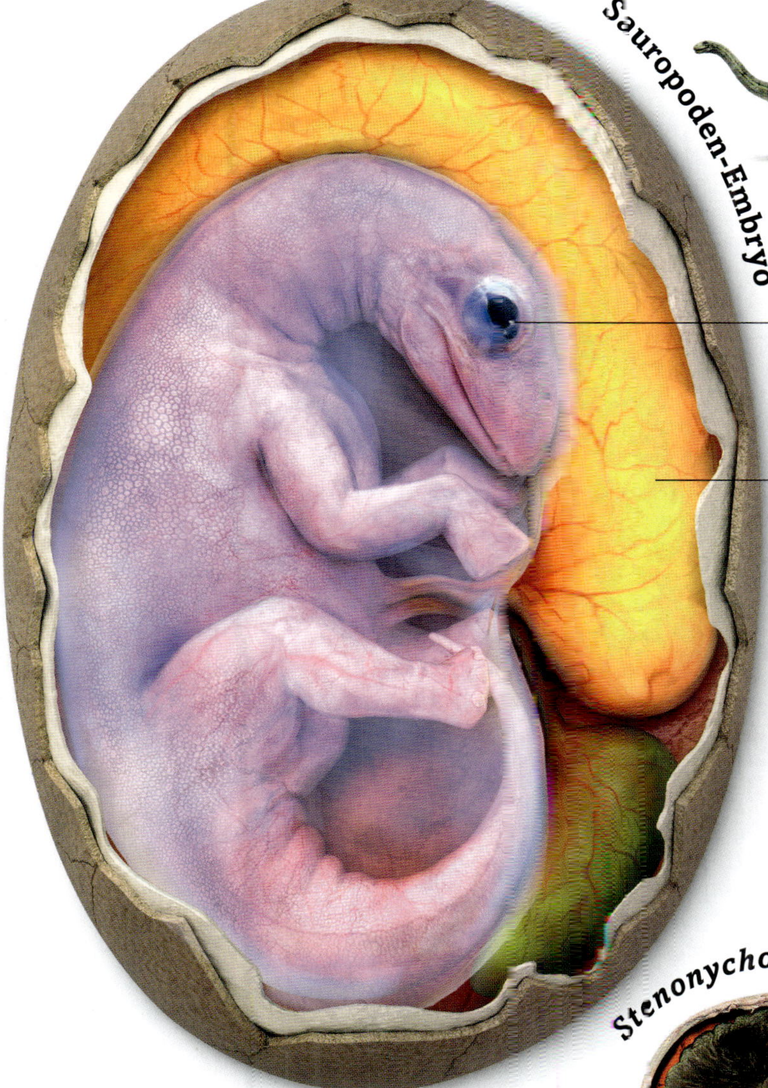

Sauropoden-Embryo

Die Augen öffneten sich *kurz vor dem Schlüpfen.*

Der Dotter *enthielt alle Nährstoffe für das noch nicht geschlüpfte Tier.*

Die Schale *war fest, aber dünn genug, um den Sauerstoff für den Embryo hindurchzulassen.*

DINOSAURIER-EIER

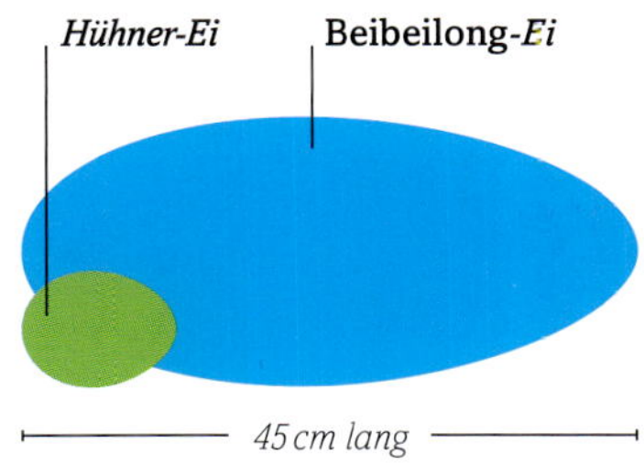

Eines der größten Dinosaurier-Eier gehörte dem riesigen, vogelähnlichen *Beibeilong sinensis.* Die Eier sind in China in einem Nest entdeckt worden, das einen Durchmesser von 9 m aufweist.

Oviraptor-Nest

Diese fossilen Eier *wurden in der mongolischen Wüste Gobi gefunden.*

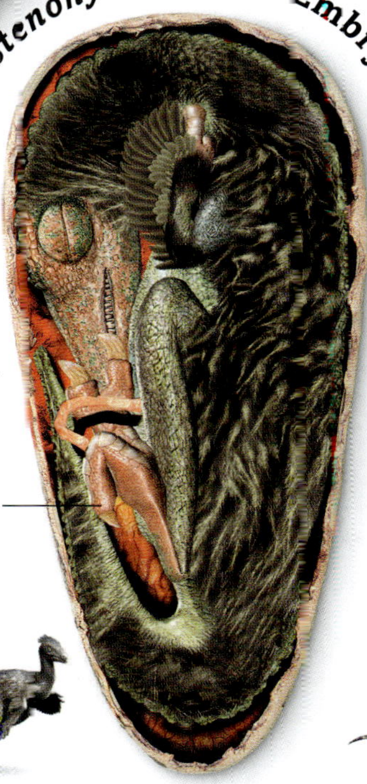

Stenonychosaurus-Embryo

Der ungeschlüpfte Stenonychosaurus *hielt den Kopf zwischen den Beinen. Er war ein gefiederter Theropode.*

Diese in Gelegen *von bis zu 40 Stück gefundenen Eier von Titanosauriern sind nahezu rund.*

Titanosaurier-Eier

Dinosaurier wie ***Oviraptor*** bebrüteten ihre Eier, wie es die heutigen Vögel tun. Wir wissen das, weil wir Fossilien von Tieren gefunden haben, die auf ihren Eiern sitzen. Die langarmigen, gefiederten Theropoden, die als Maniraptoren bezeichnet werden, haben vielleicht sogar ihre langen „Armschwingen" benutzt, um die Eier zu schützen. Die erwachsenen Dinosaurier einiger Gruppen etwa der Hadrosaurier ***Maiasaura*** („Gute-Mutter-Echse"), kümmerten sich um die geschlüpften Jungen, brachten ihnen Nahrung und verscheuchten Fressfeinde.

DINOSAURIER-NEST Vor etwa 125 Millionen Jahren verschüttete eine Schlammlawine oder vulkanische Asche im Osten Chinas ein Nest von *Psittacosaurus* mit vielen Jungtieren. Sie wurden zusammen mit einem halbwüchsigen, etwa 6 Jahre alten Tier gefunden. Die 2004 entdeckten Fossilien scheinen zu belegen, dass sich Tiere um die Jungen gekümmert haben, die vielleicht nicht einmal ihre Eltern waren.

Viel heutige Tiere leben in erweiterten Familiengemeinschaften, in denen die Halbwüchsigen bei der Pflege der Jungen helfen. Straußenhennen legen ihre Eier in das von einem Hahn betreute Nest. Andere bilden eine Crèche (einen aus den Jungtieren verschiedener Eltern bestehenden Kindergarten). Das *Psittacosaurus*-Nest enthielt 34 Jungtiere, sodass sie wohl von mehr als einer Mutter abstammen. Vermutlich kümmerte sich ein Babysitter um sie, zum Beispiel ein Bruder oder eine Schwester einiger der Babys. Vielleicht war das unter Dinosauriern verbreitet. *Psittacosaurus* war ein früher Ceratopsier, ein Vorfahre von Tieren wie *Triceratops*. Vermutlich kümmerten sich diese Riesen in ähnlicher Weise um ihre Jungen.

Pachycephalosaurier

Die dickköpfigen Pachycephalosaurier sahen recht ungewöhnlich aus. Der größte von ihnen war ***Pachycephalosaurus***. Sein Schädel war bis zu 40 cm dick und von kleinen Knochenhöckern umgeben. Es ist wahrscheinlich, dass der dicke Schädel das Gehirn des Tiers vor den heftigen Stößen schützte, die beim Kampf mit Rivalen um die Vorherrschaft ausgeführt wurden. Doch nicht alle Pachycephalosaurier hatten die gleiche Kopfform. Der kleinere ***Homalocephale*** hatte einen flachen Kopf und ***Stygimoloch*** besaß einen gewölbten Schädel

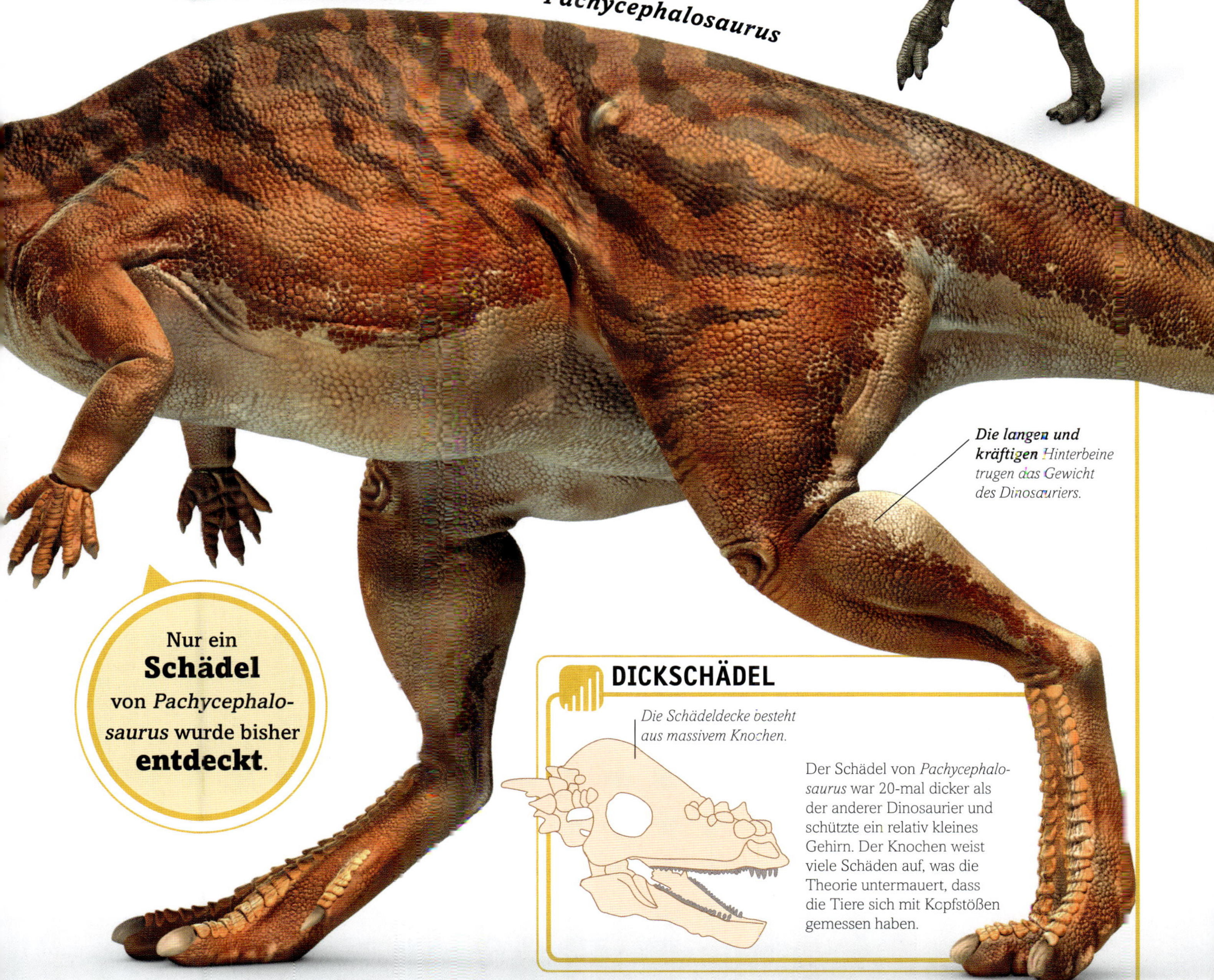

Nur ein **Schädel** von *Pachycephalosaurus* wurde bisher **entdeckt**.

DICKSCHÄDEL

Die Schädeldecke besteht aus massivem Knochen.

Der Schädel von *Pachycephalosaurus* war 20-mal dicker als der anderer Dinosaurier und schützte ein relativ kleines Gehirn. Der Knochen weist viele Schäden auf, was die Theorie untermauert, dass die Tiere sich mit Kopfstößen gemessen haben.

mit langen Hörnern. Manche Wissenschaftler glauben, dass die kleineren Tiere nur Jungtiere von ***Pachycephalosaurus*** waren. Obwohl die Fossilien dieser Dinosaurier recht selten sind, hat man genug gefunden, um zu wissen, dass Pachylocephalosaurier wahrscheinlich schnelle, wendige Tiere waren. Die Fossilien zeigen auch, dass sie blattförmige Zähne wie andere pflanzenfressende Dinosaurier hatten. Spitze, stiftförmige Zähne saßen dagegen vorn im Kiefer. Vermutlich haben die Tiere verschiedene pflanzliche und tierische Nahrung verzehrt.

Ceratopsier

Mit ihrem sehr auffälligen Nackenschild, großen Hörnern und Papageienschnabel gehörten die Ceratopsier zu den spektakulärsten Dinosauriern. Der bekannteste war ***Triceratops***, ein elefantengroßes Tier mit drei bis zu 1,5 m langen Hörnern und einem großen, knochigen Nackenschild, das seinem Hinterschädel entsprang. ***Pentaceratops*** war mit seinem vermutlich bunt gefärbten, mit Stacheln gesäumten Kragen noch auffälliger. Die Vorfahren waren kleine Arten wie ***Psittacosaurus***, die leicht genug waren, um auf zwei Beinen zu

laufen. Die späteren Riesen mussten ihr Gewicht jedoch auf allen Vieren tragen. Alle Ceratopsier waren Pflanzenfresser, die mit ihrem Schnabel und den dicht stehenden Zähnen Blätter wie mit einer Schere abschneiden konnten. Wie bei allen Dinosauriern wurden die Zähne ständig ersetzt.

Ceratopsier lebten in Herden, da sie so besser gegen Räuber geschützt waren. Fossilien zeigen, dass sie vor 74 bis 66 Millionen Jahren in Nordamerika sehr verbreitet waren. *Triceratops* selbst war einer der letzten riesigen Dinosaurier, die über die Erde zogen.

KOPF AN KOPF *Styracosaurus* war mit seinem enormen Nasenhorn und dem stachligen Nackenschild sicher ein imposanter Anblick. Er war so groß und so schwer wie ein Nashorn und lebte vor etwa 75 bis 74 Millionen Jahren in den nordamerikanischen Wäldern, wo er sich von niedrig wachsenden Pflanzen ernährte. Sein großer Schild trug sechs lange Stacheln und bedeckte seinen Nacken.

Styracosaurus lebte in der gleichen Region und zur gleichen Zeit wie die Tyrannosaurier *Gorgosaurus* und *Daspletosaurus*. Diese hervorragenden Jäger betrachteten ihn als Beute. *Styracosaurus* hat sich vermutlich mit seinem stabilen, spitzen Nasenhorn verteidigt. Die Stachelkrone auf dem Nackenschild trug jedoch wohl nur wenig zur Verteidigung bei und diente eher dazu, Eindruck auf Artgenossen zu machen. Männchen werden wie heutige Bisons und Hirsche um Reviere und Weibchen gekämpft haben, und das Tier mit den beeindruckendsten Hörnern hatte die wenigsten Herausforderer. Zwei gleich starke Männchen haben vermutlich Kopf an Kopf gekämpft, bis sich eines zurückgezogen hat.

Herden und Rudel

Corythosaurus *benutzte wahrscheinlich Luftkanäle in seinem Kamm, um laute Rufe zu erzeugen.*

***Corythosaurus*: Alarmruf**

***Lythronax*: Rudeljagd**

***Von hinten angegriffen** hatte* Centrosaurus *keine Chance zur Flucht.*

Ein Knochenbett von **Tausenden** von *Centrosaurus*-Fossilien weist auf ein Herdenleben hin.

Dinosaurier lebten nicht allein. Man weiß von ihren fossilen Fährten, dass vor allem die großen Sauropoden und andere Pflanzenfresser in Gruppen wanderten. Das Leben in der Herde hatte viele Vorteile für Pflanzenfresser wie ***Corythosaurus***: Einige Tiere konnten fressen, während Artgenossen Wache hielten und bei Gefahr Alarm gaben. Junge Tiere konnten von mehreren Erwachsenen beschützt werden und ein Dinosaurier in einer Herde war nicht so gefährdet wie ein Einzeltier. Auch manche Fleischfresser werden in Gruppen

gelebt haben. Während große Tyrannosaurier wie ***Daspletosaurus*** wohl allein gejagt haben, hat ***Lythronax*** vielleicht im Rudel größere Beute erlegt. Mehrere Skelette des wolfsgroßen ***Deinonychus*** sind neben den Überresten eines großen, pflanzenfressenden ***Tenontosaurus*** gefunden worden, sodass man die Jagd im Rudel annehmen kann. Sicher waren sie nicht intelligent genug, um taktisch vorzugehen. Doch vermutlich haben sie aus Erfahrung gelernt, dass sie einen größeren Erfolg hatten, wenn sie gemeinsam die gleiche Beute angriffen.

Erste Theropoden

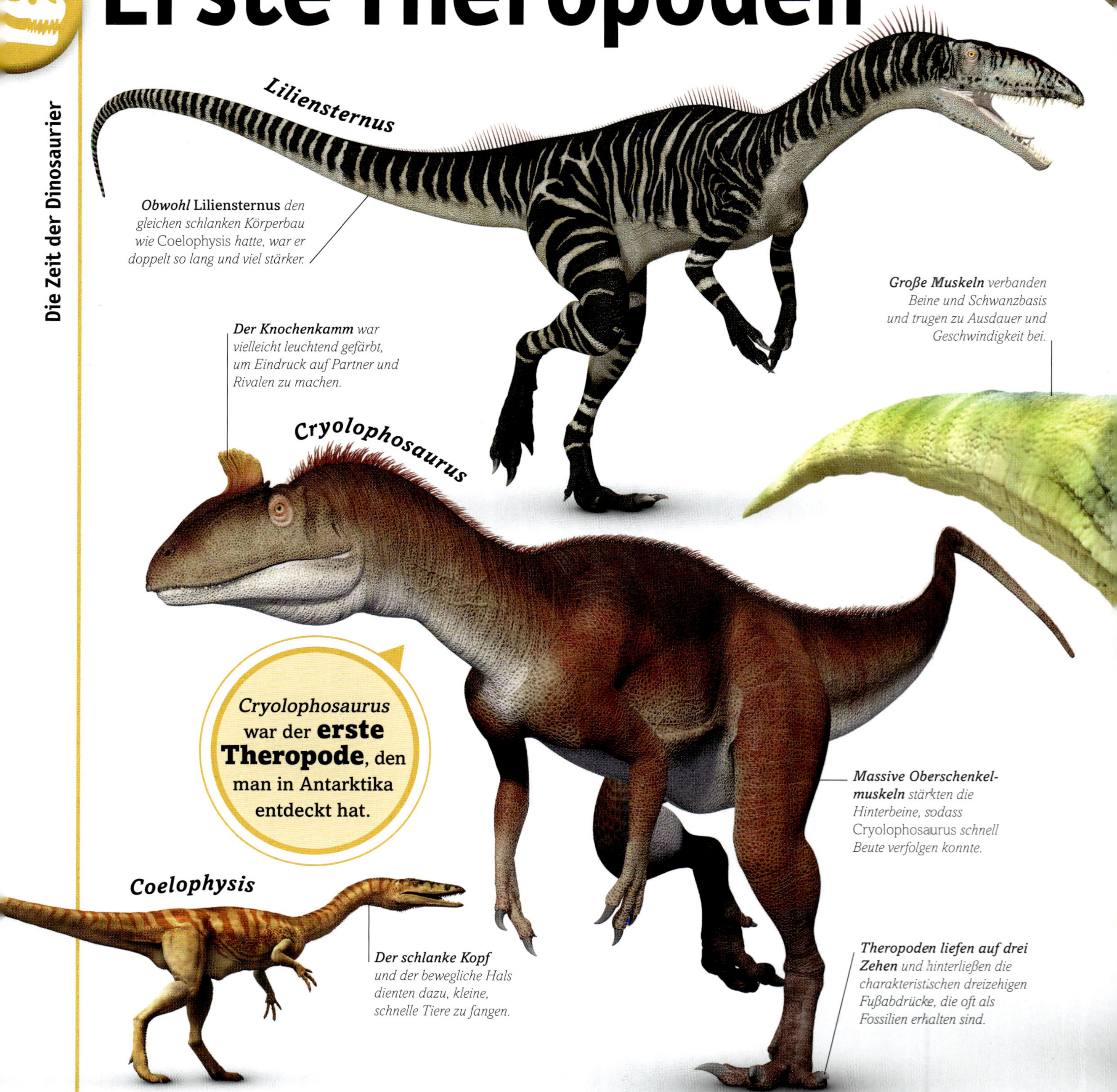

Cryolophosaurus war der **erste Theropode**, den man in Antarktika entdeckt hat.

Die stärksten und furchterregendsten Dinosaurier waren jene, die andere Dinosaurier jagten. Diese Räuber waren Theropoden – Tiere, die auf zwei Beinen liefen und ihren Körper und den meist schweren, mit starken Kiefern ausgerüsteten Kopf mithilfe ihres langen Schwanzes ausbalancierten. Sie waren sehr erfolgreich und entwickelten sich im Erdmittelalter zu verschiedenen unterschiedlichen Typen. Die ersten Theropoden erschienen in der Obertrias vor etwa 230 Millionen Jahren. Sie waren kleine, leichtgebaute

Tiere. Schnell entstanden kleine, flinke Jäger wie ***Coelophysis***, einer der erfolgreichsten frühen Theropoden, und der nah verwandte, größere ***Liliensternus***. Vom Unter- bis zum Mitteljura, vor 200 bis 165 Millionen Jahren, entwickelten sich immer stärkere Räuber, wie zum Beispiel ***Cryolophosaurus*** und der pferdegroße ***Dubreuillosaurus***. In dieser Zeit betraten auch die ersten riesigen Jäger die Bühne, doch die berühmten, tödlicheren Tyrannosaurier erschienen erst viel später in der Erdgeschichte.

Spinosauriden

Die besten Fossilien von *Spinosaurus* wurden 1944 im Krieg zerstört.

Baryonyx

Baryonyx *konnte mit seiner großen Daumenkralle Fische fangen.*

Spinosaurus

Das Segel *erstreckte sich über den ganzen Rücken und wurde von bis zu 1,8 m langen Wirbelfortsätzen aufgespannt.*

Die lange, schmale Schnauze *hatte zum Fischfang ideale konische Zähne.*

Ichthyovenator

Dieser Dinosaurier *hatte ein Segel mit einem Einschnitt.*

Suchomimus

Anstelle eines Segels *besaß* Suchomimus *einen Rückenkamm.*

Große, gekrümmte Krallen *verliehen* Suchomimus *bei der Jagd einen festen Griff.*

Irritator

Der Knochenkamm *reichte bis über die Augen.*

Der größte jemals gefundene Raubsaurier ist der spektakuläre *Spinosaurus*. Mit bis zu 14 m Länge gehörte er zu einer kleinen Gruppe ähnlicher Jäger, deren Kiefer und Zähne denen heutiger Krokodile ähnelten. Vermutlich dienten sie dem gleichen Zweck – große Fische im seichten Wasser zu fangen. Doch wir wissen, dass die Spinosauriden auch andere Dinosaurier fraßen. Ein Fossil von ***Baryonyx*** ist nämlich mit den Resten eines jungen *Iguanodon* in seinem Magen gefunden worden.

Allosauroiden

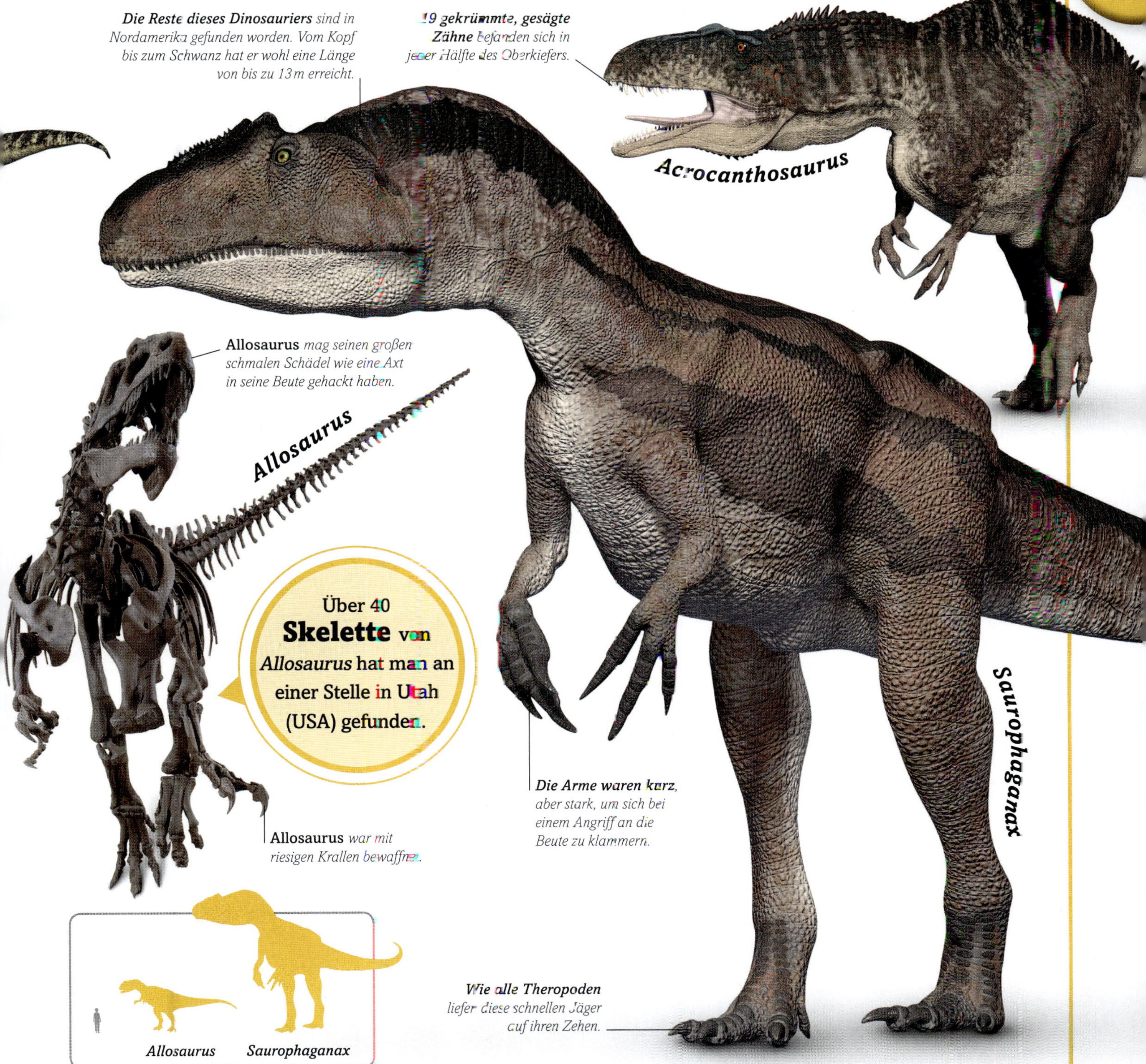

Die Hauptfeinde der pflanzenfressenden Dinosaurier des Jura waren *Allosaurus* und andere furchterregende Jäger. Dieser 8,5 m große Riese hatte ein Maul voller Zähne, die wie Steakmesser durch Fleisch schnitten. Mit der Zeit entwickelten sich noch größere Räuber mit ähnlicher Bewaffnung, darunter der gigantische ***Saurophaganax***. Dieses Schwergewicht konnte wohl riesige Sauropoden wie den 23 m langen *Apatosaurus* überwältigen, dessen Fossilien in dem gleichen nordamerikanischen Gestein gefunden worden sind.

Gewaltige Zähne

Die langen Kiefer und spitzen *Zähne erinnern an heutige fisch-fressende Panzerechsen.*

Baryonyx

Diese spitzen Zähne *waren ideal, um kleine Beute zu fangen.*

Herrerasaurus

Der vogelähnliche **Velociraptor** *besaß bis zu 56 rasiermesserscharfe Zähne, die wie bei allen Dinosauriern ständig erneuert wurden.*

Velociraptor

Unser Wissen über Dinosaurier basiert nicht zuletzt auf ihren Zähnen. Sie wurden ständig ersetzt und waren daher nie abgenutzt. Es gab sie in allen Größen und Formen. Die Zähne typischer Theropoden wie ***Duriavenator*** gehörten eindeutig einem Fleischfresser, der sie als Waffe und zum Zerlegen der Beute benutzte. Sie waren scharf und gesägt, ideal, um zu verwunden und Fleisch vom Knochen zu trennen. Zum Kauen taugten sie nicht, aber Fleisch ist leicht zu verdauen, sodass es einfach verschlungen werden kann. Unterschiedliche

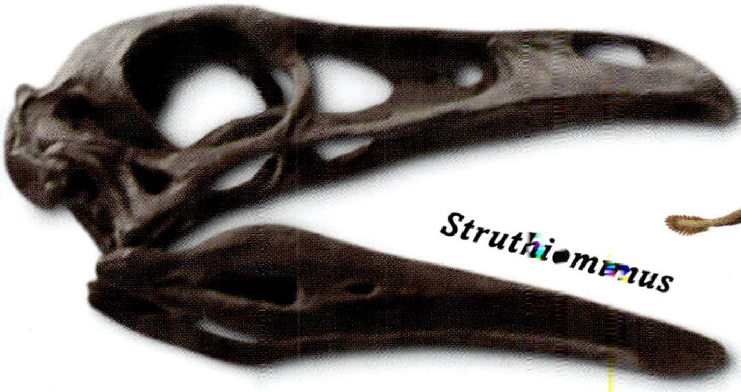

Struthiomimus

Die zahnlosen Kiefer waren vermutlich von einem scharfen Hornschnabel bedeckt.

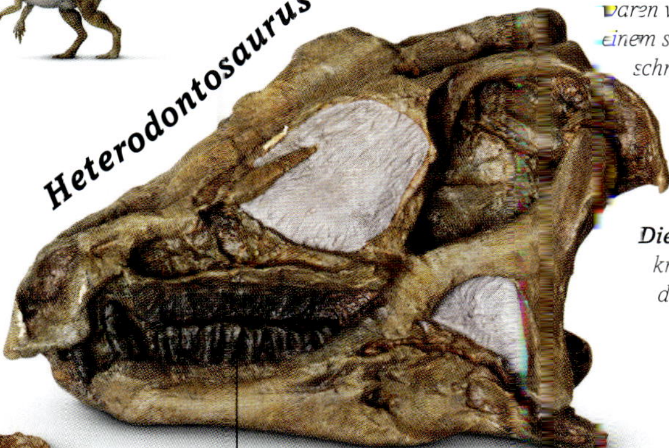

Heterodontosaurus

Heterodontosaurus *besaß lange Eckzähne, aber flache Backenzähne.*

Tyrannosaurus

Die massiven Zähne waren kräftiger als die schlankeren der typischen Fleischfresser.

Diese starken Zähne dienten zum Zerbeißen von Knochen.

Daspletosaurus

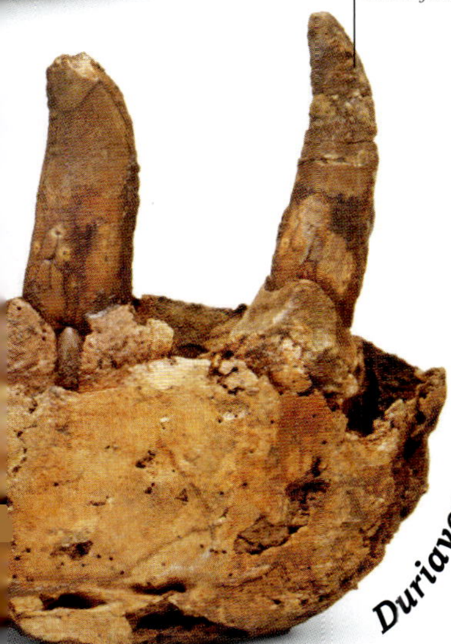

Die Zähne saßen in starken Kieferknochen. Sie hielten Beute fest, die sich wehrte.

Duriavenator

KIEFERBEWEGUNG

Fleischfressende Dinosaurier kauten ihre Nahrung nicht. Daher mussten sich die Kiefer auch nicht auf komplizierte Weise bewegen. Aber die Kiefer mussten kräftig sein – besonders die der Knochen zermalmenden Tyrannosaurier, deren große Kiefermuskulatur eine gewaltige Kraft ausüben konnte.

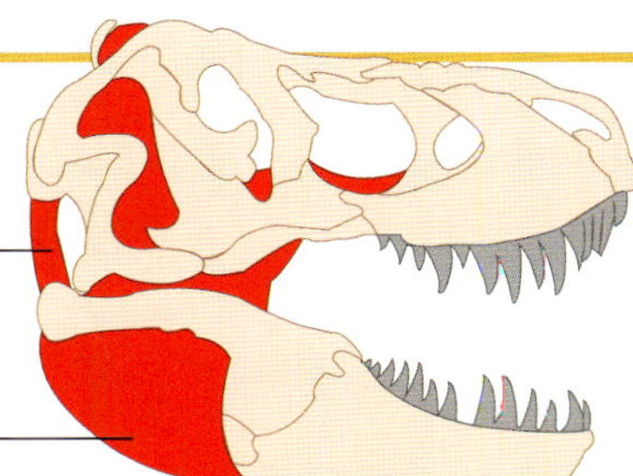

Formen eigneten sich für verschiedene Beute. ***Velociraptor*** hatte klingenähnliche Zähne, um andere Dinosaurier anzugreifen, dagegen hatte ***Baryonyx*** spitze Zähne, um schlüpfrige Fische zu fangen. Die massiven Zähne des ***Tyrannosaurus*** waren zum Knacken von Knochen perfekt, wohingegen der vogelartige ***Struthiomimus*** überhaupt keine Zähne hatte. Er mag Pflanzen, kleine Tiere oder beides gefressen haben. Ungewöhnlich ist, dass ***Heterodontosaurus*** verschiedene Zahntypen hatte, mit denen er wohl Tiere und Pflanzen fraß.

Tyrannosauroiden

Die Tyrannosauroiden waren die furchterregendsten Landraubtiere, die es jemals gegeben hat. Diese Theropoden erschienen vor etwa 165 Millionen Jahren und gediehen, bis das Zeitalter der Dinosaurier vor etwa 66 Millionen Jahren endete. Der größte von ihnen war *Tyrannosaurus rex*, ein wahres Schwergewicht. Ihre Waffen waren spezialisierte Zähne. Anders als andere Theropoden mit ihren Mäulern voller zerbrechlicher, messerartiger Zähne besaßen Tyrannosaurier von einer kräftigen Kiefermuskulatur unterstützte, stabile Zähne. Sie

Durch Knochensplitter in *Tyrannosaurus*-Kot weiß man, dass er Knochen zerbeißen konnte.

konnten Knochen zerbeißen und gepanzerte Beute töten, an die sich andere Räuber nicht heranwagten. Ihre Kiefer waren so tödlich, dass sie keine Arme zum Festhalten ihrer Beute brauchten. Daher waren sie im Vergleich zu den Beinen winzig. Einige der frühen Tyrannosauroiden waren leichter gebaut, etwa ***Alioramus*** und ***Lythronax***, während andere wie ***Guanlong*** einen Kamm auf dem Kopf trugen. Doch alle späteren Arten hatten den gleichen Körperbau: Sie besaßen massive Köpfe mit gewaltigen Kiefern, und wurden von einem muskulösen Beinpaar getragen.

GEWALTIGER RÄUBER *Tyrannosaurus* war einer der letzten riesigen Dinosaurier – und einer der tödlichsten. Er war mit starken Kiefern und Knochen brechenden Zähnen bewaffnet und war der Spitzenprädator seiner Zeit. Die Kraft seines Bisses war größer als die eines fast jeden anderen Räubers in der Geschichte der Erde, sodass er selbst Tiere von Elefantengröße wie diesen *Triceratops* überwältigen konnte.

Tyrannosaurus hatte eine einfache, aber sehr effektive Jagdtechnik – er rammte seine Beute und riss mithilfe seiner starken Nackenmuskulatur Fleisch und Knochen aus seinem Opfer. Geschwächt durch den Blutverlust, konnte sich die Beute nicht befreien. *Tyrannosaurus* musste sie also nicht festhalten, um ihre Flucht zu verhindern. Da starke Vordergliedmaßen nicht benötigt wurden, schrumpften sie zu winzigen Ärmchen, die nicht einmal an das Maul reichen konnten. Im Gegensatz dazu waren die Beine wie die eines Rennpferds gebaut. Sie besaßen eine massive Oberschenkelmuskulatur und schlanke Unterschenkel. So konnte *Tyrannosaurus* trotz seines Gewichts enorm schnell angreifen.

Ornithomimosaurier

Die großen, schweren Tyrannosaurier hatten nahe Verwandte, die ihnen gar nicht ähnelten – die Ornithomimosaurier. Zu dieser Gruppe gehörten Tiere wie ***Struthiomimus***. Sein Name bedeutet „Straußnachahmer" und tatsächlich erinnern er und seine Verwandten an einen Strauß. Die meisten Ornithomimosaurier hatten einen kleinen Kopf mit zahnlosem Schnabel, langem Hals, gefiederte Arme und muskulöse Hinterbeine. Sie fraßen vermutlich sogar die gleiche Nahrung – Samen, Früchte und kleine Tiere. Manche hatten einen breiteren Schnabel

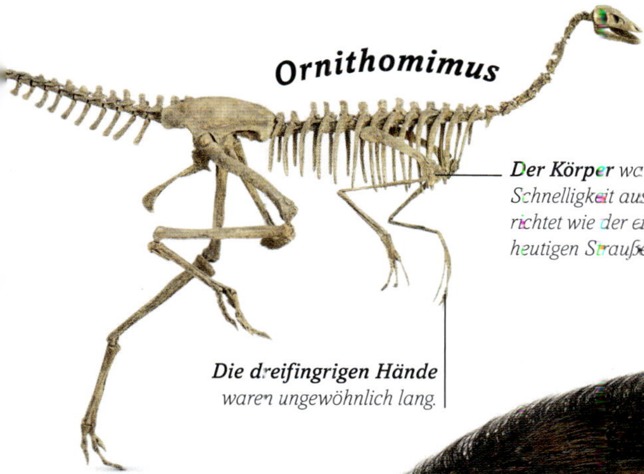

BLITZSCHNELL

Ornithomimosaurier konnten sehr schnell laufen. Ihre größten Feinde, die Tyrannosaurier, konnten wohl 30 km/h erreichen, sodass die Ornithomimosaurier wahrscheinlich schneller waren – vielleicht so schnell wie der Athlet Usain Bolt, der im Jahr 2009 44 km/h erreichte.

und fraßen vielleicht im Wasser wie Enten. Doch nicht alle Ornithomimosaurier waren zahnlos oder straußenähnlich. Einige der frühen Formen hatten mit kleinen Zähnen besetzte Kiefer und einige spätere, zum Beispiel ***Beishanlong***, waren große, starke Tiere. Der bisher größte entdeckte war ***Deinocheirus***, ein bis zu 11 m großer Riese mit sehr langen Armen und Händen. Im Verhältnis zum Körper hatte er kürzere Beine als andere Ornithomimosaurier, sodass er die Räuber seiner Zeit vielleicht mit den großen Krallen seiner Hände abwehrte.

Oviraptorosaurier

Im Jahr 1923 entdeckten amerikanische Fossiliensucher in der Mongolei die ersten vollständigen Dinosaurier-Eier. Sie fanden auch den Schädel eines seltsam aussehenden Dinosauriers und nannten ihn ***Oviraptor***, also „Eierdieb“. Erst viel später, in den 1990er-Jahren, wurde klar, dass die Eier seine eigenen waren und er sich um sie gekümmert hat. Der Name blieb aber und dient heute zur Beschreibung vieler Gattungen mit ähnlichen Eigenschaften – der Oviraptorosaurier. Sie gehören zu einer Gruppe von langarmigen Theropoden, die man als Maniraptoren

Caudipteryx
Gigantoraptor

Oviraptor

Chirostenotes

Gigantoraptor

Citipati

Avimimus

Der in Nordamerika entdeckte* Anzu *trug einen Kamm auf dem Kopf, der von einem dünnen Knochen gestützt wurde.

***Das Ende eines jeden Fingers** war mit einer schlanken, leicht gebogenen Kralle bewaffnet.*

Oviraptor wurde nur etwa 10 cm vom **Nest** entfernt gefunden.

***Der leicht gebaute* Oviraptor** *war etwa 1,8 m lang.*

***Die schlanken Hände und Krallen** dienten vielleicht dazu, kleine Tiere aus Spalten in Holz und Stein zu holen.*

***Der hohe Kamm auf dem Schnabel** erinnert an einen heutigen Kasuar.*

***Trotz des kleinen Kopfes hatte* Avimimus** *für einen Dinosaurier ein großes Gehirn und große Augen.*

***Fossilien zeigen, dass* Citipati** *mit seinen kurzen „Flügeln" die Eier in seinem Nest geschützt hat.*

***Die langen, kräftigen Beine** waren ideal zum Laufen.*

bezeichnet. Zu ihnen zählen auch die Vögel. Die Maniraptoren besaßen alle einen gefiederten Körper und einen Schwanz sowie lange Federn an ihren Armen. Die Oviraptorosaurier hatten einen Schnabel, der an jenen der Vögel erinnerte, oft war er zahnlos. Die Tiere haben verschiedenste Nahrung gesucht, darunter Samen, große Insekten, kleine Säugetiere und vielleicht die Eier anderer Dinosaurier. Sie besaßen zwei Knochenstrukturen im Gaumendach, die ideal zum Aufbrechen von Eiern gewesen wären. Vielleicht waren sie doch Eierdiebe!

Arme und Hände

Vielzweckhände *konnten Nahrung halten, das eigene Gewicht tragen und der Verteidigung dienen.*

Heterodontosaurus *sammelte mit den Händen Pflanzennahrung und fing Tiere.*

Kräftige Finger *stützten als Zehen das Gewicht des gepanzerten Dinosauriers.*

Atlasaurus wog so viel wie **zwei Elefanten**.

Die schlanken Arme *des Hadrosauriers dienten gelegentlich als Beine.*

Der schwere Sauropode Atlasaurus *lief auf den Zehenspitzen, die den vorderen Teil des Fußes bildeten.*

Die Arme und Hände der Dinosaurier unterschieden sich, da sie verschiedene Aufgaben erfüllen mussten. Die der kleinen Pflanzenfresser dienten der Nahrungssuche, doch viele Tiere, wie etwa ***Iguanodon***, mussten mit ihnen auch ihr Gewicht abstützen. Größere Pflanzenfresser besaßen starke Vordergliedmaßen, die zum Laufen dienten. Die Arme typischer Fleischfresser, wie etwa ***Dubreuillosaurus***, sollten zappelnde Beute festhalten, während der Räuber zubiss. Sie waren kurz, aber stark, und mit spitzen Krallen ausgerüstet. Im Lauf der Zeit bekamen

Die langen Federn versteckten fast die spitzen Krallen dieses langarmigen Jägers.

Die winzigen Arme waren für die Jagd nutzlos, hatten aber vielleicht andere Aufgaben.

Fossilien von Citipati *zeigen, wie das Tier die Eier mit den gefiederten Armen geschützt hat.*

Die meisten Jäger hatten dreifingrige Hände mit spitzen Krallen.

Der Pflanzenfresser hatte große Hände mit drei krallenbewehrten Fingern, die wohl der Verteidigung dienten.

RIESENARME

Die riesigen Hände verliehen *Deinocheirus* seinen Namen, der im Griechischen „schreckliche Hand" bedeutet. Die Arme maßen 2,5 m und endeten in Händen, die 76 cm lang waren.

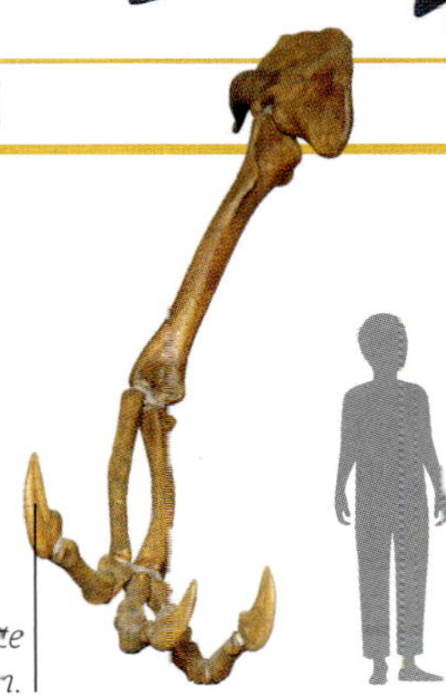

Die dreifingrige Hand hatte große, stumpfe Krallen.

einige Räuber, etwa ***Sinornithosaurus*** und ***Citipati***, viel längere Arme und Hände. Sie wurden oft auf gleiche Weise benutzt. Neuere Fossilien zeigen jedoch, dass sie – ähnlich wie Flügel – lange Federn trugen, und *Citipati* schützte mit ihnen Eier und Junge. Verwandte dieser Tiere hatten noch längere, gefiederte Arme – aus ihnen entstanden die ersten Vögel. Dagegen verringerte sich die Größe der Arme bei ***Carnotaurus*** und den Tyrannosauriern, sodass sie ihre Beute nur mit den Kiefern überwältigten.

SCHÜTZENDE FLÜGEL

Vor 75 Millionen Jahren waren die Wüsten der südlichen Mongolei so trocken, wie sie es noch heute sind. Es gab ausgedehnte Dünen und kaum Flüsse. Trotzdem lebten hier verschiedene Dinosaurier. Zu ihnen gehörte der straußenähnliche *Citipati*. Er ist unter Wissenschaftlern für seine Fossilien berühmt, die ihn wie einen Vogel brütend zeigen.

Wie viele andere Theropoden besaß *Citipati* lange Arme mit Federn, die den Schwingen heutiger Vögel ähnelten. Doch konnte *Citipati* nicht fliegen, denn seine „Flügel“ waren viel zu kurz. Die Federn mussten eine andere Aufgabe erfüllen, was verschiedene Fossilien in der Wüste Gobi verraten: Die Tiere sind auf ihrem Gelege erhalten geblieben, mit bis zum Nestrand ausgestreckten Flügeln. In dieser Position haben die langen Federn die Eier bedeckt. Sie haben sie entweder warmgehalten oder vor der brennenden Wüstensonne geschützt. Doch die Federn konnten *Citipati* und seine Eier nicht vor dem schützen, was sie getötet, vergraben und als Fossilien unter dem Wüstensand konserviert hat.

Therizinosauroide

Die meisten Theropoden waren flinke, scharfzähnige Jäger, doch die Therizinosauroiden waren anders. Es wurden nur sehr wenige vollständige Fossilien gefunden, doch als Paläontologen das Vorhandene zusammensetzten, stellten sich diese Dinosaurier als ungewöhnlich heraus: Sie hatten einen Schnabel, blattförmige Backenzähne und einen massigen Körper, sodass sie wahrscheinlich Pflanzen fraßen. Sie waren langarmige Mitglieder der Maniraptoren, einer mit den Vögeln verwandten Gruppe von Theropoden. Wie diese trugen sie

Federn. Doch die Federn ähnelten eher Haaren, sodass Therizinosauroiden wie ***Erlikosaurus*** aussahen, als hätten sie ein dichtes Fell. Die langen Arme trugen große Hände mit eindrucksvollen Krallen – die von ***Therizinosaurus*** sind die längsten aller bekannten Tiere. Sie könnten sie dazu benutzt haben, um Zweige an ihr Maul heranzuziehen. Aber sie könnten sie auch als Waffe gegen Räuber eingesetzt haben. Mit ihrem großen Körper waren Therizinosauroide nicht schnell, sodass Angriff für sie die beste Form der Selbstverteidigung gewesen sein mag.

Spitze Krallen

Das Krallenbein wurde von der Kralle bedeckt, die aus Horn bestand.

Therizinosaurus: Krallenbein vorn

Baryonyx: Daumen vorn

Allosaurus: Krallenbein vorn

Spitze Krallen *hinderten die Beute am Entkommen.*

Baryonyx heißt „schwere Kralle". Gemeint ist die **Kralle** des Zeigefingers.

Kräftige Krallen waren für viele Dinosaurier lebensnotwendig. Die aus Horn bestehende Kralle bedeckte das Krallenbein, den letzten Zehenknochen, der oft als Fossil erhalten geblieben ist. Jäger wie ***Allosaurus*** und ***Baryonyx*** ergriffen Beute mit den Krallen der Vorderbeine. ***Deinonychus*** konnte sie mit den Krallen der Hinterfüße zu Boden drücken. Die meisten Räuber hatten starke Krallen, die ihnen beim Laufen Halt gaben. Einige der kleineren, vogelähnlichen Jäger sind mit ihren Krallen wohl auch auf Bäume geklettert. Der riesige, auf allen Vieren laufende ***Apatosaurus*** hatte kürzere

Hypsilophodon: Zeh hinten

***Die langen Krallen** dienten vielleicht einem besseren Halt auf dem weichen Boden der Wälder, in denen er wahrscheinlich lebte.*

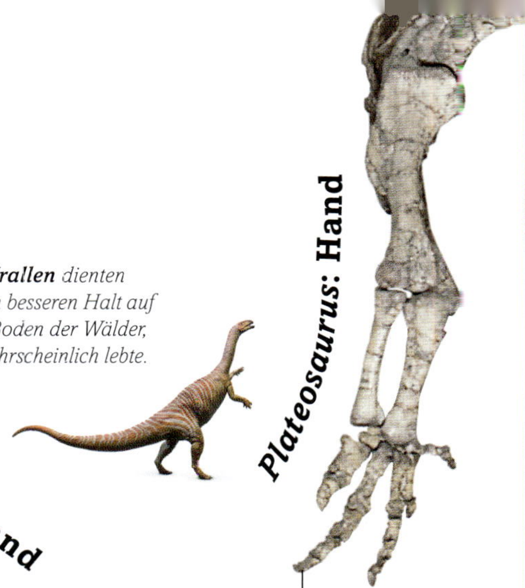

Plateosaurus: Hand

***Jede Hand** hatte drei Krallen zum Sammeln von Nahrung.*

Oviraptor: Hand

Man nimmt an, dass* Oviraptor *sich mit den Krallen an seiner Beute festgehalten hat.

Iguanodon: Daumendorn

***Der Daumendorn** diente der Verteidigung.*

***Der fischfressende* Baryonyx** *ergriff mit seinen langen, gebogenen Krallen schlüpfrige Fische.*

Apatosaurus: Krallenbein

***Der Daumen** der säulenartigen Vorderbeine endete in einer kurzen Kralle, die vielleicht zum Graben benutzt wurde.*

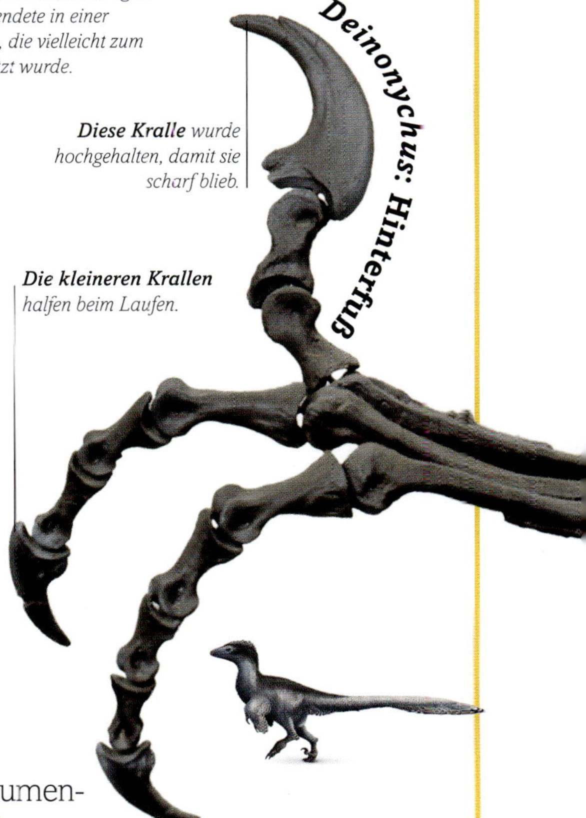

Deinonychus: Hinterfuß

***Diese Kralle** wurde hochgehalten, damit sie scharf blieb.*

***Die kleineren Krallen** halfen beim Laufen.*

BEEINDRUCKENDE LÄNGE

Die Krallen des pflanzenfressenden *Therizinosaurus* waren etwa 71 cm lang – die längsten jemals gefundenen Krallen. Die Spitzen und Kanten dieser Krallen waren scharf genug, um ernsthafte Verletzungen zu verursachen.

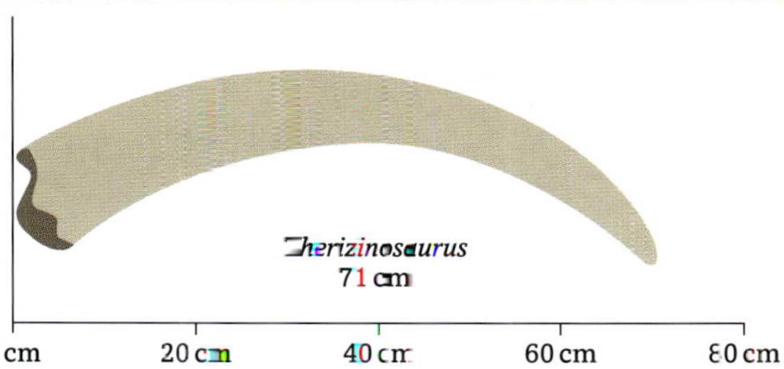

Krallen, die sein riesiges Gewicht trugen, benutzte sie aber wohl auch, um Löcher für die Eiablage zu graben. Auf den Hinterbeinen laufende Pflanzenfresser, wie ***Plateosaurus***, benutzten ihre Vorderkrallen zur Nahrungssuche oder – was vielleicht wichtiger war – zur Verteidigung. ***Iguanodon*** hatte einen kurzen Daumendorn zur Verteidigung gegen seine Feinde. ***Therizinosaurus*** hatte sehr lange Krallen an den Armen. Diese waren tödliche Waffen, mit denen sich die Tiere gegen gigantische Räuber verteidigten.

Dromaeosaurier

Buitreraptor

Die meisten Dromaeosaurier konnten ihre Beute mit den starken Händen festhalten.

Die Kiefer dieses großen südamerikanischen Jägers waren lang so wie die eines Krokodils.

Der Körper war wahrscheinlich wie bei den heutigen Vögeln mit Federn bedeckt.

Die Arme von Austroraptor *waren für einen Dromaeosaurier recht kurz – er hatte eine andere Jagdtechnik.*

Deinonychus

Lange, spitze Krallen ermöglichten Deinonychus *seine Opfer festzuhalten.*

Die im Film ***Jurassic Park*** *Velociraptor* genannte Art basiert auf *Deinonychus.*

Sinornithosaurus

Viele dieser Dinosaurier trugen auch an den Beinen lange Federn.

Lange Federn an den Armen ließen diese wie Flügel wirken, doch zum Fliegen waren sie zu klein.

Die bekanntesten leichten Jäger unter den Dinos waren die Dromaeosaurier, nach dem zu Filmruhm gelangten *Velociraptor* auch „Raptoren“ genannt. Sie waren langarmige Jäger mit großen Krallen an den Händen. Der zweite Zeh trug eine übergroße, gebogene Kralle, die den Boden nicht berührte und daher scharf blieb. Sie diente wohl dazu, Beute auf den Boden zu drücken oder – bei den kleineren Arten – Bäume zu besteigen. Neuere chinesische Fossilien zeigen, dass diese Dinosaurier gefiedert waren. Viele trugen an den Armen lange Federn,

die wie Flügel wirkten. Diese Dinosaurier waren nah mit den ersten Vögeln verwandt und die kleinsten Tiere wie ***Sinornithosaurus*** müssen bereits sehr vogelähnlich gewirkt haben. Kleine Dromaeosaurier haben wohl große Insekten und rattenähnliche Säugetiere erbeutet, doch die größeren, wie *Velociraptor* und ***Deinonychus***, griffen auch andere Dinosaurier an. Einige, wie ***Buitreraptor*** und der ungewöhnlich große ***Austroraptor***, besaßen eine lange Schnauze mit spitzen, kegelförmigen Zähnen, die wohl eher für den Fischfang geeignet waren.

ADLER MIT ZÄHNEN

Als die ersten Fossilien von *Velociraptor* in den 1920er-Jahren in der Mongolei gefunden wurden, stellte man sich die Art als schuppige Echse vor. Doch Fossilien nah verwandter Arten, die man in China entdeckt hat, zeigen, dass *Velociraptor* eher einem Vogel ähnelte. Eine Reihe von Ansatzstellen an den Armknochen zeigt, dass die Arme wie Vogelflügel lange Federn trugen.

Sogar das Verhalten von *Velociraptor* ähnelte wahrscheinlich dem eines Vogels. Verwandte Dinosaurier legten ihre Eier in Nester, bebrüteten sie und schützten sie mit ihren „Flügeln". *Velociraptor* brütete mit hoher Wahrscheinlichkeit auch auf diese Weise – vielleicht in Paaren, die sich bei der Brut und Nahrungssuche abwechselten. Aktuelle Untersuchungen des Jagdverhaltens deuten darauf hin, dass *Velociraptor* die Beute verfolgte, wie ein flugunfähiger Adler auf sie sprang und sie mit seinen großen Fußkrallen zu Boden drückte. Dann riss er das Opfer mit seinen scharfen, gesägten Zähnen in Stücke. Möglicherweise brachte er auch einen Teil der Nahrung für den Partner zum Nest zurück.

DINOSAURIER HEBEN AB

Haut, Schuppen und Federn

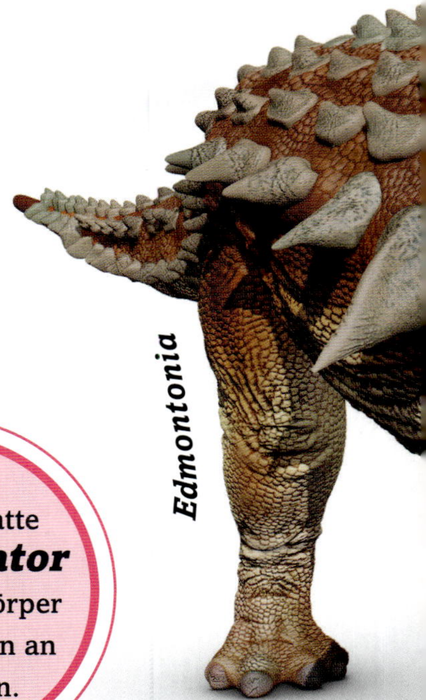

Die langen Federn *an den Armen ermöglichten diesem Dinosaurier des Jura mit hoher Wahrscheinlichkeit das Fliegen.*

Wie ein Huhn hatte ***Juravenator*** Federn am Körper und Schuppen an den Beinen.

Die fellähnliche Körperbedeckung *dieses kleinen Theropoden bestand aus haarähnlichen Protofedern.*

Dieses Fossil *zeigt, dass die Haut von* Edmontosaurus *von kleinen Schuppen geschützt war.*

Die meisten Dinosaurier kennt man nur von Fossilien ihrer Knochen und Zähne, doch in manchen Fossilien sind auch weiche Gewebe wie die Haut erhalten. So wissen wir, dass viele große Dinosaurier, wie der Hadrosaurier ***Edmontosaurus***, eine schuppige Haut hatten, und andere, wie ***Edmontonia***, trugen eine Rüstung aus in die Haut eingebetteten Knochenplatten. In den letzten Jahren in China entdeckte Fossilien zeigen, dass viele kleine Theropoden Federn trugen. Einige, wie ***Sinosauropteryx***, besaßen kurze, haarähnliche

Die Knochenplatten des gepanzerten Dinosauriers liefen spitz zu, wohl zur Verteidigung und vielleicht auch, um eindrucksvoll auszusehen.

Die Beine und der Bauch von Edmontonia waren wie bei vielen heutigen Reptilien mit Schuppen bedeckt.

Fossile Federn von Caihong enthalten mikroskopisch kleine Zellen, die auch für die Farben der heutigen Vögel verantwortlich sind.

Dieses Fossil eines frühen Verwandten des gehörnten Triceratops zeigt, dass der Schwanz lange Stacheln trug.

Die dunklen Flecke an diesem Fossil sind die Reste einer aus Protofedern bestehenden Körperbedeckung.

FARBCODE

Neuere Untersuchungen zeigen, dass die fossilen Federn von Tieren wie *Caihong* Reste von Pigmentzellen aufweisen, das sind Zellen, die Farbstoffe enthalten. Die Größe, die Form und die Anordnung der Pigmente in der Zelle hängen von der Farbe ab. Durch Analyse dieser Pigmente können Wissenschaftler die Farben der gefiederten Dinosaurier rekonstruieren.

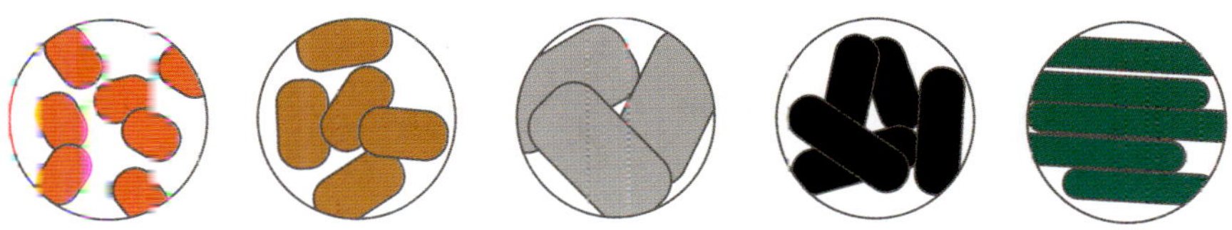

Protofedern. Sie hielten das Tier wahrscheinlich wie das Fell eines Säugetiers warm. Andere, darunter ***Caihong***, hatten wie die heutigen Vögel voll ausgebildete Federn. Einige dieser Federn, besonders die an den Armen, waren länger, sodass sie wie kurze Flügel ausgesehen haben. Mikroskopische Analysen einiger Federn belegten, dass sie bunt gefärbt waren. All diese Erkenntnisse zeigen, dass es nur wenige Unterschiede zwischen den ausgestorbenen Theropoden und heutigen Vögeln gibt. Das belegt die These, dass Vögel kleine, fliegende Dinosaurier sind.

Gefiederte Jäger

Wie viele kleine Dinosaurier ist ***Ornitholestes*** nur von einem Fossil bekannt.

Jahrzehntelang war klar, dass die Skelette kleiner, langarmiger Theropoden wie *Buitreraptor* denen des ersten bekannten vogelähnlichen Dinosauriers, *Archaeopteryx*, ähneln. Nun zeigen neuere Fossilien, dass die Körper vieler dieser leichten Jäger mit einer Form von Federn bedeckt waren. Das bedeutet, dass der einzige Unterschied zwischen diesen kleinen Dinosauriern und den ersten Vögeln die Länge ihrer Arme und die Art ihrer Federn war. Zwar sehen kleine, flinke Jäger mit fransigen Federn wie ***Ornitholestes*** nicht sehr wie ein

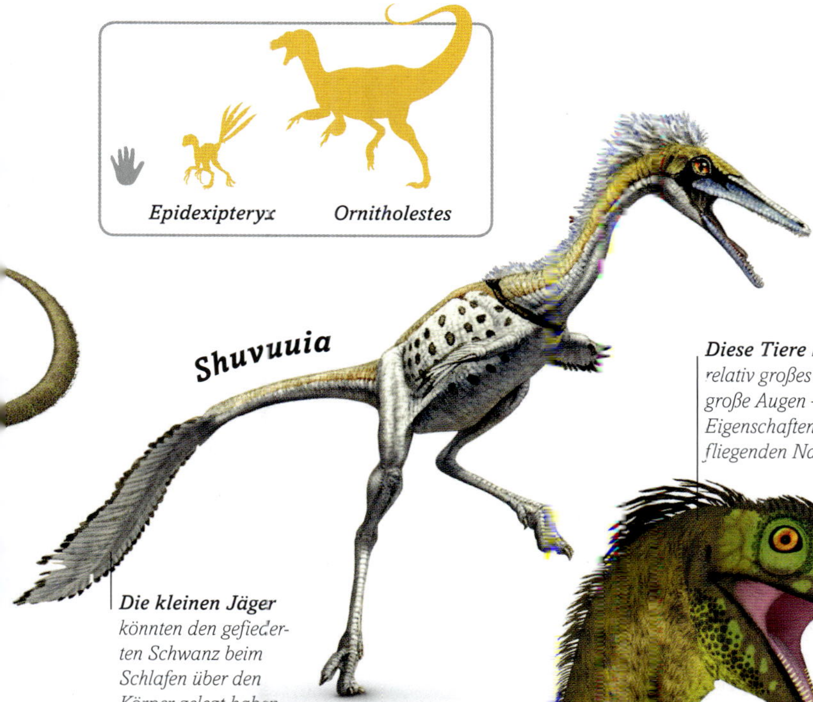

Die kleinen Jäger *könnten den gefiederten Schwanz beim Schlafen über den Körper gelegt haben.*

Diese Tiere *hatten ein relativ großes Gehirn und große Augen – wichtige Eigenschaften für ihre fliegenden Nachfahren.*

Mononykus *hatte einen kleinen Schädel.*

Mononykus *war ein kleiner Dinosaurier der mongolischen Steppen.*

Die langen Armfedern *dienten der Balz und dem Schutz der Jungen, doch bei anderen Arten ermöglichten sie das Fliegen.*

Die kurzen Arme *besaßen eine einzige große Kralle, die vielleicht zum Ausgraben von Insekten aus Totholz diente.*

Die dichte Befiederung *hielt das Tier warm.*

Mei ***besaß Schmuckfedern****, sowohl auf den Beinen als auch auf den Armen.*

WINZIGER SCHÄDEL

Der Schädel von *Mononykus* war kaum größer als ein Hühner-Ei. Doch das Gehirn war im Verhältnis zum Körper recht groß, was auf eine verhältnismäßig hohe Intelligenz hindeutet. Die Augen waren ungewöhnlich groß und funktionierten daher gut bei schwachem Licht. Die Tiere waren daher wohl vor allem in der Nacht oder Dämmerung aktiv.

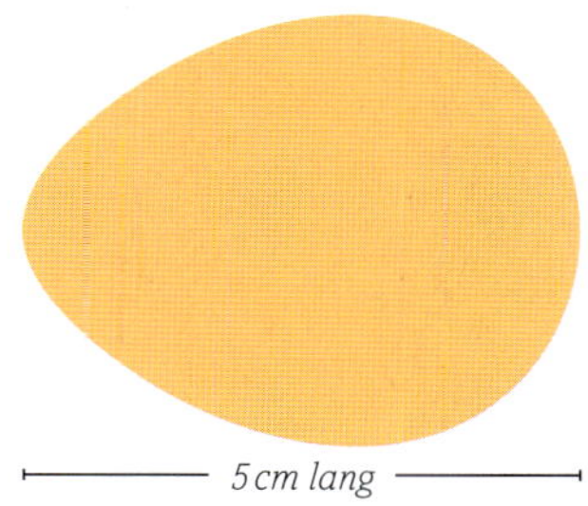

Hühner-Ei

Die großen Augenhöhlen deuten auf ein gutes Senvermögen hin.

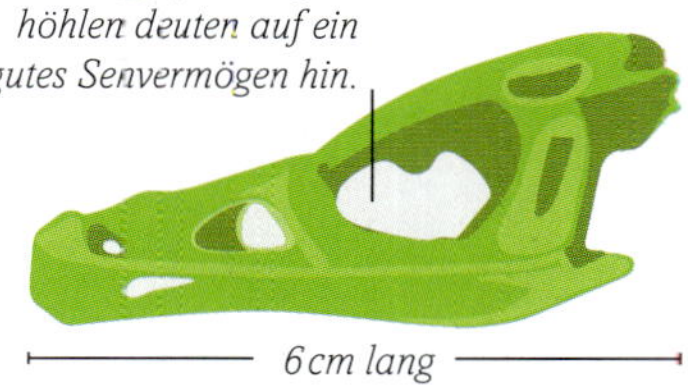

***Mononykus*-Schädel**

Vogel aus, doch mit längeren Armen und Federn wäre das Tier bereit zum Abheben. Fossilien von ähnlichen Tieren, wie etwa *Velociraptor* zeigen, dass sie lange, den der Vögel gleichenden Federn an den Armen trugen. Viele besaßen auch einen Schwanzfächer aus Federn. Ein Fossil von ***Epidexipteryx*** zeigt klar einen Schwanz mit vier sehr langen Schmuckfedern. Durch diese Befiederung sahen kleine Jäger wie ***Mei*** wohl wie ein Fasan oder ein Huhn aus. Sähen wir diese Tiere heute, würden wir sie ohne zu zögern als flugunfähige Vögel betrachten.

Erster Start

Die ersten vogelähnlichen Dinosaurier erschienen vor mindestens 150 Millionen Jahren im Jura. Sie hatten Kiefer mit Zähnen und einen langen, mit Federn besetzten Schwanz, wie viele andere nicht fliegende, kleine Arten dieser Zeit. Sie erinnern an Vögel, da viele von ihnen lange Flügel besaßen, die klar an eine Form des Fliegens angepasst waren. Doch wir wissen nicht, wie gut sie fliegen konnten. Die Federn von Tieren wie ***Archaeopteryx*** und ***Jeholornis*** entsprechen denen heutiger Vögel, doch ihre Schultergelenke erlaubten es nicht, die Flügel sehr hoch zu

Der zweite Zeh trug eine gekrümmte Kralle, die den Boden nicht berührte und daher scharf blieb.

Microraptor *hatte große Augen, sodass er wohl nachtaktiv war oder in dunklen Wäldern lebte.*

Archaeopteryx war der erste bekannte vogelähnliche Dinosaurier.

Die Federn *waren etwa 20 cm lang und ermöglichten es vermutlich, von Baum zu Baum zu gleiten.*

Fossilien zeigen, *dass die Beine ähnlich lange Federn wie die Arme trugen.*

Ein Fossil von **Jeholornis** *zeigt einen Fächer von Schmuckfedern, die am Schwanzansatz entsprangen.*

Bei diesem gut erhaltenen Fossil *sieht man die an Armen, Beinen und am Schwanz sitzenden Federn.*

Microraptor-Fossil

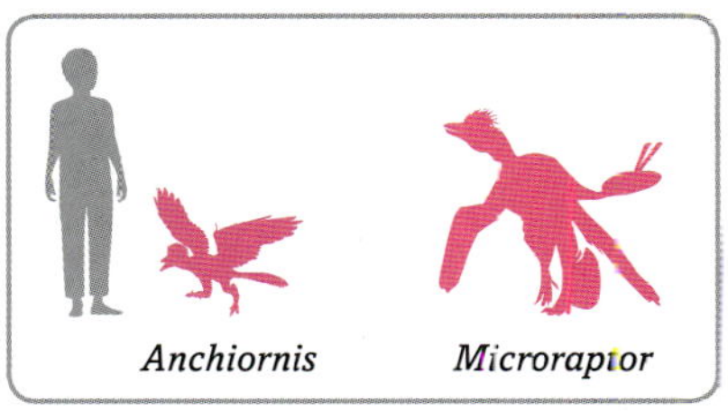

heben. Sie hatten, anders als moderne Vögel, kein großes Brustbein, um die starken Flugmuskeln zu verankern. Einige Tiere wie ***Microraptor*** konnten fast sicher nicht im eigentlichen Sinne fliegen. Es ist möglich, dass sie hauptsächlich von Baum zu Baum segelten, doch die Füße von *Jeholornis* und vielen anderen waren besser an das Leben auf dem Boden angepasst. Wir wissen also immer noch nicht genau, wie der erste Start aussah. Wir wissen nur, dass die Flügel außer zum Fliegen nicht besonders nützlich gewesen wären.

ABHEBEN

Vor 150 Millionen Jahren, im Oberjura, sollte das Zeitalter der Dinosaurier noch weitere 80 Millionen Jahre lang andauern. Doch die ersten vogelähnlichen Wesen experimentierten schon mit dem Fliegen. Eines der ersten von ihnen war *Archaeopteryx*, ein krähengroßer Verwandter flinker Jäger wie *Velociraptor,* der sehr lange Arme mit Federn hatte, die denen der heutigen Vögel glichen. Er war noch kein Vogel, aber sehr nah dran.

Alle bisher gefundenen *Archaeopteryx*-Exemplare lebten in einem Gebiet Europas, das aus einer Gruppe trockener Inseln bestand, umgeben von einem seichten Meer. Hier gab es wenige Bäume und *Archaeopteryx* fraß vermutlich kleine, am Boden lebende Tiere wie Echsen und Insekten. Doch seine langen, gefiederten Flügel müssen einen Sinn gehabt haben. Vielleicht konnte er mit ihnen bei der Jagd auf dem Boden besser beschleunigen. Oder er brachte sich wie die heutigen Hühner nachts auf Büschen und Bäumen vor Räubern in Sicherheit. Vielleicht hat er sich in einer Region mit höheren Bäumen entwickelt und segelte zwischen ihnen hin und her. Womöglich löst einmal ein weiteres Fossil das Rätsel.

Frühe Vögel

Dieser flugunfähige Vogel *hatte kräftige Beine, mit denen er über die Pampa in Patagonien (Argentinien) lief. Hier lebte er vor 80 Millionen Jahren.*

Der an eine Möwe erinnernde Ichthyornis *hatte Zähne, die ihm vermutlich beim Fang von Fischen nützten.*

Spuren an dem Fossil von **Hongshanornis** *lassen vermuten, dass das Tier einen Federkamm trug.*

ENTWICKLUNG DER FEDERN

Zwischen dem Jura und der Kreide entwickelten sich Federn von hohlen Fäden bis zur heute bei Vögeln üblichen Form. Mit der Zeit bekamen sie einen Schaft mit Fahnen, die aus Federästen bestanden und über Bogen- und Hakenstrahlen wie ein Reißverschluss miteinander verbunden waren. Frühe Federn hatten symmetrische Fahnen, doch die asymmetrischen späterer Lebewesen ermöglichten erst den effektiven Flug.

In der Kreide, etwa 25 Millionen Jahre nach dem ersten Flugversuch von *Archaeopteryx,* machten die vogelähnlichen Arten ersten modernen Vögeln wie *Confuciusornis* Platz. Das Tier ist einer der ersten kurzschwänzigen, zahnlosen Vögel, die wir kennen, obwohl er immer noch Flügelkrallen trug. Ebenso wie andere Vögel seiner Zeit, darunter der spatzengroße ***Iberomesornis*** und der etwas größere ***Concornis***, hatte er ein großes Brustbein zur Verankerung der Flugmuskulatur. Er war wohl in der Lage gut zu fliegen. In der Zwischenzeit ent-

wickelten Vögel wie ***Hongshanornis*** stärkere Skelette, die den Belastungen des Flugs besser widerstanden. Viele Vögel hatten noch kleine Zähne, insbesondere der vor 90 Millionen Jahren lebende ***Ichthyornis***. Doch andere hatten sie zugunsten eines Schnabels aufgegeben. Vor etwa 70 Millionen Jahren, in der Oberkreide, flogen viele modern aussehende Vögel über die Köpfe der Dinosaurier. Einige Vögel, etwa ***Patagopteryx***, hatten das Fliegen wie die Strauße eingestellt, während der flugunfähige ***Hesperornis*** wie ein Kormoran im Wasser jagte.

Riesenvögel

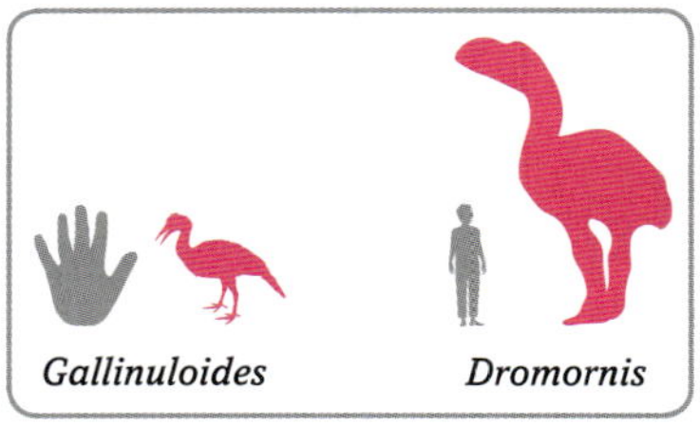

Der 3 m große *Dromornis* war der **größte flugunfähige Vogel**, den es je gegeben hat.

Dromornis

Die massiven Beine von Dromornis trugen sein hohes Gewicht – das zehnfache eines Menschen.

Terrorvögel *hatten einen Hakenschnabel, um ihre Beute zu töten und zu zerreißen.*

Phorusrhacos

Phorusrhacos *hatte einen sehr biegsamen Hals, sodass er schnell nach Beute hacken konnte.*

Spitze Krallen *drückten die Beute zu Boden, wenn der Vogel sie töten und fressen wollte.*

Das Fossil *zeigt, dass vor 48 Millionen Jahren Vögel in Nordamerika lebten, die heutigen Hühnern ähnelten.*

Gallinuloides

Vögel waren die einzigen Dinosaurier, die das Massenaussterben vor 66 Millionen Jahren überlebten, das ihre großen Verwandten ausgelöscht hatte. Aus ihnen entwickelten sich viele Formen, die es noch heute gibt, wie etwa Eulen, Enten und Pinguine. Vor etwa 40 Millionen Jahren gab es bereits die allermeisten der bekannten Gruppen, aber auch einige ungewöhnliche. Zu ihnen gehörten die gigantischen, flugunfähigen „Terrorvögel", wie ***Phorusrhacos*** und ***Titanis***. Beide waren über 2 m groß, hatten einen Haken-

schnabel und große Krallen, mit denen sie ihre Beute auf den Steppen Nord- und Südamerikas zerrissen. Sie waren die gewaltigsten Räuber ihrer Zeit. Ein anderer flugunfähiger Riese, der australische ***Dromornis***, fraß wohl Pflanzen, ebenso wie ***Gastornis***. In der Zwischenzeit entwickelten sich auch einige flugfähige Riesen. ***Argentavis***, der vor über 5 Millionen Jahren über die argentinische Pampa segelte, war ein geierähnlicher Vogel mit 8 m Spannweite. Damit war er wahrscheinlich der größte flugfähige Vogel, der jemals auf der Erde gelebt hat.

SCHNELLER JÄGER

Mit seinen langen Beinen und dem massiven Hakenschnabel war *Kelenken* einer der schnellsten Jäger seiner Zeit. Dieser größte der „Terrorvögel“ jagte vor etwa 15 Millionen Jahren in der Pampa in Patagonien (Argentinien). Seine wichtigste Beute waren wohl kleine Säugetiere, doch er hatte sicher auch die Kraft und Geschwindigkeit, größere Tiere zu erlegen.

Ein im Jahr 2006 fast unbeschädigt ausgegrabener Schädel von *Kelenken* war 71 cm lang, der größte, der jemals gefunden wurde. Sein enormer, unglaublich starker Schnabel ist mit dem eines gigantischen Adlers vergleichbar und *Kelenken* benutzte ihn auch, um seine Beute zu zerreißen. Kleine Säugetiere verschluckte er ganz. Mit etwa 3 m Größe und langen, muskulösen Beinen konnte *Kelenken* die meisten seiner Beutetiere leicht überholen. Er ergriff und tötete sie vermutlich mit den Krallen. Dieser Vogel war so gewaltig, dass durch ihn andere Jäger aus der Pampa in die Wälder vertrieben wurden, wo er sich wegen seiner Größe als weniger effektiver Räuber erwies.

FLUGSAURIER

Frühe Flugsaurier

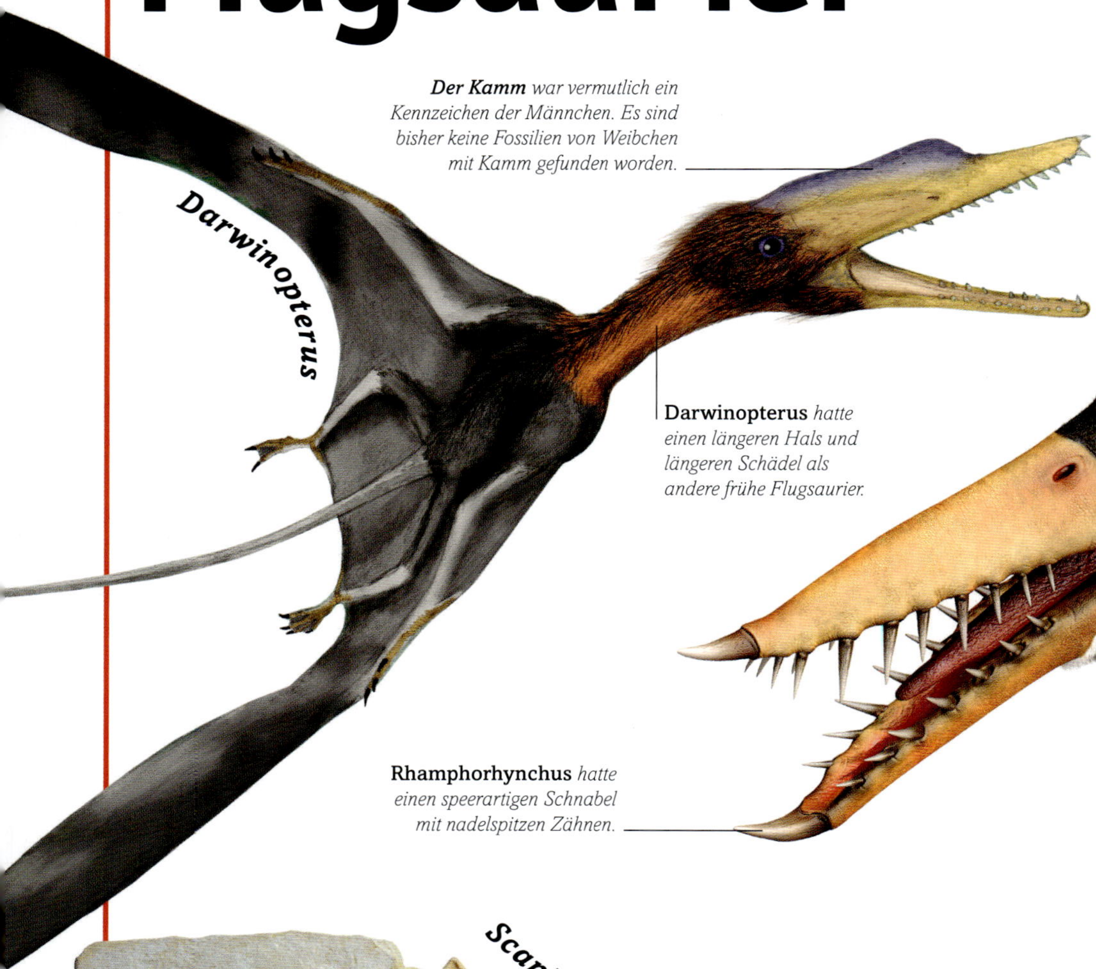

***Der Kamm** war vermutlich ein Kennzeichen der Männchen. Es sind bisher keine Fossilien von Weibchen mit Kamm gefunden worden.*

Darwinopterus *hatte einen längeren Hals und längeren Schädel als andere frühe Flugsaurier.*

Rhamphorhynchus *hatte einen speerartigen Schnabel mit nadelspitzen Zähnen.*

***Der lange Schwanz** war ein typisches Merkmal aller frühen Flugsaurier. Spätere hatten kürzere Schwänze.*

***Der lange vierte Fingerknochen** stützte die gesamte Vorderkante des Flügels.*

Die riesigen Dinosaurier teilten ihre Welt mit nahen Verwandten, den Flug- oder Pterosauriern, deren Flügel aus aufgespannter Haut bestanden. Damit ähnelten sie Fledermausflügeln, doch wurden sie nur von den Knochen eines stark verlängerten Fingers aufgespannt. Sie waren durch elastische Fasern verstärkt und enthielten Muskeln, die die Form der Flügel an die Flugsituation anpassen konnten. Flugsaurier besaßen kleine, pelzige und leichte Körper, ein hervorragendes Sehvermögen und ein relativ großes Gehirn.

Die frühesten bisher bekannten, krähengroße Tiere wie ***Eudimorphodon***, erschienen vor über 210 Millionen Jahren in der Obertrias. Sie hatten einen kurzen Hals und langen, knochigen Schwanz. Die Kiefer der meisten waren mit an die Nahrung angepassten Zähnen besetzt.

Einige, etwa ***Rhamphorhynchus***, fingen Fische, wobei sie wohl aus der Luft herabstießen. Andere, wie ***Sordes*** und ***Dimorphodon***, fraßen wahrscheinlich hauptsächlich Insekten und andere kleine Tiere, die sie auf dem Boden jagten oder beim Klettern in den Bäumen fingen.

Spätere Flugsaurier

Mit über **1200** fossilen Exemplaren ist *Pteranodon* der **bekannteste** Flugsaurier.

Während des Jura, vor etwa 166 Millionen Jahren, entstanden Flugsaurier mit einem neuen Körperbau. Sie hatten längere Hälse, kürzere Schwänze und waren besser an das Leben auf dem Boden angepasst. Fossile Fährten zeigen, dass viele von ihnen, darunter ***Tapejara*** und ***Elanodactylus,*** regelmäßig auf allen Vieren liefen, wobei sie den äußeren Teil der Flügel zusammengefaltet hatten. Einige Flugsaurier konnten auf diese Weise sogar jagen. Andere, wie ***Pteranodon*** und ***Cearadactylus***, scheinen auf dem Meer nach Beute gesucht zu

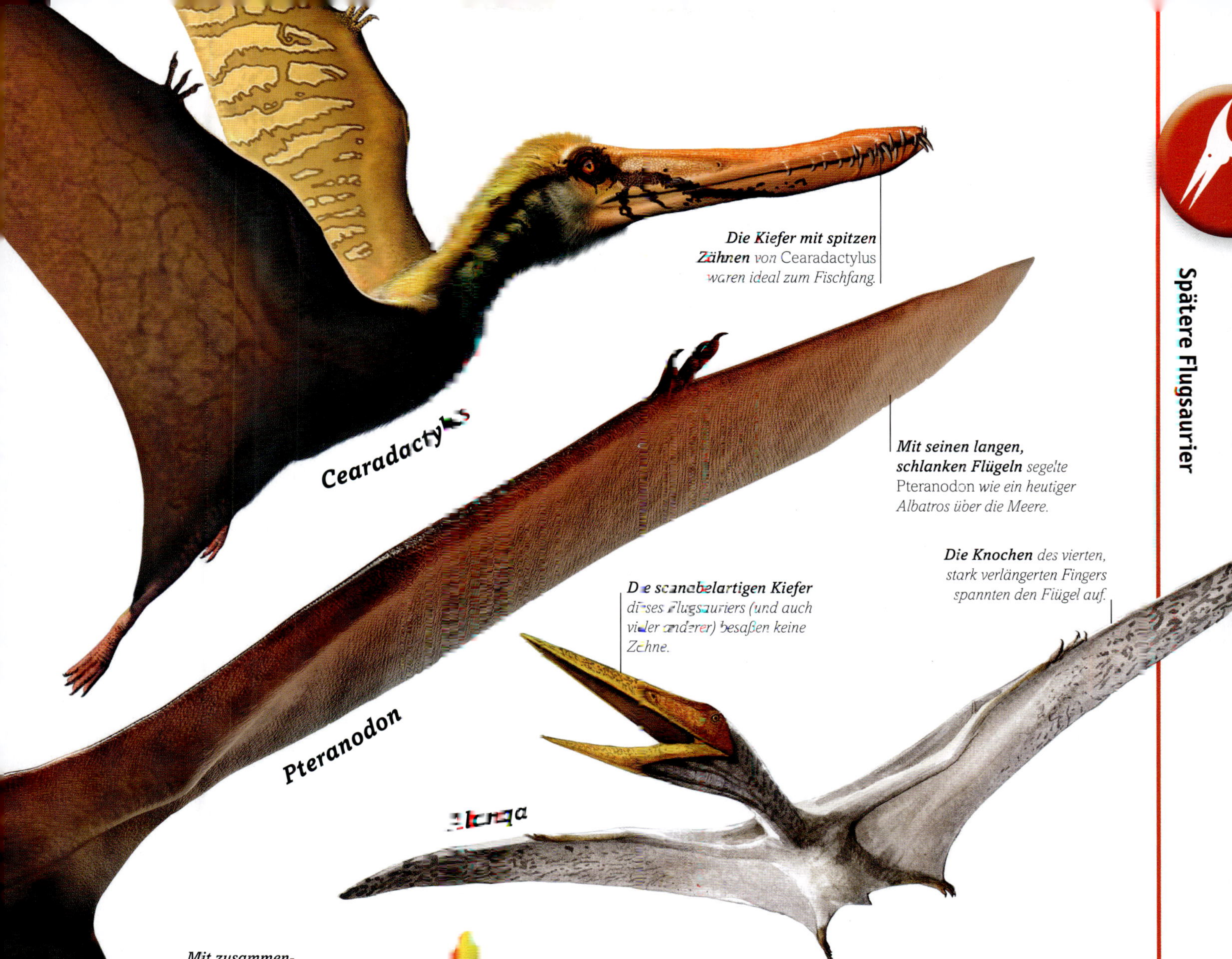

Die Kiefer mit spitzen Zähnen *von* Cearadactylus *waren ideal zum Fischfang.*

Mit seinen langen, schlanken Flügeln *segelte* Pteranodon *wie ein heutiger Albatros über die Meere.*

Die Knochen *des vierten, stark verlängerten Fingers spannten den Flügel auf.*

Die schnabelartigen Kiefer *dieses Flugsauriers (und auch vieler anderer) besaßen keine Zähne.*

Mit zusammengefalteten Flügeln *konnte* Tapejara *auf allen Vieren laufen.*

WIE SICH FLUGSAURIER ENTWICKELTEN

Frühe Flugsaurier waren krähengroße Tiere mit langem, knochigem Schwanz, kurzem Hals und kräftigen, mit vielen Zähnen besetzten Kiefern. Während des Jura wichen sie nach und nach größeren, kurzschwänzigen Flugsauriern mit längerem Hals und langen, oft zahnlosen Kiefern. Viele dieser späteren Flugsaurier trugen auch spektakuläre Kämme auf ihrem Kopf.

haben. Sie waren wohl in der Lage im Wasser zu schwimmen und abzutauchen, um Fische zu fangen. Viele der späteren Flugsaurier waren im Verhältnis zu den früheren Riesen. *Pteranodon* hatte eine Spannweite von über 7 m. Die größten von allen (*Quetzalcoatlus* und *Hatzegopteryx*) hatten mit Spannweiten von 10 m oder mehr die Größe eines Kleinflugzeugs. Dies waren die größten fliegenden Tiere, die jemals auf der Welt gelebt haben. Sie waren höchstwahrscheinlich sehr gute Flieger, die große Distanzen zurücklegen konnten, indem sie auf Aufwinden segelten.

GEFAHR VON OBEN

Kleinere Dinosaurier, die vor 70 Millionen Jahren in Nordamerika lebten, fielen sehr oft Tyrannosauriern zum Opfer. Aber es drohte auch Gefahr aus einer anderen Richtung, nämlich aus der Luft. Hoch über ihnen patrouillierte *Quetzalcoatlus*, ein gigantischer Flugsaurier, der wie ein riesiger Greifvogel auf den Aufwinden segelte und nach geeigneter Beute suchte.

Quetzalcoatlus konnte hervorragend fliegen und mit seinem guten Sehvermögen seine Beute von Weitem erkennen. Aber er hatte keine kräftigen Krallen, mit denen er sie aus der Luft ergreifen konnte. So landete er wohl zuerst, faltete seine Flügel zusammen und lief auf allen Vieren umher. Da er so groß wie eine Giraffe war, konnte *Quetzalcoatlus* gut über Gebüsch und kleine Bäume hinwegsehen. Sein langer Hals und seine großen Kiefer gaben ihm eine enorme Reichweite, sodass er Tiere überfallen konnte, die ihn noch gar nicht bemerkt hatten. Da *Quetzalcoatlus* keine Zähne und keinen Hakenschnabel hatte, konnte er seine Beute nicht zerreißen. Er schluckte sie ganz, wie zum Beispiel diesen jungen Titanosaurier.

Bunte Kämme

***Gut erhaltene Fossilien** zeigen, dass der Kamm eines* Pterodactylus *nur aus Knorpel und Haut bestand.*

Pterodactylus **war der erste Flugsaurier, der wissenschaftlich beschrieben wurde.**

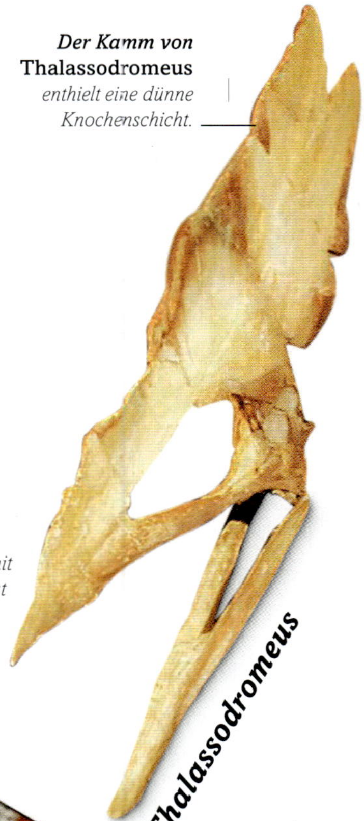

Der Kamm von **Thalassodromeus** *enthielt eine dünne Knochenschicht.*

***Dieser Flugsaurier** besaß einen Knochenkamm, der vermutlich mit leuchtend gefärbter Haut bedeckt war.*

Die Köpfe vieler späterer Flugsaurier trugen spektakuläre Kämme, die fast sicher Rivalen abschrecken und Partner anlocken sollten. Die Kämme von ***Tupandactylus*** und ***Nyctosaurus*** waren große, aber leichte Strukturen aus Haut oder Horn, die von Knochenspangen getragen wurden. Der kleinere Kamm von ***Thalassodromeus*** wurde von einer dünnen Knochenplatte gestützt, während die Kämme anderer Flugsaurier, wie etwa von ***Pterodactylus***, vollständig aus weichem Gewebe bestanden. Die Kämme waren

ALLES FÜR DIE BALZ

Man hat viele vollständige *Pteranodon*-Skelette gefunden. Männchen und Weibchen kann man durch den Vergleich der Beckenknochen unterscheiden. Die Männchen haben größere Kämme, sodass diese wohl bei der Balz eine Rolle gespielt haben, ähnlich wie etwa die Federn eines Pfaus.

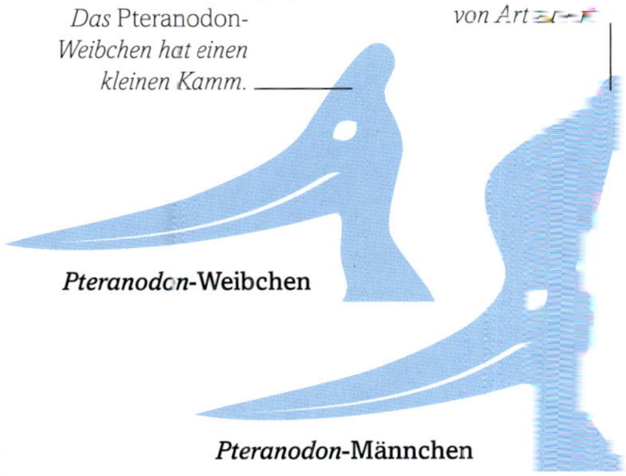

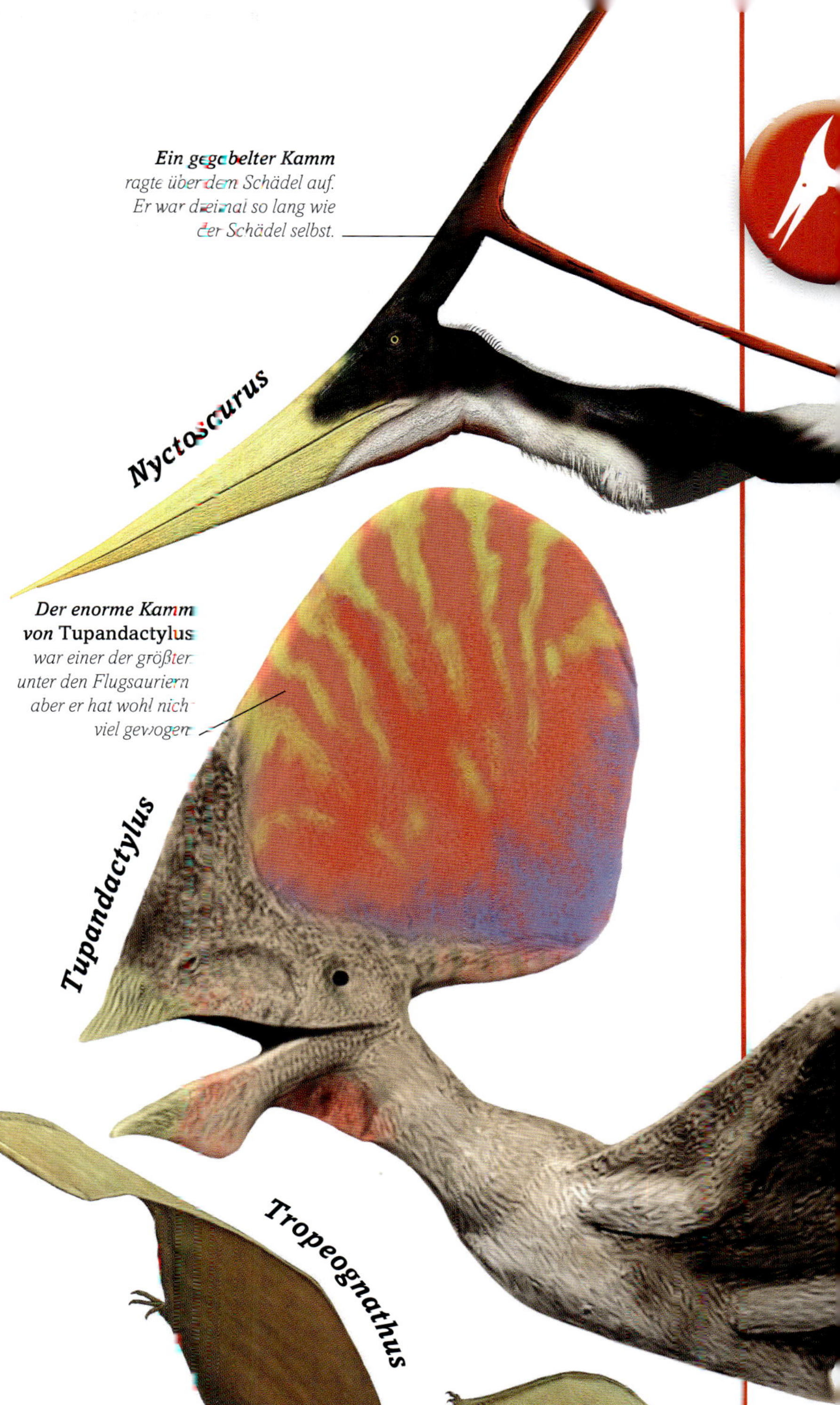

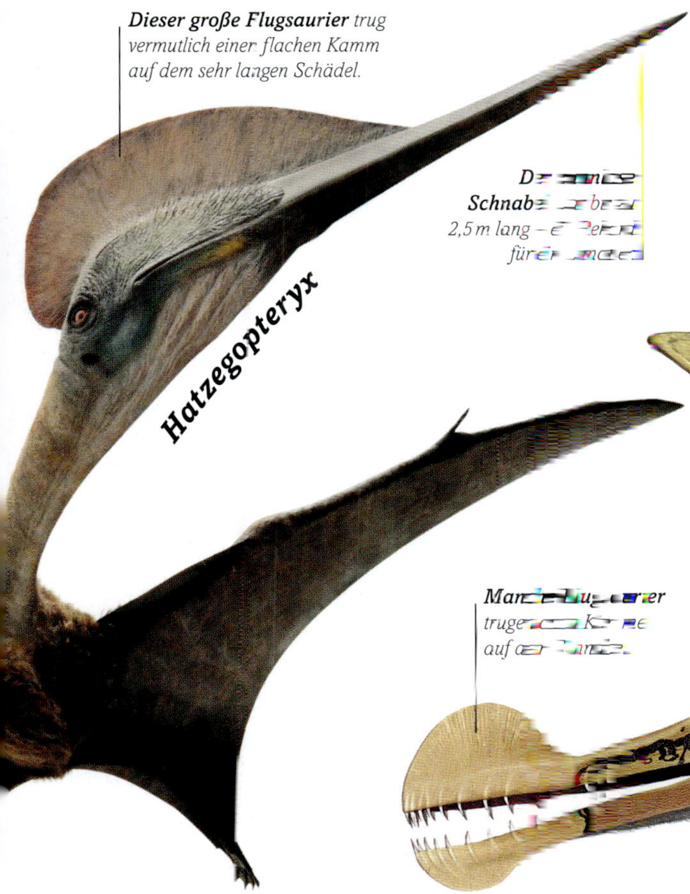

wahrscheinlich lebhaft gefärbt. Unter ultraviolettem Licht aufgenommene Fotos eines Fossils zeigen Spuren farbiger Streifen. Bei den meisten Flugsauriern weiß man nicht, ob Männchen und Weibchen Kämme besaßen. Doch im Fall von ***Pteranodon*** gehören die Schädel mit den größten Kämmen eindeutig zu Männchen und die mit den kleineren zu Weibchen. Solche Unterschiede sind auch bei heutigen Vögeln nicht selten. So haben Pfauenhähne längere und buntere Schwanzfedern als die Hennen.

BEWOHNER DER MEERE

In den Meeren des Erdmittelalters

Leedsichthys

Dieser riesige Fisch *besaß siebartige Platten im Maul, mit denen er winzige Tiere aus dem Wasser filterte.*

Ammonit

Das spiralförmige Gehäuse *schützte den weichen Körper.*

Krabbe

Der Panzer *war über 5 cm groß.*

Diese Krabbe *lebte vor etwa 80 Millionen Jahren in warmen, seichten Meeren.*

Meeresschnecke

Dieses Fossil *zeigt das Gehäuse einer Meeresschnecke. Es bestand aus dem Kalk des Meerwassers.*

GRÖSSTER FISCH

Leedsichthys
16,5 m

Bus 11 m

Leedsichthys war größer als ein Bus und entsprechend schwer. Damit war er einer der größten Fische, die es jemals gab.

Das Erdaltertum endete vor 252 Millionen Jahren mit einem verheerenden Massenaussterben. Dabei verschwanden 96 % aller Meerestiere. Während der folgenden Jahrhunderte, dem Beginn des Erdmittelalters mit den Dinosauriern, waren die Meere nahezu leblos. Doch einige Tiere überlebten und begannen sich zu vermehren. Sie nutzten die freigewordenen Lebensräume. Erst nach 5 Millionen Jahren hatten sich die Meere so weit erholt, dass aus den überlebenden Tieren neue Lebensformen entstanden waren. Zu ihnen gehörten

Diese Seelilie benutzte ihre blütenblattähnlichen Arme, um Nahrung aus dem Meerwasser zu filtern.

Der lange Stiel war an einer harten Oberfläche verankert.

Seelilie

Der stromlinienförmige Körper *dieses kalmarähnlichen Weichtiers machte es zu einem schnellen Schwimmer.*

Wie ein Kalmar *fing der Belemnit seine Beute mit zwei langen Tentakeln.*

Belemnit

Obwohl er heutigen Pfeilschwanzkrebsen ähnelt, *lebte dieser zur Zeit der Dinosaurier.*

Pfeilschwanzkrebs

Nach 150 Millionen Jahren sind die **Schuppen** noch gut zu erkennen.

Schlangensterne *sind Verwandte der Seesterne. Sie sammelten schon vor 500 Millionen Jahren Nahrung auf dem Meeresgrund.*

Schlangenstern

Fossilien *des 1,8 m langen Lepidotes hat man auf der ganzen Welt gefunden.*

Lepidotes

Die stumpfen Zähne *dienten zum Knacken von Muscheln.*

Fische, Haie und Meeresreptilien, aber auch Wirbellose, wie etwa schalentragende Weichtiere, Krebstiere und Seesterne. Durch Gehäuse geschützte Wirbellose waren verbreitet, man findet sie häufig als Fossilien. Zu ihnen gehören die Ammoniten und die Belemniten, die beide mit den heutigen Kalmaren verwandt sind. Sie verschwanden im Massenaussterben, das die Dinosaurier auslöschte und das Erdmittelalter beendete. Doch andere Meerestiere überlebten. Sie gedeihen noch heute in den Meeren der Welt.

Frühe Meeres-reptilien

Dieses ungewöhnliche Reptil *hat wohl mit seinem breiten Maul Meeresalgen abgeweidet, wie es die heutigen Meerechsen tun.*

Guanlingsaurus

Wie alle Ichthyosaurier hatte **Guanlingsaurus** *einen stromlinienförmigen Körper.*

Der Kopf war lang und schmal*, mit sehr starken Kiefern wie bei einem heutigen Krokodil.*

Die langen Zähne *griffen ineinander, um Fische und andere Beute zu fangen.*

Nothosaurus kam vermutlich zum **Gebären** wie eine **Robbe** an den Strand.

Henodus

Henodus *besaß einen Panzer aus Knochenplatten.*

Fische und andere Meerestiere wurden zur Zeit der Dinosaurier von speziell an das Leben im Meer angepassten Reptilien gejagt. Sie verbreiteten sich vor 245 Millionen Jahren in der Trias und entwickelten bald eine Vielzahl von Anpassungen an das Fressen verschiedenster Nahrung. Vierbeinige Pflasterzahnechsen wie ***Placodus*** suchten den Grund des Meeres nach hartschaligen Muscheln ab, andere Reptilien, darunter ***Atopodentatus***, ernährten sich von Algen. Der krokodilähnliche ***Nothosaurus*** war mit spitzen Zähnen aus-

Placodus *benutzte verschiedene Zähne, um Muscheln zu ergreifen und sie dann zu zermahlen.*

Wie alle Ichthyosaurier *besaß* Mixosaurus *zu Flossen umgewandelte Gliedmaßen.*

Dieses seltsame Tier *war durch einen gepanzerten Rücken vor Haien und anderen Räubern geschützt.*

Nothosaurus *besaß Schwimmhäute wie ein heutiger Otter.*

Dieses walgroße Tier *besaß eine lange Schnauze.*

Die Flossen waren *sehr lang und schmal.*

MEERESECHSEN

Meeresreptilien waren das Gegenstück zu den an Land lebenden Dinosauriern, doch nur wenige waren Archosaurier – die Gruppe, zu der auch die Dinosaurier gehörten. Die meisten Meeresreptilien gehörten zu einem anderen Zweig des Reptilienstammbaums. Sie waren näher mit den Echsen und Schlangen als mit den Dinosauriern verwandt.

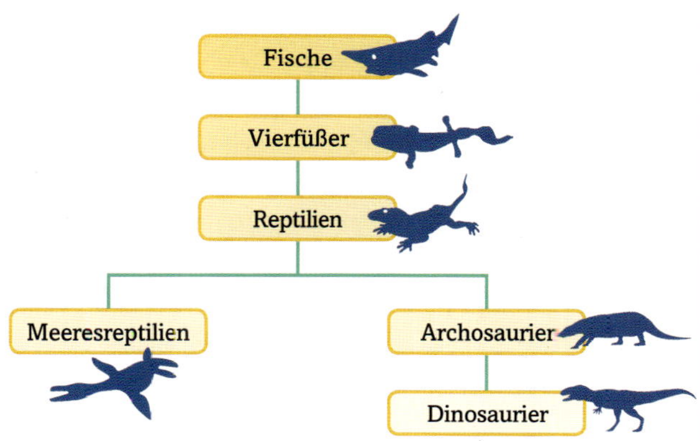

gerüstet. Er erbeutete sowohl andere Meeresreptilien als auch Fische. Die meisten dieser frühen Meeresreptilien hatten Beine und lebten zumindest zum Teil am Strand, wie es die heutigen Robben tun. Vollständig an das Leben im Meer waren jedoch die delfinähnlichen Ichthyosaurier (Tiere wie ***Mixosaurus*** und ***Shonisaurus***) angepasst, obwohl sie immer noch Luft atmen mussten. Ihr stromlinienförmiger Körper und kräftiger Schwanz ähnelte dem der Haie, sodass sie zur Verfolgung von Fischen sehr schnell schwimmen konnten.

Flossen und Schwänze

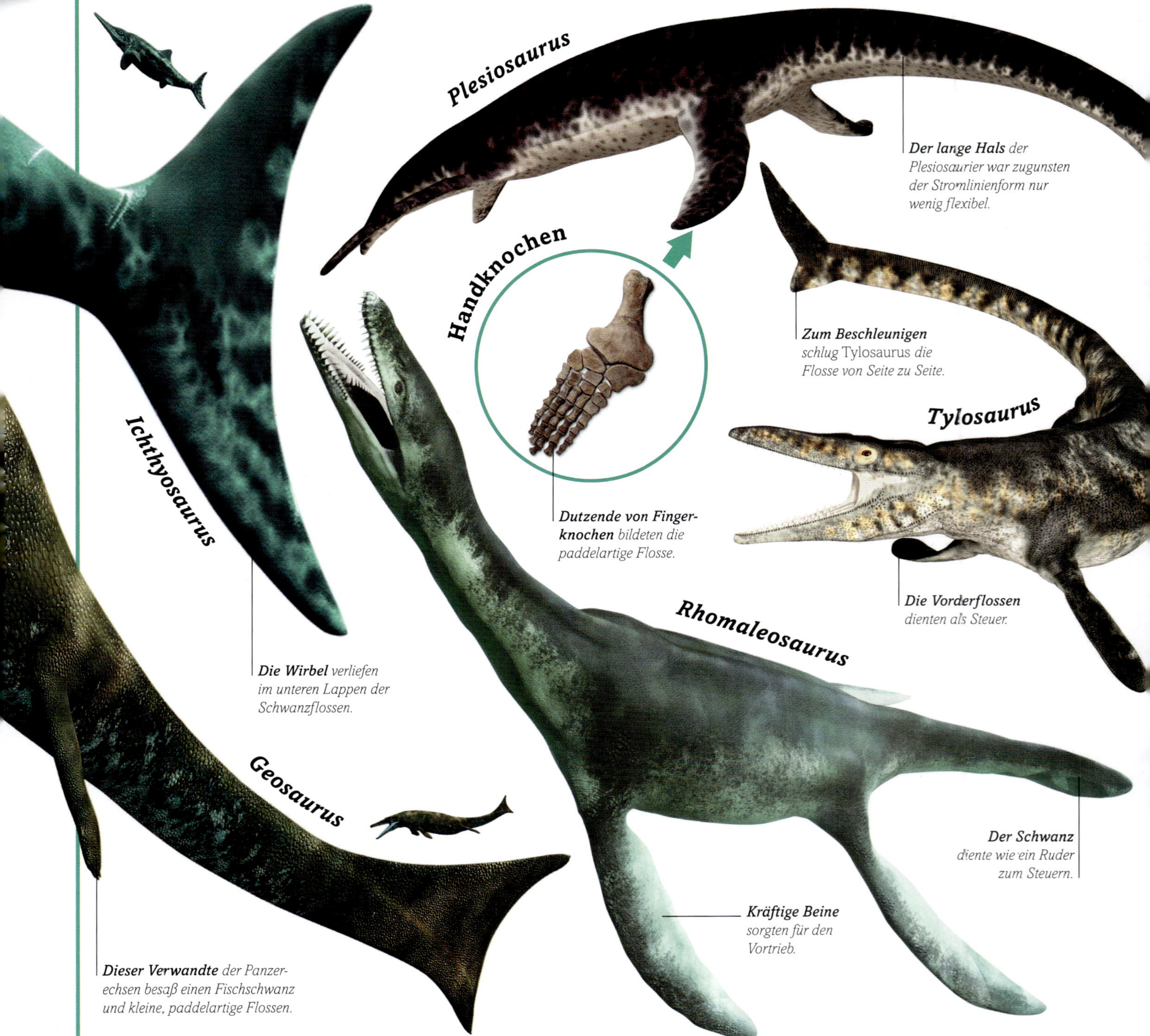

Viele Formen prähistorischer Reptilien gaben das Landleben auf und kehrten ins Meer zurück. Wie es die Robben und Wale viel später tun würden, passten sie sich an das Wasser an. Sie wurden stromlinienförmig und benutzten ihre Beine wie Flossen. ***Nothosaurus*** besaß paddelähnliche, mit Schwimmhäuten versehene Füße zum Schwimmen, konnte sich aber auch an Land robben. Andere Meeresreptilien lebten nur im Wasser und waren stärker an das Meer angepasst. ***Plesiosaurus*** und sein kurzhalsiger Verwandter ***Rhomaleosaurus***

***Die Füße eigneten sich** zum Schwimmen und zum Laufen.*

***Ichthyosaurier** schlugen die Schwanzflosse wie Haie von einer Seite zur anderen.*

***Ihre Hinterbeine** benutzten Schildkröten als Steuer.*

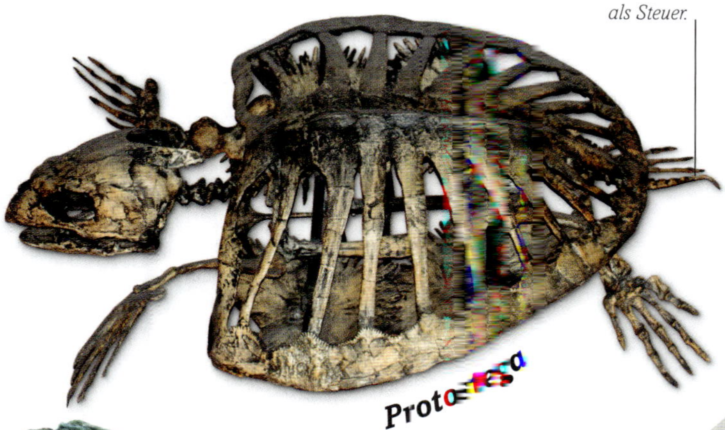

Der Schwanz verlieh **Mosasauriern** die Kraft für Überraschungsangriffe.

***Einige Mosasaurier** hatten halbmondförmige Schwanzflossen.*

***Die Vorderflossen** dienten als Steuer.*

ruderten mithilfe von flügelähnlichen Flossen. Es ist nicht klar, ob sie alle vier Flossen oder nur die vorderen als Antrieb und die hinteren zum Steuern benutzten. Die schnellsten Schwimmer unter den Reptilien waren die Ichthyosaurier, wie etwa ***Ichthyosaurus*** und ***Stenopterygius***.

Sie schlugen ihre Schwänze von Seite zu Seite, um voranzukommen, und steuerten mit den Flossen. Frühe Mosasaurier besaßen flache Krokodilschwänze als Antrieb, doch die späteren wie ***Mosasaurus*** entwickelten eine viel effektivere Schwanzflosse.

Riesige Meeresreptilien

Reptilien verbreiteten sich in der Trias in den Meeren. Doch vor etwa 200 Millionen Jahren endete die Trias mit einem Massenaussterben, das viele der eindrucksvollen Meeresreptilien ausrottete. Die Überlebenden brauchten eine lange Zeit, um sich zu erholen, doch in den nächsten 135 Millionen Jahren entwickelten sie sich zu den gewaltigsten Raubtieren, die jemals existiert haben. Einige, wie etwa ***Dakosaurus***, erinnerten an Krokodile, waren aber an das Leben im Meere angepasst. ***Ichthyosaurus*** und sein riesiger Verwandter ***Temnodontosaurus***

GEWALTIGE REPTILIEN

Mit mindestens 15 m Länge gehörten Mosasaurier zu den größten Meeresreptilien. Wie Schlangen besaßen manche Mosasaurier doppelte Kiefergelenke und flexible Schädel, um die Beute am Stück zu verschlingen.

waren eher die Reptilien-Gegenstücke zu den Delfinen. Doch die richtigen Giganten waren die langhalsigen Plesiosaurier, zu denen ***Elasmosaurus*** gehörte, die kurzhalsigen Pliosaurier, wie zum Beispiel ***Liopleurodon***, und die gewaltigen Mosasaurier. Einige Meeresreptilien hatten weitaus größere Kiefer als der gefürchtete Dinosaurier *Tyrannosaurus*. All diese marinen Reptilien wurden vor 66 Millionen Jahren in dem Massenaussterben ausgelöscht, das auch die Dinosaurier ausrottete.

LAUERJÄGER Einige der gefährlichsten Räuber, die es jemals gegeben hat, lebten in den Meeren des Erdmittelalters. Zu ihnen gehörten die Pliosaurier – Tiere mit riesigen Kiefern, die sich auf große Beute spezialisiert hatten, darunter andere Meeresreptilien. *Liopleurodon* war ein typischer Vertreter dieser Gruppe. Mit etwa 7 m Länge und ausgerüstet mit gewaltigen Zähnen, hatte er keine Feinde.

Liopleurodon lebte vor über 163 Millionen Jahren in den Meeren des Oberjura. Er war mit den langhalsigen Plesiosauriern verwandt, die hier abgebildet sind, doch das hielt ihn nicht davon ab, sie zu jagen. Beide Gattungen bewegten sich mit ihren langen Flossen im Wasser vorwärts. Experimente mit schwimmenden Robotern ergaben, dass sie so unglaublich schnell beschleunigen konnten. *Liopleurodon* mag diese Geschwindigkeit als Jagdstrategie eingesetzt haben. Vielleicht lag er in den dunklen Tiefen auf der Lauer, bevor er hinaufschoss und seine Beute packte und zerriss. Diese Plesiosaurier konnte er aber wohl ganz verschlingen. Als erfolgreicher Jäger existierte *Liopleurodon* nahezu 10 Millionen Jahre lang.

AUFSTIEG DER SÄUGETIERE

Eine neue Welt

Schmetterling

Dieser Nektar trinkende Schmetterling *lebte vor mehr als 50 Millionen Jahren.*

Urweltmammutbaum

Der Urweltmammutbaum, *den es heute noch gibt, ähnelt den Nadelbäumen, die vor 150 Millionen Jahren die Dinosaurier ernährten.*

Die Samen *sind von Zapfenschuppen umgeben.*

Magnolie

Die auch heute noch blühenden *Magnolien gab es schon vor 130 Millionen Jahren.*

Blatt einer Platane

Viele fossile Blätter *gleichen denen, die wir heute noch finden.*

Vor über 20 Millionen Jahren *sammelte diese Biene Nektar und Pollen, so wie es die heutigen Bienen tun.*

Fossile Biene

Im größten Teil des Erdmittelalters – dem Zeitalter der Dinosaurier – gab es keine bunten, duftenden Blüten, die Insekten hätten anlocken können. Die Pflanzenwelt wurde von Farnen, Palmfarnen und Nadelbäumen beherrscht. Die ersten Blütenpflanzen erschienen vor etwa 140 Millionen Jahren. Die meisten von ihnen waren klein und ihre Blüten wurden vom Wind bestäubt. Vor 100 Millionen Jahren entstanden die ersten großen, leuchtenden Blüten wie die der frühen **Magnolien** und von ***Archaeanthus***. Als die Dinosaurier

Florissantia

Das 49 Millionen Jahre *alte Fossil weist Strukturen auf, die Nektar gebildet haben können.*

Riesige geflügelte Ameise

Jedes Detail dieser Ameisenkönigin *ist in dem etwa 47 Millionen Jahre alten Fossil erhalten geblieben.*

Fossiler Prachtkäfer

Das Außenskelett *dieses 50 Millionen Jahre alten Käfers glitzert, als ob er noch leben würde.*

Archaeanthus

Die Blütenblätter *haben Käfer angelockt, die sich von Pollen ernährten.*

Wasserkastanie

Die stachligen Früchte *der Wasserkastanien waren Nahrung der Steinzeitmenschen.*

Die Familie der **Prachtkäfer** gab es schon vor 150 Millionen Jahren.

ausgelöscht worden waren, veränderte sich die Welt. In der folgenden Erdneuzeit nahm die Zahl der nektarhaltigen und vermutlich duftenden Blüten wie ***Florissantia*** zu. Sie entwickelten sich parallel zu Nektar trinkenden Insekten, wie **Bienen** und **Schmetterlingen**. Diese Insekten transportierten den Pollen viel effektiver als der Wind von Blüte zu Blüte. Das bedeutete, dass die Erdneuzeit im Vergleich zu den vorhergehenden Zeitaltern wohl sehr viel farbenfroher gewesen ist. Es gab auf jeden Fall eine viel größere Insektenvielfalt als jemals zuvor.

Zeitkapseln

Gottesanbeterin

Diese Gottesanbeterin *hat eine Ameise gefangen, bevor sie im Bernstein konserviert wurde.*

Die Scheren *des Skorpions wirken wie die heutiger Arten und dienten zum Ergreifen der Beute.*

Vogel

Der Fuß eines Jungvogels *ist im Bernstein gu zu erkennen. Der Vogel lebte vor 100 Millionen Jahren – zur Zeit der Dinosaurier.*

Die ältesten Fossilien von **Bernstein** sind 230 Millionen Jahre alt.

Unser Wissen über prähistorisches Leben beruht vor allem auf Fossilien – den zu Stein gewordenen Überresten oder Spuren von Tieren, Pflanzen und anderen Lebewesen. Meistens werden nur harte Materialien wie die Knochen zu Fossilien, während die weicheren Gewebe verlorengehen. Doch ein natürlicher Prozess erhält auch die kleinste Einzelheit – die Konservierung in **Bernstein**. Das durchsichtige Material ist erstarrtes Harz, das aus Wunden in der Borke von Bäumen ausgetreten ist, etwa aus Kiefern. Auf dem Harz gelandete **Insekten**

Fliege

***Winzige Details** an Insekten wie dieser Fliege ermöglichen ihre Klassifizierung.*

Feder

***Die hier eingeschlossenen Federn** gehörten ausgestorbenen Dinosauriern, gleichen aber denen heutiger Vögel.*

Skorpion

***Dieser prähistorische Skorpion** trug schon einen Stachel.*

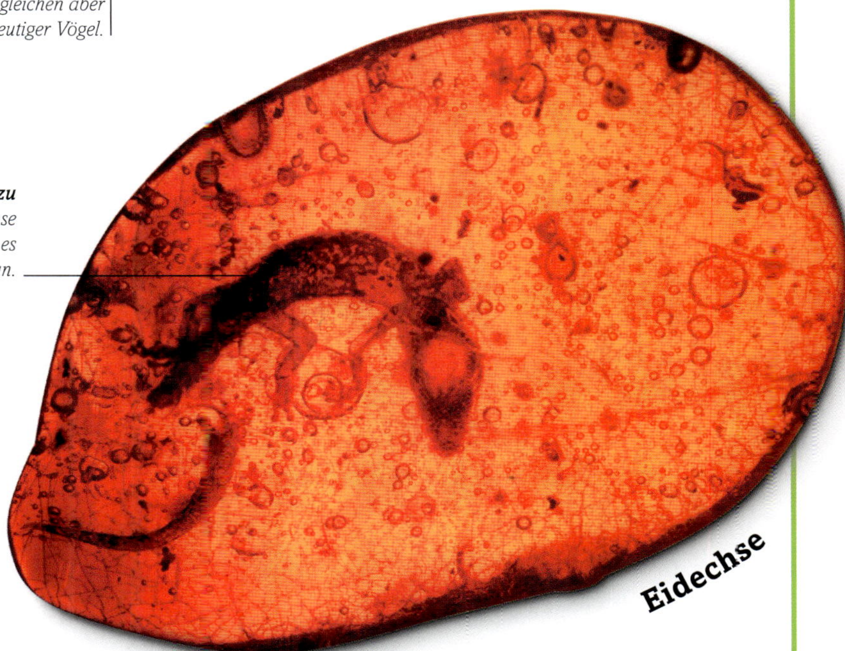

Eidechse

***Um der klebrigen Falle zu entkommen,** hat diese Eidechse den Schwanz abgeworfen, wie es auch heutige Eidechsen tun.*

Spinne

***Die Spinne** ist konserviert in 40–60 Millionen Jahre altem Baumharz.*

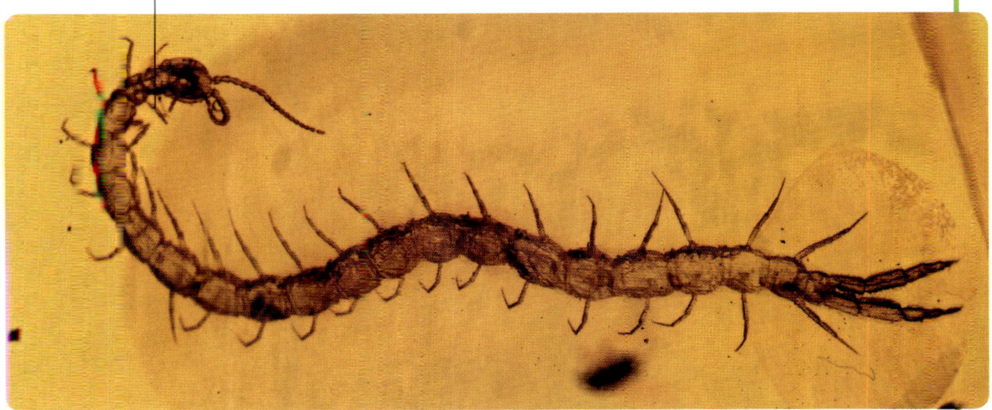

Hundertfüßer

***Obwohl er vor mindestens 15 Millionen Jahren lebte,** ist dieser Hundertfüßer perfekt erhalten geblieben.*

blieben kleben und wurden mit weiterem Harz bedeckt, das dann aushärtete. Im Verlauf von Millionen von Jahren wurde das Harz mit dem eingeschlossenen Insekt zu Bernstein. Zahllose Insekten und kleine Tiere wurden auf diese Weise konserviert, darunter **Ameisen, Spinnen, Hundertfüßer, Fliegen** und sogar **kleine Vögel**. Manche Fossilien sind so alt, dass die Tiere neben den Dinosauriern gelebt haben könnten. Doch der meiste Bernstein ist jünger. Er ist etwa 44 Millionen Jahre alt und in der Frühzeit der Säugetiere entstanden.

Erste Säugetiere

Die ersten Säugetiere erschienen vor rund 205 Millionen Jahren in der späten Trias. In den nächsten 140 Millionen Jahren lebten sie im Schatten der Dinosaurier. Sie waren kleine, vermutlich nachtaktive Tiere, die sich meistens im Unterholz oder in unterirdischen Bauen versteckten und dort Insekten und andere kleine Tiere erbeuteten. Das größte Säugetier, ***Repenomamus***, war nicht größer als ein Dachs. Die frühen Säugetiere, wie ***Morganucodon*** und auch ***Eozostrodon***, haben wohl wie ihre Reptilienvorfahren und das heutige Schnabeltier

Megazostrodon

Das an eine heutige Spitzmaus erinnernde *Tier fraß wohl Würmer und andere Wirbellose.*

Morganucodon

Morganucodon *war nur 10 cm lang und suchte wohl nachts Insekten, wie etwa Käfer.*

Repenomamus

Repenomamus *besaß spitze Zähne und starke Kiefer.*

Die kurzen, starken Beine *ermöglichten es* Repenomamus, *in einem weiten Umkreis auf Nahrungssuche zu gehen.*

Ein **Fossil** von *Repenomamus* zeigt ihn mit einem jungen Dinosaurier im Magen.

Eier gelegt. Diese Tiere werden heute als Kloakentiere bezeichnet. Doch später im Erdmittelalter bekamen Tiere wie ***Sinodelphys*** lebende Junge auf eine ähnliche Weise wie Kängurus und andere Beuteltiere. Die ersten Plazentatiere, die bereits weit entwickelte Jungtiere zur Welt brachten, erschienen ein wenig später, vor etwa 90 Millionen Jahren. Alle drei Säugetiergruppen überlebten das Massenaussterben, das das Erdmittelalter beendete. Die Überlebenden wurden zu den Vorfahren aller heutigen Säugetiere.

Riesenfaultiere und Gürteltiere

Der **Panzer** von *Glyptodon* konnte Menschen als **Unterstand** dienen.

Wären die Dinosaurier noch am Leben, wären die Säugetiere heute nur ein unbedeutender Teil der Tierwelt. Doch die überlebenden Säugetiere übernahmen eine Welt, in der es nur wenige große Tiere gab, und im Lauf der Zeit füllten ihre Nachkommen diese Lücke.

Einige der primitivsten der größeren Landtiere waren die Nebengelenktiere – Faultiere, Ameisenbären, Gürteltiere und ihre Verwandten. Ebenso wie ihre heutigen Gegenstücke lebten sie in Südamerika. Einige breiteten sich auch nach Nordamerika aus, nachdem sich die Kontinente

Thalassocnus

Megatherium

miteinander verbunden hatten. Im Verlauf von 66 Millionen Jahren bis zum Ende der letzten Kaltzeit entstanden einige bemerkenswerte Arten. Etwa der riesige, gürteltierähnliche Pflanzenfresser ***Glyptodon***. Er schützte sich wie der schwer bewaffnete ***Doedicurus*** mit einem Knochenpanzer. Am größten wurde das Riesenfaultier ***Megatherium***, das Blätter fraß und so groß wie ein Asiatischer Elefant wurde. Es konnte sich auf die Hinterbeine aufrichten und auf diese Weise hoch in die Bäume gelangen, wo es die Nahrung mit den Krallen und Lippen erreichte.

Haare und Fell

Heutiges Schuppentier

***Die Schuppen** der Schuppentiere und ihrer ausgestorbenen Verwandten bestehen aus Keratin, dem gleichen Material wie unsere Haare.*

Pholidocercus

***Die steifen Stacheln** dieses insektenfressenden Säugetiers schützten es vor Raubtieren.*

Doedicurus

***Dieser gepanzerte Verwandte** der heutigen Gürteltiere besaß zur Verteidigung eine Schwanzkeule.*

Macrocranion*-Fossilien mit Fellspuren hat man in den 47 Millionen Jahre alten Schichten der Grube Messel in Hessen gefunden.*

Macrocranion

Heutiger Ameisenigel

***Jeder Stachel** ist ein umgewandeltes Haar mit scharfer Spitze.*

Einen großen Teil der mit der Nahrung aufgenommenen Energie wandelt ein Säugetier in Körperwärme um. Wenn es weniger Wärme über die Haut verliert, muss es weniger fressen, sodass die meisten Säugetiere ein Fell als Isolation besitzen. Auch andere Tiere, etwa Hummeln, besitzen einen pelzigen Körper, doch weisen die Fasern eine andere Struktur auf. Nur Säugetiere besitzen echte Haare. Diese entwickelten sich schon früh – vermutlich vor über 250 Millionen Jahren. Einen der frühesten Nachweise liefert das 125 Millionen Jahre alte Fossil von ***Eomaia***, an

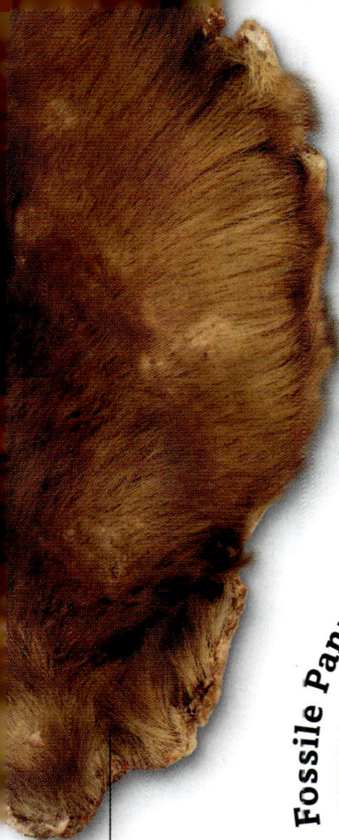

Das Fell dieses Bodenfaultiers ist so gut erhalten, dass man das Tier zuerst gar nicht für ausgestorben gehalten hat.

***Fledermäuse** wie der 47 Millionen Jahre alte* Palaeochiropteryx *flogen mit Flügeln aus aufgespannter Haut.*

***Der Panzer** von* Glyptodon *bestand aus Hunderten von als Osteoderme bezeichneten Knochenplatten.*

Fossilien von **Eomaia** *gehören zu den ersten, an denen man Fellspuren gefunden hat.*

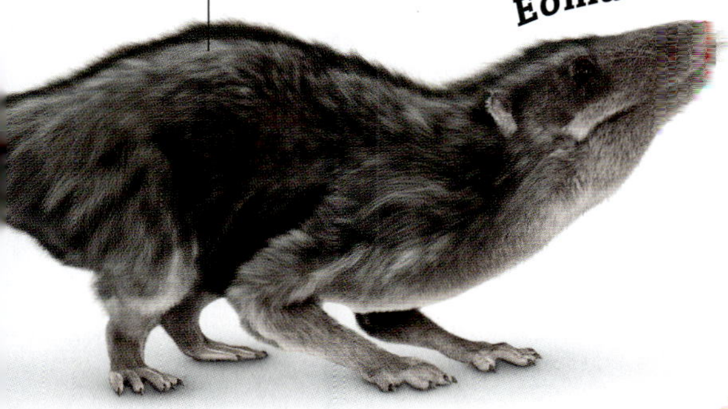

Glyptodon hatte die **Ausmaße** und Form eines **Autos**.

Glyptodon *konnte mit den Krallen klettern und graben.*

dem Fellspuren um die Knochen herum zu finden sind. Echtes Fell findet sich auf den Stücken einer Haut von ***Mylodon***, die über 12 000 Jahre lang in einer kalten, trockenen südamerikanischen Höhle erhalten geblieben sind. Aus den Haaren können Stacheln für die Verteidigung entstehen, wie bei Ameisenigeln und dem igelähnlichen ***Pholidocercus***, der vor 47 Millionen Jahren lebte. In anderen Fossilien ist die Panzerung von Tieren wie ***Glyptodon*** und ***Doedicurus*** erhalten geblieben. Manche zeigen Schuppen, die denen eines heutigen Schuppentiers entsprechen.

Riesenbeuteltiere

***Dieser pferdegroße** Pflanzenfresser benutzte die kleine, rüsselartige Nase, um Blätter abzureißen.*

***Mit der Größe eines Löwen** und starken Kiefern war* Thylacoleo *der größte australische Räuber der Kaltzeit.*

***Die Säbelzähne** dieses südamerikanischen Jägers wurden durch die knochigen Zahnscheiden im Unterkiefer geschützt.*

***Dieser Verwandte des heutigen Beutelteufels** war ein Räuber und Aasfresser mit sehr starken Kiefern.*

Viele frühe Säugetiere waren Beuteltiere – Tiere, deren unfertige Junge sich erst im Beutel der Mutter voll entwickeln. Erste Beuteltiere lebten vor 100 Millionen Jahren in Südamerika und Australien, die einmal Teile des gleichen Kontinents gewesen waren. Manche, wie der furchterregende, säbelzähnige ***Thylacosmilus*** und die hyänenähnliche Gattung ***Borhyaena***, lebten in Südamerika neben den Plazentatieren (Säugetiere, die weit entwickelte Jungtiere gebären). Da es keine Plazentatiere in Australien gab, konnten die Beuteltiere sich an

GRÖSSTES BEUTELTIER

Der riesige Wombat *Diprotodon* war das größte Beuteltier aller Zeiten. Er war bis zu 3,8 m lang und 1,7 m hoch. Mit seinen riesigen Vorderzähnen riss er Blätter von Büschen und Bäumen. Mit den großen Backenzähnen kaute er die Pflanzennahrung.

Diprotodon

Dieses gewaltige, pflanzenfressende Beuteltier *war mit dem heutigen Wombat und dem Koala verwandt.*

Procoptodon

Mit einer Größe von 3 m *war* Procoptodon *das größte bekannte Känguru. Die Art lebte vor 50 000 Jahren.*

Wie bei heutigen Kängurus *wurde das Jungtier von seiner Mutter in einem Beutel getragen.*

Die Streifen mögen *im Wald der Tarnung gedient und das Tier vor seiner Beute verborgen haben.*

Schädel und Kiefer *des Beutelwolfs* Thylacinus *ähnelten denen eines heutigen Wolfs*

Der **letzte** Beutelwolf **starb 1936** im Zoo von Hobart (Tasmanien).

Borhyaena

Borhyaena ***war kräftig gebaut*** *und lebte vor 16 Millionen Jahren in Argentinien.*

ihrer Stelle entwickeln. Zu ihnen gehörten prähistorische Koalas, der tapirähnliche Pflanzenfresser ***Palorchestes*** und der fleischfressende Beutellöwe ***Thylacoleo***. Während der Kaltzeiten nahmen einige Arten gewaltige Größen an, zum Beispiel das Riesenkänguru ***Procoptodon*** und der Wombat ***Diprotodon*** von der Größe eines Flusspferds. Die meisten dieser Beuteltiere der Kaltzeit starben vor etwa 30 000 Jahren aus, wahrscheinlich weil das Klima trockener wurde. Der Beutelwolf ***Thylacinus*** überlebte jedoch noch bis ins frühe 20. Jahrhundert.

Riesige Säugetiere

Nach dem Aussterben der Dinosaurier vor etwa 66 Millionen Jahren waren die meisten Säugetiere noch recht klein. Doch im Lauf der Zeit entwickelten sich neue Gattungen und ersetzten die riesigen Pflanzenfresser, die von der Erde verschwunden waren. Fossilien von vor 60 Millionen Jahren zeigen, dass Wälder und Steppen von einigen riesigen Pflanzenfressern besiedelt wurden. Zu ihnen gehörten das frühe Rüsseltier ***Gomphotherium*** sowie das Krallentier ***Chalicotherium***, das wegen seiner langen Krallen auf den Knöcheln lief. Große Pflanzenfresser werden als Megaherbivore bezeichnet. Ein Vertreter war ***Paraceratherium***, das mit 5,5 m Höhe wie eine Giraffe Blätter von den Baumkronen abpflückte. Trotz ihrer Größe wurden die Megaherbivoren von Raubtieren, wie den Säbelzahnkatzen, gejagt. Die meisten der pflanzenfressenden Riesen sind heute ausgestorben. Ihre Blütezeit endete mit dem Ende der letzten Kaltzeit vor etwa 11 500 Jahren. Doch einige der Megaherbivoren, wie Elefanten, Nashörner, Flusspferde und Giraffen leben heute noch in manchen Teilen der Welt.

***Die Lippe** und die Nase bildeten einen kurzen Rüssel.*

***Das Paar Stoßzähne** im Unterkiefer diente dem Abreißen von Borke und Blättern.*

***Die massiven Säulenbeine** trugen das Gewicht des riesigen Pflanzenfressers.*

Paraceratherium war das **größte** Säugetier an Land, das jemals gelebt hat.

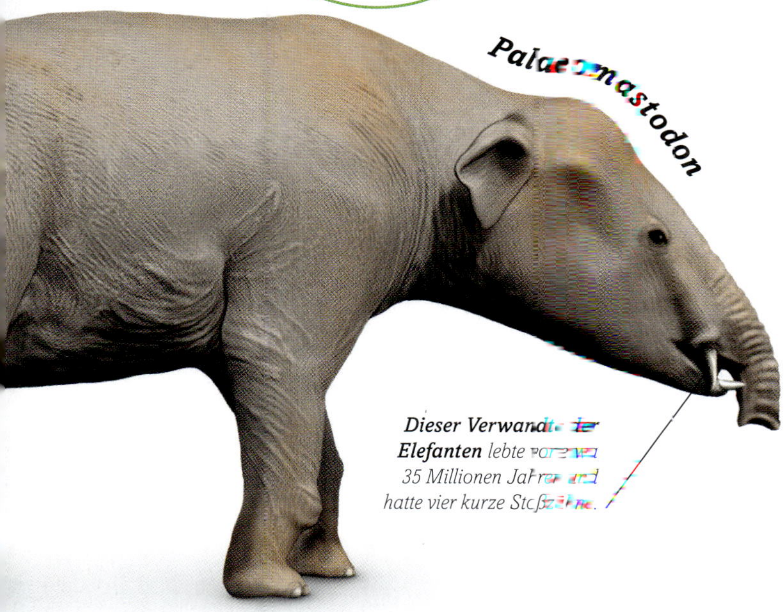

***Dieser Verwandte der Elefanten** lebte vor etwa 35 Millionen Jahren und hatte vier kurze Stoßzähne.*

Hörner und Geweihe

Die Knochenhörner von Megacerops *waren bei den Männchen größer als bei den Weibchen und wurden wohl gegen Rivalen eingesetzt.*

Megacerops

Arsinoitherium

Das massive ***Hörnerpaar*** *wurde vom Schädelknochen gebildet.*

Das Geweih brach an dieser Stelle nach der Brunftzeit im Herbst ab und wurde im Frühjahr wieder ersetzt.

Megaloceros

RIESENGEWEIHE

Mit einer Länge von bis zu 3 m und einem gewaltigen Geweih ist der Elch der größte heute lebende Hirsch. *Megaloceros* war in etwa gleich groß, doch sein Geweih hatte die doppelte Spannweite und wog bis zu 40 kg. Es wuchs in 5 Monaten zur vollen Größe heran und ist bis heute das am schnellsten wachsende Körperteil eines Tiers.

Megaloceros

Elchbulle

Viele der großen pflanzenfressenden Säugetiere, die die Dinosaurier ersetzt hatten, trugen Hörner oder Geweihe. Einige, wie die spitzen Hörner von ***Pelorovis***, dienten wohl der Verteidigung gegen gefräßige Raubtiere. Doch andere dienten eindeutig eher dem Kampf gegen Artgenossen oder einfach nur dem Imponierverhalten. Unter vielen heutigen Säugetieren sorgen die längsten Hörner oder das größte Geweih für Status und Paarungserfolg. Es gibt keinen Grund, warum das bei ausgestorbenen Säugetieren anders gewesen sein soll. Da die

Das antilopenähnliche Tier *trug ein Horn auf der Nase und zwei weitere auf dem Kopf.*

Das riesige Nasenhorn *von* Elasmotherium *bestand wie unsere Fingernägel aus Keratin.*

Der Knochenkern der Hörner *(jedes bis zu 1 m lang) wurde von Keratinscheiden verlängert.*

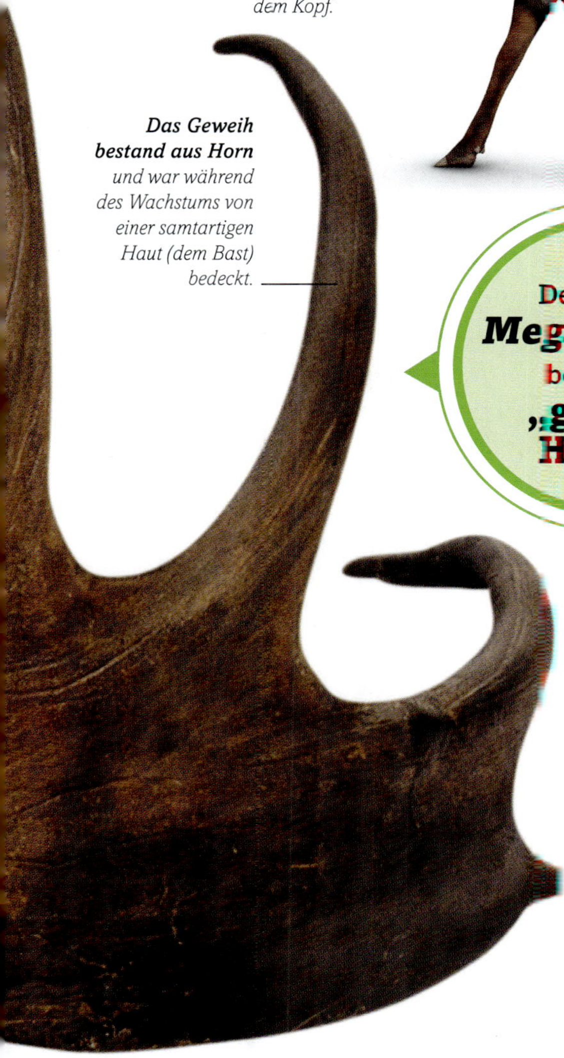

Das Geweih bestand aus Horn *und war während des Wachstums von einer samtartigen Haut (dem Bast) bedeckt.*

Der Name **Megaloceros** bedeutet **„großes Horn“**.

Pelorovis ***war eines der größten Wildrinder*** *der Welt und lebte bis vor rund 12 000 Jahren in Afrika*

Der Schädel *des männlichen* Uintatherium *trug drei knöcherne Hornpaare.*

Männchen mit dem größten Kopfschmuck sich öfter vermehrten, wurden auch Hörner und Geweihe immer größer, wie etwa die paarigen Hörner von ***Arsinoitherium*** und das massive Horn von ***Elasmotherium***. Das größte Geweih trug der Riesenhirsch ***Megaloceros***. Geweihe werden jedes Jahr abgeworfen und wachsen wieder nach. Das des Riesenhirschs konnte eine Spannweite von 3,6 m erreichen. Nur die Männchen besaßen ein Geweih. Es wurde eingesetzt, um andere Männchen während der Paarungszeit einzuschüchtern und gegen sie zu kämpfen.

Gewaltige Raubtiere

Die riesigen Pflanzenfresser, die an die Stelle der Dinosaurier getreten waren, wurden von verschiedenen großen Räubern gejagt. Die frühesten waren hundeähnliche Urraubtiere wie ***Hyaenodon***, vermutlich der schnellste Räuber seiner Zeit. Doch vor rund 11 Millionen Jahren sind diese Tiere von den echten Raubtieren verdrängt worden – der Gruppe, zu der die heutigen Katzen, Hunde, Bären und Hyänen gehören. Die furchterregendsten dieser Jäger – ***Barbourofelis*** und die Säbelkatze ***Smilodon*** – besaßen lange, dolchartige Eckzähne, die sie in Beute schlugen.

Epicyon

Der Hund Epicyon *war etwa 1,5 m lang.*

Der riesige Hund *Epicyon* **wog** so viel wie ein heutiger **Grizzlybär**.

Mit starken Kiefern *und spitzen Zähnen konnte* Hyaenodon *leicht Fleisch zerreißen.*

Hyaenodon

Smilodon

Smilodon *hat seine langen Säbelzähne vermutlich wie Dolche in seine Beute geschlagen.*

Die Vorderbeine *waren sehr stark und dienten wohl dazu, Beute auf den Boden zu drücken.*

Andere Raubtiere wie etwa der massiv gebaute Kurznasenbär ***Arctodus*** und der Knochen zermalmende Hund ***Epicyon*** überwältigten ihre Beute wohl mit reiner Kraft. Doch die Urraubtiere und Raubtiere waren nicht die einzigen Jäger. Einer der größten landlebenden Fleischfresser aller Zeiten war der wolfsähnliche ***Andrewsarchus***, der vor etwa 40 Millionen Jahren lebte. Es handelte sich um ein Huftier, dessen nächste heutige Verwandte möglicherweise die Schweine sind.

Säugetierzähne

Canis dirus

Wie ein heutiger Wolf oder Hund benutzte dieses Tier die langen Eckzähne, um seine Beute zu fangen.

Smilodon

Die Zähne des Smilodon *waren spitz und hatten scharfe Ränder.*

Die Eckzähne waren mit langen Wurzeln im Schädel verankert.

Gomphotherium

Die unteren Stoßzähne waren flach wie Schaufeln und dienten der Nahrungsbeschaffung.

Diprotodon

Die Vorderzähne des pflanzenfressenden Riesenwombats konnten wie eine Zange Pflanzen abreißen.

Die riesigen **Säbelzähne** von *Smilodon* waren bis zu **28 cm** lang.

Ein Kennzeichen der Säugetiere ist, dass sie verschiedene Zahntypen besitzen. Üblich sind mehrere Schneidezähne vorn im Kiefer, vier zum Ergreifen und Reißen geeignete Eckzähne sowie flache Backenzähne zum Kauen. Das entspricht auch dem Gebiss des Menschen. Die Zähne anderer Säugetiere sind an bestimmte Nahrung angepasst. Der Riesenwolf ***Canis dirus*** besaß besonders lange Eckzähne und zum Zerschneiden von Fleisch geeignete Reißzähne als Backenzähne. Säbelkatzen wie ***Smilodon*** besaßen neben extrem

Wollhaarmammut

Die Stoßzähne *wurden wohl wie bei heutigen Elefanten zum Imponieren und Futtersammeln benutzt.*

Backenzahn

Große, flache Backenzähne *verwandelten die Pflanzennahrung in einen Brei.*

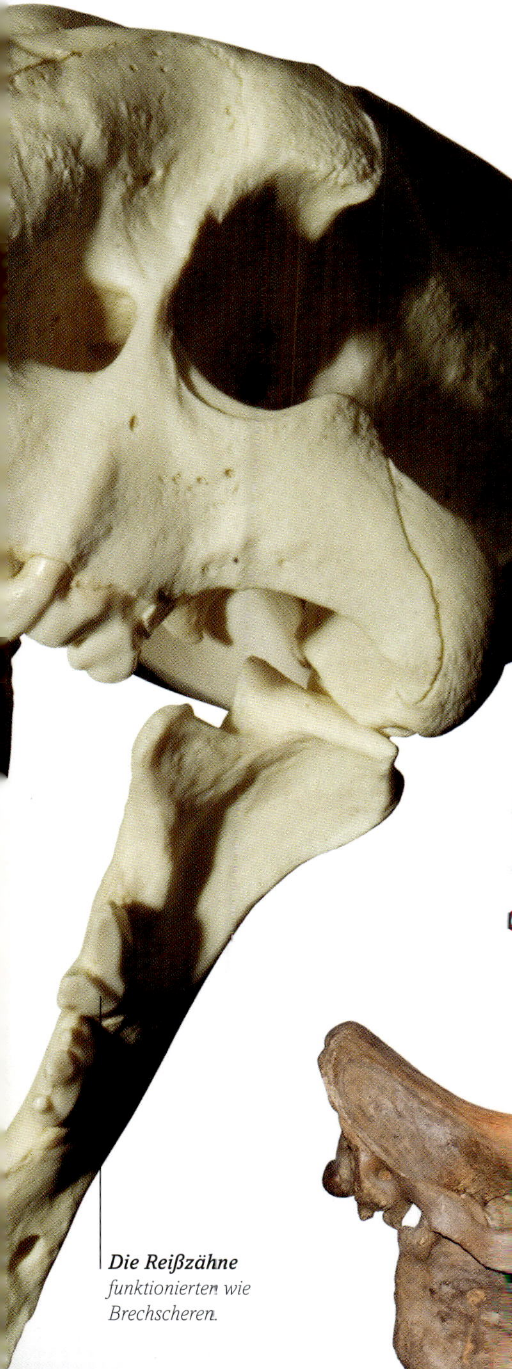

Coelodont

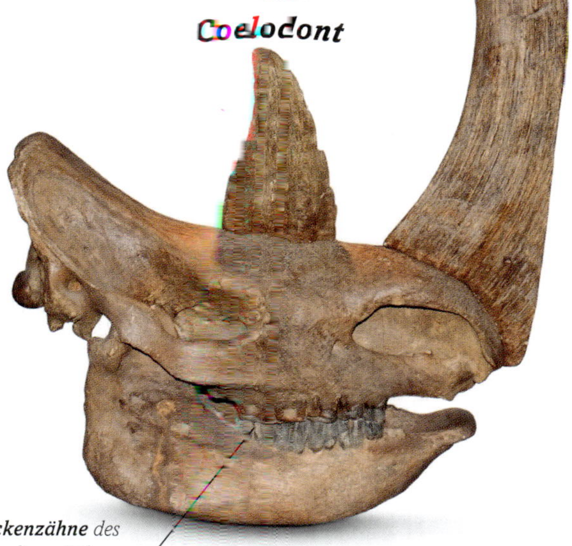

Die Reißzähne *funktionierten wie Brechscheren.*

Die Backenzähne *des Wollhaarnashorns ähnelten mit ihren hohen Kronen denen der Pferde.*

WEIT AUFGERISSEN

Säbelzahnkatzen mussten ihr Maul unglaublich weit aufreißen, um große Beute anzugreifen. Ein heutiger Löwe erreicht einen Öffnungswinkel von bis zu 70 Grad, doch *Smilodon* schaffte 120 Grad. So konnte er seine Säbelzähne in die Kehle seines Opfers rammen.

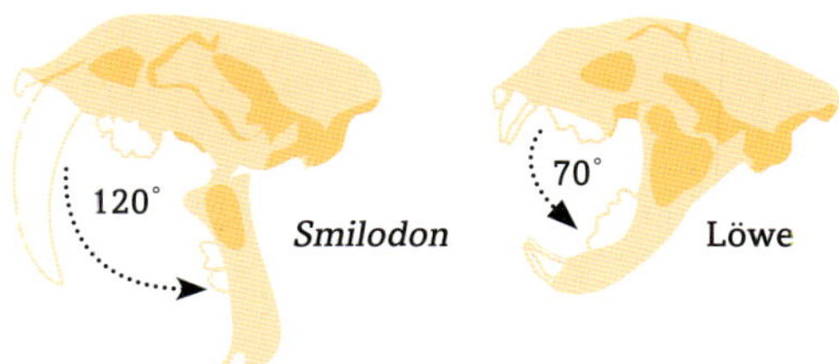

langen Säbelzähnen ebenfalls Reißzähne. Dagegen besaß das pflanzenfressende Wollhaarnashorn ***Coelodonta*** gar keine Eckzähne, konnte aber mit seinen großen Backenzähnen Pflanzen zu Brei zerkauen. Das Mammut hatte riesige Backenzähne und seine Schneidezähne waren zu Stoßzähnen geworden. Beuteltiere wie ***Diprotodon*** besaßen im Unterkiefer sehr lange Schneidezähne, die mit den Gegenstücken im Oberkiefer eine Zange bildeten. All diese Anpassungen haben die heutigen Säugetiere wie Wölfe, Löwen und Elefanten ererbt.

SÄBELANGRIFF

Vor etwa 100 Jahren griffen berittene Soldaten ihre Feinde an und schwangen dabei gekrümmte Schwerter, die man Säbel nennt. 20 000 Jahre zuvor erlegte die Säbelzahnkatze *Smilodon* ihre Beute mit Eckzähnen, die ähnlich geformt waren – lang, schlank und scharfkantig. *Smilodon* konnte mit diesen Säbelzähnen auch große Beutetiere überwältigen.

Säbelzahnkatzen wie *Smilodon* lebten in der Zeit der als Megaherbivoren bekannten riesigen, pflanzenfressenden Säugetiere. Zu ihnen gehörten viele ausgestorbenen Tiere wie ursprüngliche Elefanten, Nashörner und Rinder. Obwohl sie eine verlockende Beute darstellten, waren diese Tiere wegen ihrer Größe und Stärke nicht leicht zu erlegen. Doch *Smilodon* war mit seinen kräftigen Schultern und Vorderbeinen sowie den furchteinflößenden Zähnen gut vorbereitet. Er lauerte seiner Beute wahrscheinlich auf, sprang sie an und drückte sie zu Boden. Dann biss *Smilodon* mit den Säbelzähnen in den Hals des Opfers und durchtrennte die größeren Blutgefäße. Die Beute starb darauf sehr schnell.

Riesen der Kaltzeit

Ganze Mammuts werden oft im **Permafrost** Sibiriens gefunden.

Mit bis zu 2,1 m Länge *war der Riesenbiber so groß wie ein Bär.*

Castoroides *hat wohl wie ein heutiger Biber einen flachen Schwanz besessen.*

Der hohe Schädel *ähnelte dem eines asiatischen Elefanten.*

Die Stoßzähne eines Mammutbullen *konnten bis zu 4,2 m lang werden. Sie wuchsen spiralförmig nach innen, bis sie sich fast berührten.*

Coelodonta *war so groß wie ein heutiges Breitmaulnashorn und hatte zwei Hörner, das längere war bis zu 60 cm lang.*

Auch junge Mammuts *besaßen die aus Schneidezähnen hervorgegangenen Stoßzähne. Sie wurden pro Jahr 15 cm länger.*

Vor etwa 2,6 Millionen Jahren kühlte sich das Klima der Erde ab und löste eine Reihe von Kaltzeiten aus. In diesen kalten Zeitabschnitten schoben sich aus der Arktis riesige Gletscher nach Süden und bedeckten einen großen Teil Nordamerikas und Nordeurasiens.

Die Landschaft vor den Eisschilden ähnelte der verschneiten baumlosen Tundra, wie man sie heute noch in Alaska und Sibirien findet. Die Kontinente der Südhalbkugel waren weniger betroffen, da sie weiter vom Pol entfernt lagen. Während der Kaltzeiten entwickelten viele

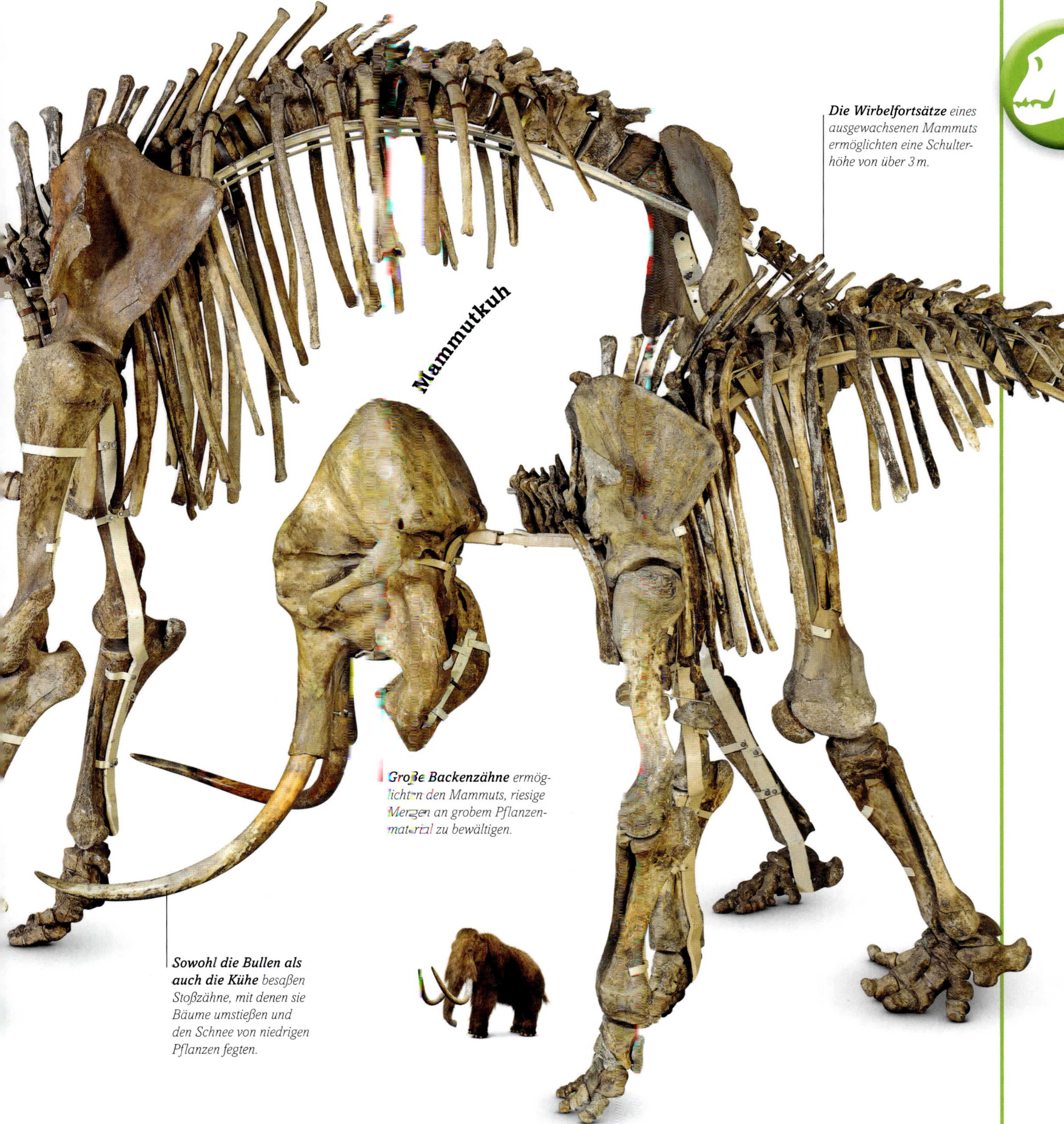

***Die Wirbelfortsätze** eines ausgewachsenen Mammuts ermöglichten eine Schulterhöhe von über 3 m.*

***Große Backenzähne** ermöglichten den Mammuts, riesige Mengen an grobem Pflanzenmaterial zu bewältigen.*

***Sowohl die Bullen als auch die Kühe** besaßen Stoßzähne, mit denen sie Bäume umstießen und den Schnee von niedrigen Pflanzen fegten.*

Pflanzenfresser große Körper als Anpassung an die Kälte. Das **Wollhaarmammut** und das **Wollhaarnashorn *Coelodonta*** trugen beide zur Isolation ein dickes Fell. Ihre Größe sorgte dafür, dass sie weniger Körperwärme als kleinere Tiere verloren. Sie lebten in den Tundren und Steppen des Nordens, doch andere Tiere der Kaltzeiten – darunter weitere Mammutarten – lebten in gemäßigteren Klima weiter südlich oder zogen nur in den wärmeren Perioden in den Norden. Wir leben nun seit etwa 12 000 Jahren in einem der wärmeren Zeitabschnitte.

Einer der größten Giganten der Kaltzeit war ***Deinotherium***, ein Verwandter der Elefanten mit nach unten gebogenen Stoßzähnen im Unterkiefer. Er erschien vor etwa 10 Millionen Jahren, starb aber während der Kaltzeiten aus. Ein anderer Riese war ***Elasmotherium***, ein Nashorn, das neben dem **Wollhaarmammut** in den kälteren Teilen von Nordeuropa und Nordasien lebte. Weiter südlich gediehen offene Grasländer, die Lebensräume für **Bisons** und andere Wildrinder boten, etwa für den Auerochsen *Bos primigenius,* den Urahn der

Kein Horn ist als Fossil erhalten geblieben, doch Höhlenmalereien der Kaltzeit zeigen, dass es sehr groß gewesen sein muss.

Elasmotherium *besaß große Zähne mit flachen Kronen, ideal zum Kauen von faserhaltigen Gräsern.*

Deinotherium **bedeutet „schreckliches Tier“ in Altgriechisch.**

Die Stoßzähne *saßen im Unterkiefer, anders als bei heutigen Elefanten. Deinotherium hat sie vielleicht zum Graben oder Herabziehen von Ästen benutzt.*

Das gewaltige Geweih *hatte eine Spannweite von 3,5 m.*

Megaloceros *hatte eine Schulterhöhe von etwa 2,1 m.*

TEERGRUBEN

Viele Fossilien kaltzeitlicher Mammuts sind in einer Reihe von Teergruben in Los Angeles (USA), gefunden worden. Die Tiere blieben im Teer stecken und lockten Räuber, wie etwa Säbelzahnkatzen und Wölfe, an, die in dieselbe Falle gerieten. Oben ist ein vom Teer geschwärzter Schädel von *Smilodon* abgebildet.

Hausrinder. Die offenen eurasischen Wälder waren auch die Heimat des Riesenhirschs ***Megaloceros***. Die Männchen trugen das größte Geweih aller Zeiten, mit dem sie Hirschkühe und Rivalen beeindruckten. All diese Tiere lebten gleichzeitig mit den Menschen der Steinzeit, die Jagd auf sie gemacht haben. Viele der Tiere starben vor rund 12 000 Jahren am Ende der letzten Kaltzeit aus. Das lag zum Teil an den menschlichen Jägern, aber auch daran, dass sich durch das wärmer werdende Klima die Lebensbedingungen änderten.

Primaten

Die ersten Primaten, wie etwa *Plesiadapis*, erschienen vor etwa 56 Millionen Jahren. Sie teilten sich bald in Feuchtnasenprimaten wie ***Darwinius*** und Trockennasenprimaten wie ***Eosimias*** auf. Die ältesten uns bekannten Menschenaffen lebten vor 25 Millionen Jahren. Ihre Nachkommen waren großenteils Bewohner von Bäumen wie ***Dryopithecus***, der auf dem Boden auf allen Vieren gelaufen ist. Später gingen einige Menschenaffenarten dazu über, auf dem Boden aufrecht auf den Hinterbeinen zu laufen. Zu ihnen gehörten auch unsere Vorfahren.

Menschen

Sahelanthropus

Nur der Schädel dieses nordafrikanischen Menschenaffen ist erhalten geblieben, sodass man nicht weiß, ob er aufrecht gehen konnte.

Homo habilis

Homo habilis *war die erste Art der Gattung* Homo. *Der Name bedeutet „geschickter Mensch", da er bereits Steinwerkzeuge anfertigte.*

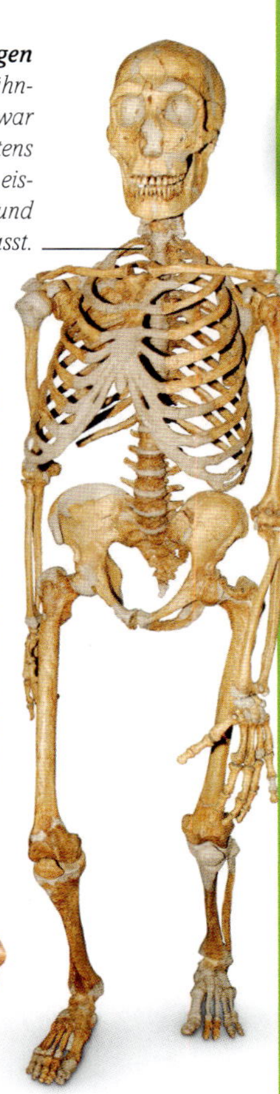

Homo neanderthalensis

Der dem heutigen Menschen *sehr ähnliche Neandertaler war sehr robust und bestens an das Leben im eiszeitlichen Europa und Zentralasien angepasst.*

Australopithecus

Australopithecius *lebte vor rund 4–2 Millionen Jahren. Er lief aufrecht und ernährte sich von Früchten, Wurzeln und Fleisch.*

GRÖSSERE GEHIRNE

Der wesentliche Unterschied zwischen den Menschen und den anderen Menschenaffen ist die Intelligenz, die man unter verwandten Arten grob an der Gehirngröße abschätzen kann. Die durchschnittliche Gehirngröße des frühen *Homo ergaster* betrug 850 cm². Sie nahm bei *Homo heidelbergensis* auf 1225 cm² zu und erreichte schließlich 1350 cm² beim heutigen *Homo sapiens*.

1,8 Mio. – 600 000 Jahre

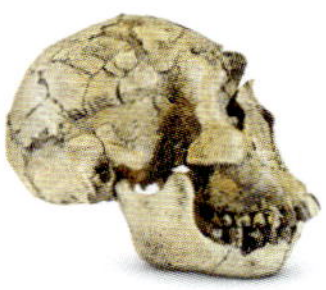

Homo ergaster

600 000 – 250 000 Jahre

Homo heidelbergensis

300 000 Jahre – heute

Homo sapiens

Die ersten Vorfahren der Menschen sahen *Dryopithecus* sehr ähnlich. *Sahelanthropus* ging vielleicht als einer der ersten Menschenaffen aufrecht. Er lebte vor etwa 7 Millionen Jahren in Afrika und hatte im Vergleich zu seinen Verwandten ein größeres Gehirn. Sicher konnte ***Australopithecus*** vor etwa 3,6 Millionen Jahren aufrecht gehen: Seine Fußabdrücke hat man in Ostafrika gefunden. Mit der Zeit entwickelten sich mehrere Arten von *Australopithecus*, denen die *Homo*-Arten folgten. Die ersten heutigen Menschen (*Homo sapiens*) entstanden in Afrika vor mindestens 300 000 Jahren.

LEBENDIGE VERGANGENHEIT Im September 1940 kletterten vier Jugendliche in die noch unerforschte Höhle von Lascaux in Südfrankreich und entdeckten ein prähistorisches Wunder – 17 000 Jahre alte Zeichnungen von Wildtieren. In über 900 Bildern zeigen die Höhlenwände Herden galoppierender Wildpferde, Hirsche und Auerochsen.

Während der letzten Kaltzeit bedeckten eisige und weite Tundren einen großen Teil Nordeuropas, doch in Südfrankreich bestand die Landschaft aus einem Flickenteppich von Wäldern und Steppen, in denen eine Vielzahl von Wildtieren lebte. Sie wurden von Menschen gejagt, die den heutigen sehr ähnlich waren und die Fähigkeit hatten, in der damaligen Zeit zu überleben. Die Höhlenwände zeigen aber, dass ihr Können über das Überleben hinausging. Die Gemälde stammen von Menschen, die die Wildtiere studiert haben und über Neugier, Vorstellungskraft, Kultur und Kreativität verfügten. In anderen Worten: Sie waren die ersten, die ein Merkmal zeigten, welches den modernen Menschen ausmacht. Gemeint ist die Zivilisation.

Glossar

Dieser **Knorpelfisch**, *Cladoselache*, besaß ein Skelett aus Knorpel.

Allesfresser
Ein Tier, das sowohl Pflanzen als auch andere Tiere frisst.

Allosauroiden
Eine Theropoden-Gruppe, die im Jura und in der Kreide lebte.

Ammonit
Ein mit den Tintenfischen verwandtes Weichtier mit spiralförmiger, gekammerter Schale, das in den Meeren des Erdmittelalters lebte.

Amphibie
Ein wechselwarmes Tier, das einen Teil seines Lebens im Wasser verbringt, wie etwa ein Frosch. Amphibien atmen als Larve über Kiemen, aber als erwachsene Tiere über Lungen.

Ankylosaurier
Vierbeinige, gepanzerte, pflanzenfressende Dinosaurier, bei denen Hals, Schultern und Rücken durch Knochenplatten geschützt waren.

Anpassung
Gut an ihre Umwelt angepasste Tiere haben eine größere Chance zu überleben und sich zu vermehren. So können sie ihre besonderen Eigenschaften an ihre Nachkommen vererben.

Antenne
Bewegliches Sinnesorgan auf dem Kopf einiger Tiergruppen, etwa der Insekten.

Ära
Ein langer Zeitabschnitt in der Geschichte der Erde, der wiederum in Perioden eingeteilt wird. So wird die Ära des Erdmittelalters in die drei Perioden Trias, Jura und Kreide unterteilt.

Archäen
Mikroskopisch kleine Organismen, die an Bakterien erinnern, aber nur entfernt mit ihnen verwandt sind. Manche Archäen leben unter außergewöhnlich extremen Bedingungen, etwa in sehr heißem oder salzigem Wasser.

Archosaurier
Eine Gruppe von Reptilien, zu denen die Dinosaurier, die Vögel, die Flugsaurier und die Panzerechsen gehören. Sie erschienen zuerst in der Trias.

Art
Eine Gruppe ähnlicher Organismen, die miteinander fruchtbaren Nachwuchs hervorbringen können.

Außenskelett
Tiere wie die Insekten und Krebstiere haben ein Außenskelett. Dagegen besitzen wir Menschen ein Innenskelett.

Aussterben
Das Sterben der letzten Exemplare einer Gruppe von Organismen. Gründe können die Konkurrenz zwischen Arten, eine Umweltveränderung oder eine Naturkatastrophe sein.

Bakterien
Bakterien sind mikroskopisch kleine Einzeller, die keinen Zellkern haben. Sie sind die am weitesten verbreiteten Organismen der Welt.

Beute
Ein Tier, das von einem anderen Tier getötet und dann gefressen wird.

Beuteltiere
Eine Gruppe von Säugetieren, deren Junge wenig entwickelt geboren werden und meist im Beutel der Mutter heranwachsen.

Brüten
Auf den Eiern oder Jungen sitzen, um sie warm zu halten.

Brutkolonie
Eine große Gruppe von Tieren, die sich zum Brüten und zur Aufzucht der Jungen an einem Ort versammelt hat.

Ceratopsier
Pflanzenfressende Dinosaurier mit einem Schnabel und einem Nackenschild. Viele, wie auch *Triceratops*, trugen Hörner.

Chitin
Eine organische Verbindung, die das Außenskelett der Gliederfüßer festigt.

Mit langen Schulterstacheln war dieser **Ankylosaurier**, *Sauropelta*, wohl vor Räubern geschützt.

Cyanobakterien
Bakterien, die das Sonnenlicht zur Fotosynthese benutzen und so ihre eigene Nahrung herstellen können.

Cynodontier
Eine Gruppe von Synapsiden, die im Oberperm erschien (siehe auch Synapsiden).

Dromaeosaurier
Eine Gruppe vogelähnlicher, auf zwei Beinen laufender, fleischfressender Dinosaurier. Ihre Fossilien hat man auf jedem Kontinent gefunden.

Embryo
Eine Pflanze oder ein Tier in einem frühen Entwicklungsstadium.

Erdmittelalter
Die Ära, die das Zeitalter der Dinosaurier umfasst. Sie begann vor 251 Millionen Jahren und endete vor rund 66 Millionen Jahren.

Evolution
Die Veränderung einer Art, die sich im Verlauf vieler Generationen an ihre Umwelt anpasst.

Fährte
Eine Reihe zusammengehöriger Fußabdrücke oder -spuren.

Federschaft
Der hohle Mittelteil einer Feder, an dem die Fahnen ansetzen.

Fleischflosser
Eine Gruppe von Fischen, die fleischige, muskulöse Flossen besitzt. Fleischflosser waren die Vorfahren aller Vierfüßer, einschließlich der Menschen.

Fleischfresser
Ein Tier, das Fleisch frisst.

Flugsaurier
Fliegende Reptilien, die zur Zeit der Dinosaurier lebten. Ihre Flügel bestanden aus von den Arm- und Handknochen aufgespannten Häuten. Viele Arten wurden sehr groß.

Sinornithosaurus war ein **Dromaeosaurier** mit Federn an Armen und Beinen.

Fossil
Die konservierten Überreste von Lebewesen oder ihrer Spuren. Zähne und Knochen werden häufiger als Fossilien konserviert als weiche Körperteile, wie etwa die Haut.

Fossilisation
Der Prozess, bei dem Lebewesen in Fossilien verwandelt werden. Dazu gehört oft die Ersetzung des ursprünglichen Gewebes durch Mineralien (Versteinerung).

Gleichwarm
Gleichwarme Tiere halten ihre Körpertemperatur aufrecht, unabhängig von der äußeren Temperatur.

Gliederfüßer
Ein wirbelloses Tier mit gegliedertem Körper und einem harten Außenskelett. Zu den ausgestorbenen Gliederfüßern gehören die Trilobiten, zu den heute noch lebenden die Insekten und Spinnen.

Hadrosaurier
Große, auf zwei oder vier Beinen laufende Pflanzenfresser der Kreidezeit. Sie hatten einen Entenschnabel, mit dem sie Pflanzen abweideten.

Ichthyosaurier
Eine Gruppe von Meeresreptilien, die zuerst in der Trias erschienen. Sie ähnelten mit ihren stromlinienförmigen Körpern heutigen Delfinen. Vor dem Ende der Kreidezeit starben sie aus.

Iguanodonten
Große, pflanzenfressende Dinosaurier, die in der frühen Kreide sehr verbreitet waren.

Kaltzeit
Eine Zeit, in der die Temperaturen auf der ganzen Welt sanken und Gletscher große Teile des Lands bedeckten.

Keratin
Ein Eiweiß, das in Haaren, Federn, Schuppen, Krallen und Hörnern enthalten ist.

Kieferlose Fische
Eine Gruppe der Wirbeltiere, die ihre Blütezeit im frühen Erdaltertum hatte. Zu ihnen gehören viele ausgestorbene Gruppen und die heutigen Schleimaale und Neunaugen.

Kiefertaster
Ein Paar gegliederter, armähnlicher Strukturen am Mund einiger Wirbelloser, etwa der Spinnen und Skorpione. Kiefertaster werden auch als Pedipalpen bezeichnet.

Kloakentiere
Eierlegende Säugetiere, zu denen das Schnabeltier und der Ameisenigel gehören. Das Eierlegen war vermutlich die ursprüngliche Vermehrungsweise der Säugtiere.

Knochenfische
Gruppe der Fische mit Knochenskelett. Sie bilden die größte Gruppe der Wirbeltiere. Zu ihnen gehören Thunfische, Heringe und Lachse. Knorpelfische wie Haie haben dagegen ein Skelett aus Knorpel.

Komplexauge
Ein aus vielen Einzelaugen bestehendes Auge, wie es Insekten besitzen.

Mammut
Eine Elefantenart mit langen Stoßzähnen, die während des Pliozän und Pleistozän lebte.

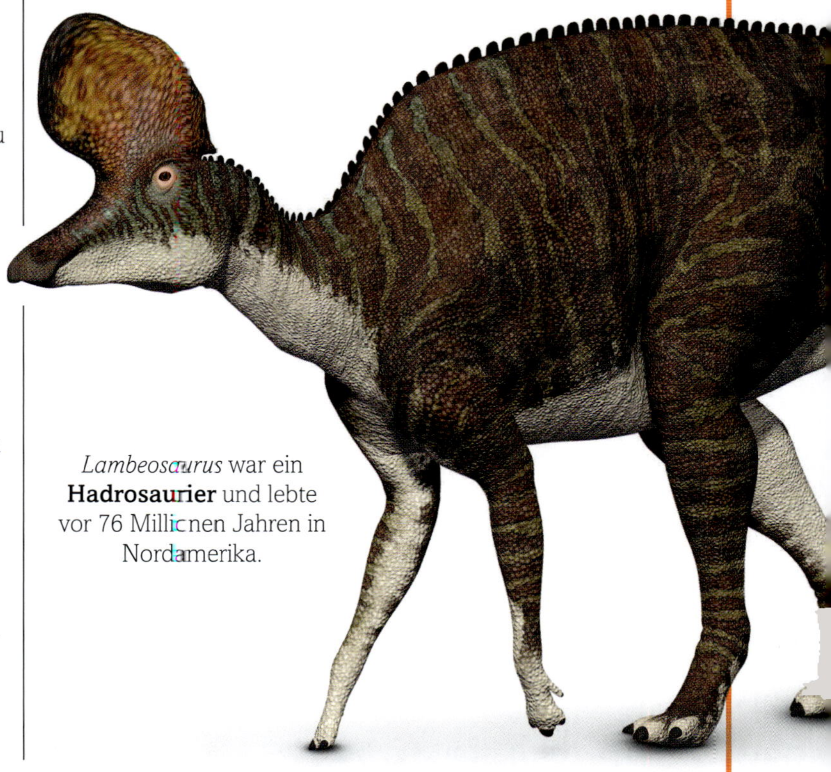
Lambeosaurus war ein **Hadrosaurier** und lebte vor 76 Millionen Jahren in Nordamerika.

Mikrobe
Abkürzung für „Mikroorganismus“.

Mikroorganismus
Ein Organismus, der so klein ist, dass man ihn nur unter dem Mikroskop sehen kann. Zu den Mikroorganismen zählen beispielsweise Bakterien.

Mosasaurier
Riesige, während der Kreide im Meer lebende Reptilien. Sie waren gewaltige Räuber und hatten schlanke Körper, lange Schnauzen und flossenartige Gliedmaßen.

Ornithomimosaurier
Vogelähnliche Dinosaurier, die Straußen ähnelten. Sie waren in der Kreide die schnellsten Landtiere.

Oviraptorosaurier
Theropoden mit einem Schnabel und gefiederten Armen. Sie sind nach *Oviraptor* benannt worden.

Pachycephalosaurier
Eine Gruppe von auf den Hinterbeinen laufenden Dinosauriern mit sehr dickem Schädel.

Paläontologe
Ein Wissenschaftler, der die fossilen Überreste von Tieren und Pflanzen untersucht.

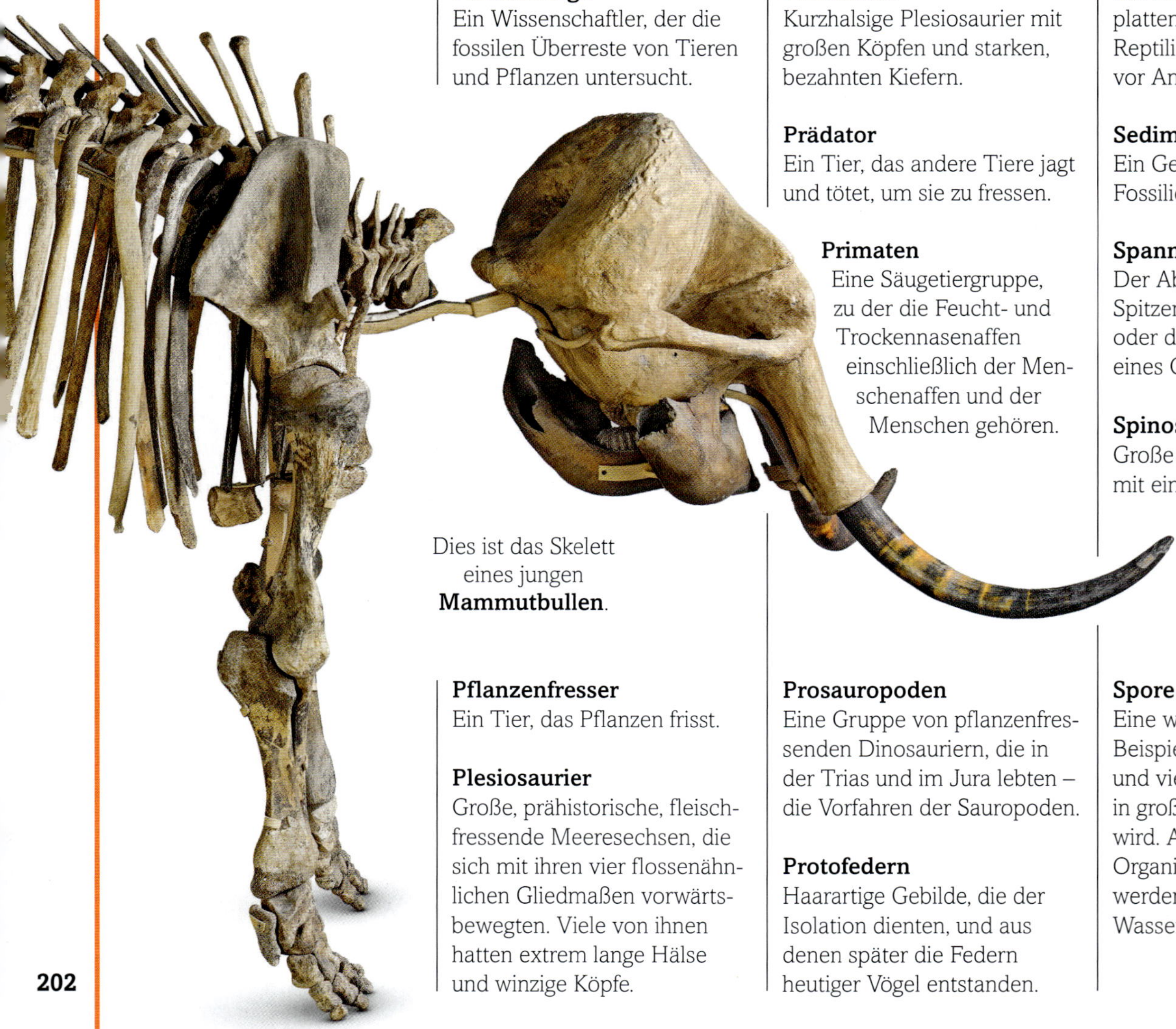

Dies ist das Skelett eines jungen **Mammutbullen**.

Pflanzenfresser
Ein Tier, das Pflanzen frisst.

Plesiosaurier
Große, prähistorische, fleischfressende Meeresechsen, die sich mit ihren vier flossenähnlichen Gliedmaßen vorwärtsbewegten. Viele von ihnen hatten extrem lange Hälse und winzige Köpfe.

Eosimias, ein prähistorischer **Primat**, war so klein, dass er auf eine Handfläche passte.

Pliosaurier
Kurzhalsige Plesiosaurier mit großen Köpfen und starken, bezahnten Kiefern.

Prädator
Ein Tier, das andere Tiere jagt und tötet, um sie zu fressen.

Primaten
Eine Säugetiergruppe, zu der die Feucht- und Trockennasenaffen einschließlich der Menschenaffen und der Menschen gehören.

Prosauropoden
Eine Gruppe von pflanzenfressenden Dinosauriern, die in der Trias und im Jura lebten – die Vorfahren der Sauropoden.

Protofedern
Haarartige Gebilde, die der Isolation dienten, und aus denen später die Federn heutiger Vögel entstanden.

Reptilien
Heutige Reptilien sind wechselwarme Tiere mit schuppiger Haut, die sich üblicherweise durch das Legen von Eiern vermehren. Zu ihnen gehören die Echsen, Schlangen, Schildkröten und Panzerechsen. Die Dinosaurier kann man als ausgestorbene Reptilien betrachten, aber sie unterschieden sich sehr von den genannten Gruppen.

Säugetier
Ein Tier mit gleichwarmer Körpertemperatur und einem isolierenden Fell, das seine Jungen säugt.

Sauropoden
Riesige, langhalsige, pflanzenfressende Dinosaurier, die während eines Großteils des Erdmittelalters lebten.

Schilde
Mit Horn bedeckte Knochenplatten auf der Haut von Reptilien, mit denen sie sich vor Angreifern schützen.

Sedimentgestein
Ein Gesteinstyp, in dem Fossilien gefunden werden.

Spannweite
Der Abstand zwischen den Spitzen ausgestreckter Flügel oder den äußeren Spitzen eines Geweihs.

Spinosauriden
Große Theropoden, die mit einer langen, schmalen Schnauze Fische fingen. Sie wurden nach *Spinosaurus* benannt.

Spore
Eine winzige Zelle die zum Beispiel von Pilzen, Farnen und vielen Mikroorganismen in großen Mengen erzeugt wird. Aus Sporen können neue Organismen entstehen. Sie werden meist von Wind oder Wasser verbreitet.

Stegosaurier
Pflanzenfressende, auf allen Vieren laufende Dinosaurier, die zwei Reihen von Knochenplatten auf Hals, Rücken und Schwanz trugen.

Strahlenflosser
Eine große Gruppe der Knochenfische, zu der etwa 25 000 heutige und viele prähistorische Fischarten gehören. Ihre Flossen bestehen aus einer von Flossenstrahlen aufgespannten Haut.

Synapsiden
Eine große Gruppe der Wirbeltiere, die auch als säugetierähnliche Reptilien bezeichnet werden. Sie trennten sich früh von den anderen Vierfüßern. Aus ihnen entstanden schließlich die Säugetiere.

Tarnung
Die Anpassung des Aussehens an die Umwelt, um unbemerkt zu bleiben.

Tentakel
Ein biegsamer, langer Teil des Körpers, der von vielen Wassertieren zum Greifen benutzt wird.

Therizinosaurier
Eine Gruppe ungewöhnlich aussehender Dinosaurier, die in der Kreide und vielleicht auch im Jura lebte. Therizinosaurier waren groß, hatten kleine Köpfe und voluminöse Bäuche.

Dubreuillosaurus war ein pferdegroßer **Theropode**, der im Jura gelebt hat.

Theropoden
Ein großer Zweig im Stammbaum der Dinosaurier, der hauptsächlich aus Räubern bestand. Theropoden hatten meist scharfe Zähne und spitze Krallen. Es gab hühnergroße Arten, aber auch furchterregende Riesen wie den *Tyrannosaurus*.

Titanosaurier
Sehr große, auf vier Beinen laufende, pflanzenfressende Dinosaurier. Sie gehörten zu den Sauropoden und brachten die größten Landtiere aller Zeiten hervor.

Tundra
Eine baumlose, schneebedeckte Landschaft mit niedrig wachsenden, kälteunempfindlichen Pflanzen.

Tyrannosauriden
Eine Gruppe von Tyrannosauriern und ihren Verwandten, bei denen die Länge der Arme und die Zahl der Finger im Lauf der Zeit reduziert wurde. *Tyrannosaurus* ist die berühmteste Gattung dieser Gruppe von Theropoden.

Urraubtiere
Eine ausgestorbene Gruppe von Fleischfressern.

Vierfüßer
Wirbeltiere mit vier Gliedmaßen (Arme, Beine oder Flügel). Alle Amphibien, Reptilien, Säugetiere und Vögel sind Vierfüßer.

Vorfahre
Eine Tier- oder Pflanzenart, aus der sich eine spätere Art entwickelt hat.

Wirbel
Die einzelnen Knochen, aus denen sich die Wirbelsäule eines Wirbeltiers zusammensetzt.

Wirbellose
Tiere ohne Wirbelsäule und ohne Innenskelett aus Knochen. Zu ihnen zählen zum Beispiel Insekten, Würmer und Krebstiere.

Wirbeltiere
Tiere mit einem Skelett aus Knochen oder Knorpel, die eine Wirbelsäule und einen Schädel besitzen. Zu ihnen gehören die Fische, die Amphibien, die Reptilien und die Säugetiere.

Fossilien dieses **Wirbeltiers**, das vor 338 Millionen Jahren gelebt hat, sind in West Lothian (Schottland) gefunden worden.

Register

Euoplocephalus

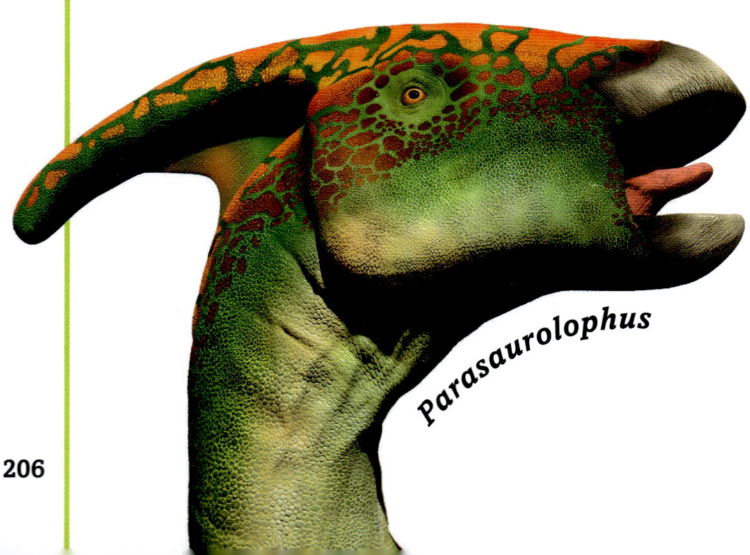
Parasaurolophus

T

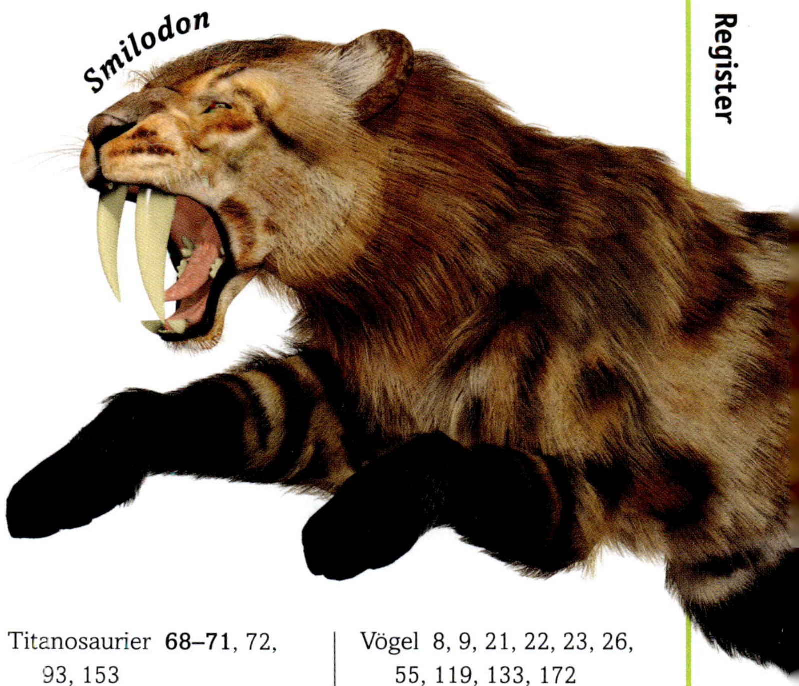

UV

W

XZ

Dank und Bildnachweis

Dorling Kindersley dankt den Folgenden für ihre Unterstützung bei der Produktion dieses Buches: Priyanjali Narain für die Unterstützung des Lektorats sowie Rabia Ahmad, Meenal Goel und Mahua Mandal für die Unterstützung der Herstellung.

Der Verlag dankt folgenden Personen und Organisationen für die freundliche Genehmigung zum Abdruck von Fotos:

(Abkürzungen: o = oben, u = unten, m = Mitte, l = links, r = rechts, g = ganz, Hg = Hintergrund)

1 James Kuether. **2–3 Getty Images:** Ira Block / National Geographic. **4 123RF.com:** Nicolas Fernandez (l). **5 James Kuether** (ur). **6 123RF.com:** Corey A Ford (gor). **Dorling Kindersley:** American Museum of Natural History (gol). **7 Alamy Stock Photo:** Stocktrek Images, Inc. (gor, ur). **Nobumichi Tamura** (um). **8 Dorling Kindersley:** Lynton Gardiner / The American Museum of Natural History (mr). **James Kuether** (ml, mu). **Science Photo Library:** Sinclair Stammers (ul). **9 123RF.com:** Corey A Ford (mlu). **Dorling Kindersley:** Jon Hughes (m); Oxford Museum of Natural History (ul); Harry Taylor / Hunterian Museum University of Glasgow (gor). **James Kuether** (mlo). **10 James Kuether** (mu). **11 iStockphoto.com:** dottedhippo (mu). **13 Alamy Stock Photo:** PjrStudio (mlu). **Dorling Kindersley:** Courtesy of Dorset Dinosaur Museum (gol). **Dreamstime.com:** Marcio Silva / Mbastos (gor). **Science Photo Library:** Natural History Museum, London (mr); Sinclair Stammers (m). **14 Dorling Kindersley:** Lynton Gardiner / The American Museum of Natural History (gol). **James Kuether** (ur). **15 Getty Images:** De Agostini Picture Library (mr). **James Kuether** (mu, gor, mlu, gol). **16 Science Photo Library:** TAKE 27 LTD. **17 Dorling Kindersley:** Harry Taylor / Hunterian Museum University of (ur). **Dreamstime.com:** Derekteo (gor). **Science Photo Library:** Henning Dalhoff (mr, mu, mo). **18–19 Alamy Stock Photo:** BIOSPHOTO. **20 123RF.com:** Ilona Sapozhnikova (ul). **20–21 Getty Images:** James L. Amos (m). **22 Alamy Stock Photo:** Juniors Bildarchiv GmbH (ul). **22–23 Dorling Kindersley:** Senckenberg Gesellschaft für Naturforschung (go). **23 Nobumichi Tamura** (ur). **24 James Kuether** (m, ur). **25 James Kuether** (mlo, mru). **28–29 Masato Hattori**. **30 Alamy Stock Photo:** The Natural History Museum (mu). **Science Photo Library:** Dr. Gilbert S. Grant (gor). **30–31 Science Photo Library:** Chase Studio (u). **31 123RF.com:** Nicolas Fernandez (gol). **Getty Images:** De Agostini Picture Library (um). **Science Photo Library:** Frans Lanting, Mint Images (gor). **32 James Kuether** (gol). **33 Alamy Stock Photo:** National Geographic Creative (gol). **James Kuether** (ul). **Nobumichi Tamura** (mo). **34–35 Alamy Stock Photo:** All Canada Photos. **36 Alamy Stock Photo:** National Geographic Creative (ur). **37 Dorling Kindersley:** Oxford Museum of Natural History (r). **38 Masato Hattori** (mo). **James Kuether** (go). **Nobumichi Tamura** (ur). **39 James Kuether** (mro). **Science Photo Library:** Millard H Sharp (mu). **40 Alamy Stock Photo:** Sabena Jane Blackbird (gor). **James Kuether** (gol). **Nobumichi Tamura** (ur). **40–41 James Kuether** (m). **41 123RF.com:** Linda Bucklin (gor); Corey A Ford (u). **Getty Images:** Stocktrek Images (mro). **iStockphoto.com:** Warpaintcobra (mru). **43 Masato Hattori** (gol). **44 123RF.com:** Corey A Ford (l). **Dorling Kindersley:** Oxford Museum of Natural History (gom); Oxford Museum of Natural History (ul). **45 123RF.com:** Corey A Ford (mr). **Dorling Kindersley:** Colin Keates / Natural History Museum, London (ul, gom). **46 123RF.com:** Corey A Ford (m). **Alamy Stock Photo:** Corbin17 (gor); The Natural History Museum, London (um). **47 Alamy Stock Photo:** Sabena Jane Blackbird (gor); The Natural History Museum, London (gol). **Getty Images:** Markus Matzel / ullstein bild (ur). **Science Photo Library:** Gilles Mermet (ul). **48–49 Studio 252MYA:** Lucas Lima. **50 James Kuether** (u). **Science Photo Library:** Pascal Goetgheluck (mlu). **51 iStockphoto.com:** scigelova (mr). **James Kuether** (gor). **Nobumichi Tamura** (mro). **52–53 James Kuether** (mo). **52 Dorling Kindersley:** John Holmes - modelmaker / Natural History Museum, London (u); Harry Taylor / Natural History Museum, London (gor). **53 Dorling Kindersley:** Institut für Geologie und Paläontologie, Tubingen (mr). **54 James Kuether** (gol). **55 James Kuether** (ur). **56–57 Getty Images:** Arthur Dorety / Stocktrek Images. **58–59 James Kuether**. **60 James Kuether** (ml). **Nobumichi Tamura** (u). **60–61 James Kuether** (m). **61 Nobumichi Tamura** (gol, ur). **62 James Kuether** (mr, ul). **63 Nobumichi Tamura** (um). **64 123RF.com:** Mark Turner (mr). **Alamy Stock Photo:** ZUMA Press, Inc. (gol). **James Kuether** (ul). **65 123RF.com:** Mark Turner (gor, ml). **Nobumichi Tamura** (gol). **66 123RF.com:** Mark Turner (ul). **James Kuether** (um). **67 James Kuether** (ml). **Nobumichi Tamura** (gol). **69 James Kuether** (ur). **71 James Kuether** (um, gor). **72–73 Alamy Stock Photo:** robertharding (m). **Getty Images:** milehightraveler (um). **72 James Kuether** (ul). **Reuters:** David Mercado (um). **Science Photo Library:** University Corporation for Atmospheric Research (mlu). **73 Alamy Stock Photo:** Carver Mostardi (um); Jill Stephenson (mru). **James Kuether. 74 123RF.com:** leonello calvetti (gol). **James Kuether** (ml). **75 123RF.com:** Corey A Ford (gor). **Dorling Kindersley:** Colin Keates / Natural History Museum, London (ur). **Science Photo Library:** Jose Antonio Penas (gol). **76 James Kuether** (ul, mlu, ur). **77 Dorling Kindersley:** Lynton Gardiner / The American Museum of Natural History (ur). **James Kuether** (mru). **Dr Lida XING** (gol). **78–79 Science Photo Library:** Jose Antonio Penas. **80 123RF.com:** leonello calvetti (ul). **Alamy Stock Photo:** Stocktrek Images, Inc. (ur). **James Kuether** (gol). **81 123RF.com:** Corey A Ford (gor). **82 James Kuether** (m). **83 Dorling Kindersley:** American Museum of Natural History (gor). **James Kuether** (mr). **84 James Kuether** (gol, gor). **84–85 James Kuether** (m). **86 Dorling Kindersley:** Colin Keates / Natural History Museum, London (mo); Oxford Museum of Natural History (um). **Getty Images:** Bill O'Leary / The Washington Post (gor). **James Kuether** (mo, mlu, m, ul). **87 123RF.com:** Athikhun Boonrin (mlu). **Dorling Kindersley:** Robert L. Braun (ur); Colin Keates / Natural History Museum, London (ml, m); Courtesy of Dorset Dinosaur Museum (mlo). **88 James Kuether** (gor, gol, ul). **89 123RF.com:** Corey A Ford (mlu). **Dorling Kindersley:** Royal Tyrrell Museum of Palaeontology, Alberta, Canada (gol). **Masato Hattori** (ul). **90 123RF.com:** chastity (ul); Corey A Ford (gol); Michael Rosskothen (ur). **Alamy Stock Photo:** CGElv Austria / Elvele Images Ltd (um). **91 123RF.com:** Corey A Ford (mro). **Getty Images:** Ira Block / National Geographic (gol). **James Kuether** (ul, ur, mlo). **92 123RF.com:** leonello calvetti (gor). **Dorling Kindersley:** Courtesy of Dorset Dinosaur Museum (gom); John Downs / John Holmes - modelmaker / Natural History Muesum, London (mro). **93 Dorling Kindersley:** Colin Keates / Natural History Museum, London (mro); Staatliches Museum für Naturkunde. **Masato Hattori. Nobumichi Tamura** (mu, ul). **94–95 Alamy Stock Photo:** John Cancalosi. **96 123RF.com:** Corey A Ford (um). **Alamy Stock Photo:** Oleksiy Maksymenko Photography (ur). **James Kuether** (ul). **Nobumichi Tamura** (gom). **97 James Kuether** (gor). **Nobumichi Tamura** (gol). **98 James Kuether** (ml, ur). **99 James Kuether** (gor, um, gol). **100–101 Alamy Stock Photo:** MasPix. **102 James Kuether** (u). **103 Alamy Stock Photo:** Mohamad Haghani (mr). **Getty Images:** Stocktrek Images (ur). **James Kuether** (go). **104 James Kuether** (go, ur). **105 Alamy Stock Photo:** CGElv Austria / Elvele Images Ltd (ur). **Masato Hattori** (gor). **James Kuether** (gol). **106 James Kuether** (ur, mr, ml, mu, ul). **107 Dorling Kindersley:** Lynton Gardiner / The American Museum of Natural History (ml). **James Kuether** (gor, ur). **108 Alamy Stock Photo:** AA World Travel Library (mr). **James Kuether** (mu, gor, mro). **109 Getty Images:** Crazytang (gor). **James Kuether** (mr, mu). **110 James Kuether** (gol, ur, mr, um). **111 Dreamstime.com:** Shutterfree (m). **James Kuether** (gor, ul, gol). **112–113 Getty Images** (Hg). **114 © cisiopurple / cisiopurple.deviantart.com** (gol). **115 Alamy Stock Photo:** Xavier Fores - Joana Roncero (gor). **James Kuether** (m). **Nobumichi Tamura** (ur). **116 © cisiopurple / cisiopurple.deviantart.com** (gol, goc, gor). **Masato Hattori** (ul). **116–117 © cisiopurple / cisiopurple.deviantart.com** (m). **117 © cisiopurple / cisiopurple.deviantart.com** (mr). **Masato Hattori** (gor). **Nobumichi Tamura** (ur). **118 James Kuether** (ul, ur). **119 Alamy Stock Photo:** The Natural History Museum (mu). **James Kuether** (gor, ul). **120–121 Alamy Stock Photo:** Larry Geddis (Hg). **122 Nobumichi Tamura** (ul). **122–123 © cisiopurple / cisiopurple.deviantart.com** (m). **123 © cisiopurple / cisiopurple.deviantart.com** (ur). **James Kuether** (gor). **124 Getty Images:** Walter Geiersperger / Corbis (mr). **James Kuether** (um, ur). **125 James Kuether** (gol). **Science Photo Library:** Dirk Wiersma (mo / mlo). **126 Alamy Stock Photo:** Stocktrek Images, Inc. (ul). **James Kuether** (gol). **126–127 James Kuether** (m). **127 Nobumichi Tamura** (gol). **128–129 James Kuether. 130–131 Alamy Stock Photo:** Stocktrek Images, Inc.. **132 Dorling Kindersley:** Courtesy of Dorset Dinosaur Museum (ur). **James Kuether** (ul, mru). **133 Dorling Kindersley:** Colin Keates / Natural History Museum, London (gom); Senckenberg Gesellschaft für Naturforschung (mr). **The Field Museum:** © Velizar Simeonovski, The Field Museum, for the UT Austin Jackson School of Geosciences. (gor). **Getty Images:** Bernard Weil / Toronto Star (ml). **134 123RF.com:** Alessandro Zocchi (gol). **Alamy Stock Photo:** Stocktrek Images, Inc. (ul). **Getty Images:** John Weinstein / Field Museum Library (m). **135 123RF.com:** Elena Duvernay (ur); Corey A Ford (ml). **Alamy Stock Photo:** Stocktrek Images, Inc. (ul). **Science Photo Library:** juliu (go). **136 Alamy Stock Photo:** Mohamad Haghani (l); Stocktrek Images, Inc. (gor). **137 Getty Images:** Spencer Platt (ul). **James Kuether** (gor). **140 Chen Yu** (ur). **Science Photo Library:** Jaime Chirinos (gol, gor); Mikkel Juul Jensen (ul). **141 Getty Images:** Daniel Eskridge / Stocktrek Images (ur). **Nobumichi Tamura** (ml). **142 James Kuether** (um). **Science Photo Library:** Jaime Chirinos (l); Millard H Sharp (u). **142–143 Alamy Stock Photo:** Stocktrek Images, Inc. (m). **143 James Kuether** (ur). **Science Photo Library** (um); Jaime Chirinos (gom, or). **144–145 123RF.com:** Corey A Ford. **146–147 Alamy Stock Photo:** Stocktrek Images, Inc. **148 Alamy Stock Photo:** Daniel Borzynski (ur); Natural Visions (ul). **Science Photo Library:** Mark P. Witton (gol). **149 Alamy Stock Photo:** Archive PL (go). **Masato Hattori** (ur, ul). **150 Getty Images:** Sergey Krasovskiy (gol, ul). **Nobumichi Tamura** (ur). **150–151 123RF.com:** Mark Turner (m). **151 Alamy Stock Photo:** Stocktrek Images, Inc. (um). **Getty Images:** Sergey Krasovskiy (go, mr). **154 Alamy Stock Photo:** National Geographic Creative (ul). **Getty Images:** Antonio Scorza / AFP (gor). **James Kuether** (gol). **154–155 Alamy Stock Photo:** dpa picture alliance (um). **155 Getty Images:** Sergey Krasovskiy (ur). **James Kuether** (gor). **Nobumichi Tamura** (mr). **156–157 Masato Hattori**. **158 123RF.com:** kampwit (um). **Science Photo Library:** Millard H Sharp (ul). **159 Dorling Kindersley:** Senckenberg Gesellschaft für Naturforschung (ur). **160 Masato Hattori** (ul). **James Kuether** (gol). **Nobumichi Tamura** (gor). **161 123RF.com:** Michael Rosskothen (mr). **Dorling Kindersley:** Jon Hughes (gor). **James Kuether** (ul, mlo). **162 123RF.com:** Corey A Ford (gol). **Dorling Kindersley:** Colin Keates / Natural History Museum, London (mo). **James Kuether** (gor, mr, ul, ur). **163 Alamy Stock Photo:** Scott Camazine (mo). **James Kuether** (u, gol). **164 123RF.com:** Corey A Ford (ul); Eugen Thome (mlu). **Dorling Kindersley:** Gary Kevin / Bristol City Museum and Art Gallery (ml). **James Kuether** (gor, ur). **165 iStockphoto.com:** dottedhippo (mr). **James Kuether** (gor, ml). **166–167 Science Photo Library:** Jaime Chirinos. **168–169 Getty Images:** Stocktrek Images. **170 Alamy Stock Photo:** The Natural History Museum (ur, ul). **Rienk de Jong** (gol). **171 Depositphotos Inc:** Pshenichka (ul). **Science Photo Library:** Barbara Strnadova (gol). Senckenberg Gesellschaft für Naturforschung (ml, gor). **172 Getty Images:** The Image Bank (gol). **Dr Lida XING** (ul). **173 Alamy Stock Photo:** John Cancalosi (ur); PjrStudio (gol). **Getty Images:** Lonely Planet Images (mr). **Courtesy Dr Enrique Peñalver and Ricardo Pérez de la Fuente** (gor). **174 Masato Hattori** (u). **Science Photo Library:** Michael Long (mr). **175 Alamy Stock Photo:** Magdalena Rehova (mr). **Dorling Kindersley:** Peter Minister and Andrew Kerr / Dreamstime.com (gol). **176 123RF.com:** William Roberts (go). **Getty Images:** Roman Garcia Mora / Stocktrek Images (ml). **176–177 James Kuether** (um). **177 Alamy Stock Photo:** Mauro Toccaceli (r). **James Kuether** (mro). **Science Photo Library:** Roman Uchytel (gor). **178 123RF.com:** Thittaya Janyamethakul (gol). **Dorling Kindersley:** Harry Taylor / Natural History Museum, London (ul). **James Kuether** (mo, m). **Nobumichi Tamura** (gor). **179 Alamy Stock Photo:** The Natural History Museum (gol); Gianni Muratore (gom). **Depositphotos Inc:** heavyrobbie (ur). **Dorling Kindersley:** Harry Taylor / Natural History Museum, London (mo). **Nobumichi Tamura** (gor). **180 Alamy Stock Photo:** Gerry Pearce (um). **Science Photo Library:** Jaime Chirinos (l); Julius T Csotonyi (mr). **Roman Uchytel** (gor). **181 Science Photo Library:** Mauricio Anton (gol); Michael Long (gor). **Roman Uchytel** (ul). **182 123RF.com:** Mark Turner (ul). **James Kuether** (gol). **Nobumichi Tamura** (ur). **183 Dorling Kindersley:** Natural History Museum, London (gor). **James Kuether** (gol). **Nobumichi Tamura** (ul). **184 123RF.com:** Corey A Ford (gom); Mark Turner (mo). **Alamy Stock Photo:** Roberto Nistri (gol); Stocktrek Images, Inc. (um). **Dorling Kindersley:** Harry Taylor / Natural History Museum, London (ul). **185 123RF.com:** Derrick Neill (ur). **James Kuether** (gor, um, mro). **186 Dorling Kindersley:** Natural History Museum, London (ml). **James Kuether** (ur). **Science Photo Library:** Mauricio Anton (ul); Roman Uchytel (gol). **187 James Kuether** (u). **Science Photo Library:** Roman Uchytel (gol, mro). **188 Alamy Stock Photo:** Roberto Nistri (gol). **Dorling Kindersley:** Colin Keates / Natural History Museum, London (um). **James Kuether** (gor). **Science Photo Library:** Mauricio Anton (ul). **188–189 Alamy Stock Photo:** Robert Malone (mr). **189 Alamy Stock Photo:** PLG (um). **Dorling Kindersley:** Jon Hughes (mu); Harry Taylor / Natural History Museum, London (mo). **190–191 Science Photo Library:** Roman Uchytel. **192 Dorling Kindersley:** Jon Hughes (ul). **194 Alamy Stock Photo:** Stocktrek Images, Inc. (gom). **195 123RF.com:** Steven Cukrov (ur). **Alamy Stock Photo:** Stocktrek Images, Inc. (ul). **James Kuether** (gol, r). **196 James Kuether** (ul). **197 Alamy Stock Photo:** Cro Magnon (ul); Martin Shields (gor). **Dorling Kindersley:** Oxford Museum of Natural History (ur / *Homo ergaster*, br / *Homo heidelbergensis*, br / *Homo sapiens*); Harry Taylor / Hunterian Museum University of Glasgow (gom). **Science Photo Library:** Philippe Plailly (gol). **198–199 Alamy Stock Photo:** Hemis. **201 James Kuether** (ur). **207 James Kuether** (gor).

Cover: Vorn: **123RF.com:** Corey A Ford (ul / *Meganeura*). **Alamy Stock Photo:** Mohamad Haghani (mugl / *Yi qi*), National Geographic Creative (gol), Stocktrek Images, Inc. (ul / *Titanis*). **Chen Yu:** (mro / *Hongshanornis*). **Dorling Kindersley:** Jon Hughes (mru / *Mixosaurus*), Senckenberg Gesellschaft für Naturforschung (gom). **Dreamstime.com:** Anetlanda (mo / *Skorpion*), Tonny Wu (gor / *Mantellisaurus*). **Getty Images:** Walter Geiersperger / Corbis (mu / *Therizinosaurus*-Kralle). **Science Photo Library:** Pascal Goetgheluck (mu / *Eryops*). Hinten: **Depositphotos Inc:** CoreyFord (mlu). **Dorling Kindersley:** John Holmes – modelmaker / Natural History Museum, London (mro / *Westlothiana*), Natural History Museum, London (ur), Oxford Museum of Natural History (mlo / *Alethopteris*), (mogr / *Selenopeltis*). **Nobumichi Tamura:** (gol). Rücken: **Dorling Kindersley:** American Museum of Natural History (go).

Badmintontraining

Allgemeine Hinweise

Aus Gründen der besseren Lesbarkeit haben wir uns entschlossen, durchgängig die männliche (neutrale) Anredeform zu nutzen, die selbstverständlich die weibliche und die diverse mit einschließt.

Das vorliegende Buch wurde sorgfältig erarbeitet. Dennoch erfolgen alle Angaben ohne Gewähr. Weder die Autoren noch der Verlag können für eventuelle Nachteile oder Schäden, die aus den im Buch vorgestellten Informationen resultieren, Haftung übernehmen.

Sollte diese Publikation Links auf Webseiten Dritter enthalten, so übernehmen wir für deren Inhalt keine Haftung, da wir uns diese nicht zu eigen machen, sondern lediglich auf deren Stand zum Zeitpunkt der Erstveröffentlichung verweisen.

Badmintontraining

Technik – Taktik – Kondition

Klaus-Dieter Lemke & Ulrich Meseck

Meyer & Meyer Verlag

Badmintontraining

Bibliografische Information der Deutschen Nationalbibliothek
Die Deutsche Nationalbibliothek verzeichnet diese Publikation in der Deutschen Nationalbibliografie; detaillierte bibliografische Daten sind im Internet über http://dnb.d-nb.de abrufbar.

5., überarbeitete Auflage 2023

Auckland, Beirut, Dubai, Hägendorf, Hongkong, Indianapolis, Kairo, Kapstadt, Manila, Maidenhead, Neu-Delhi, Singapur, Sydney, Teheran, Wien

Member of the World Sport Publishers' Association (WSPA)

MIX
Papier | Fördert gute Waldnutzung
FSC® C084279

Gesamtherstellung: Print Consult GmbH, München
ISBN 978-3-8403-7884-3
E-Mail: verlag@m-m-sports.com
www.dersportverlag.de

Inhalt

*„Das Interessanteste am Badminton ist,
dass es so leicht und so schwierig sein kann, wie man will.“*

(Sir George Thomas, ehemaliger Präsident
des Internationalen Badminton-Verbandes)

Erläuterungen zu den Grafiken

	*= Spielpartner*		*= Treff- oder Zielbereich*
	*= „Polizist“*		*= Laufweg*
	*= Ballweg mit Rückschlag*		*= Ballweg*
	*= anzulaufende Position*		
	*= mögliche Schrittfolge für den Beginner*		
	*= zentrale Position mit zentralem Bereich*		

Vorwort

Badminton ist ein Spiel, das in den letzten Jahrzehnten einen starken Zulauf gefunden hat. Die weltweite Popularität hat unter anderem auch dazu geführt, dass Badminton 1992 in das Programm der Olympischen Spiele aufgenommen wurde und dort seitdem einen festen Platz einnimmt. Wo immer man sich umhört: Aus den Bereichen Schulsport, Freizeit- und Vereinssport wird rundum Positives berichtet. Sicher liegt ein Grund darin, dass Badminton schon mit wenigen Voraussetzungen im konditionellen, technischen und taktischen Bereich mit viel Spaß gespielt werden kann.

Beobachtet werden kann aber auch, dass die Spielleistung sich bei regelmäßigem Spielen ohne Training nur noch wenig steigern lässt. Gerade Beginnern und Freizeitspielern, die nicht am regelmäßigen Trainingsbetrieb in einem Verein teilnehmen, fehlen oft wichtige Informationen zum Trainieren und Spielen. Aber auch Vereinsspieler spielen und trainieren nicht immer unter optimaler Trainingsbetreuung durch qualifizierte Trainer. Für beide Gruppen haben wir in diesem Trainingsbuch eine Fülle von Anregungen für die Verbesserung des Einzel- und Doppelspiels zusammengestellt. Zu allen wichtigen konditionellen, technischen und taktischen Anforderungen werden Übungs- und Spielformen vorgestellt, die so variiert werden können, dass sie an das jeweilige Leistungsniveau angepasst werden können. Unter Angabe der Trainingsziele werden die einzelnen Übungs- und Spielformen beschrieben, graphisch dargestellt und mit Hinweisen zur Durchführung versehen.

Die vorliegende neu bearbeitete Auflage wurde hinsichtlich der Schlägerhaltungen und Regelkunde aktualisiert. Ergänzend eingearbeitet wurde das flach-scharfe Spiel, das zunehmend an Bedeutung gewonnen hat. Ferner wurde das für die Fotoreihen verwendete Fotomaterial neu aufgenommen.

Die Übungs- und Spielformen sind kapitelweise für die wichtigsten konditionellen Fähigkeiten, Schlag- und Lauftechniken, Taktik des Einzel- und Doppelspiels zusammengestellt. Eingeleitet werden die Kapitel durch einen kurzen Überblick, in dem die wichtigsten theoretischen und methodischen Hintergrundinformationen vermittelt werden. Im Anhang sind die grundlegenden Spielregeln in aktueller Fassung zusammengestellt und wichtige Fachbegriffe erläutert.

Für die Erstellung dieses Buches waren viele Anregungen und Arbeitsschritte notwendig. Allen, die uns dabei geholfen haben, insbesondere der Firma YONEX, die uns bei den Fotoarbeiten maßgeblich unterstützt hat, wollen wir hiermit danken.

Klaus-Dieter Lemke
Ulrich Meseck

1 Welche konditionellen Fähigkeiten braucht ein Badmintonspieler?

Unter dem Begriff *Kondition* wird eine ganze Reihe von verschiedenen konditionellen Fähigkeiten zusammengefasst. Im Einzelnen sind dies Ausdauer, Kraft, Schnelligkeit und Beweglichkeit.

Jede Sportart erfordert auf Grund ihrer speziellen Belastungsstruktur unterschiedliche Ausprägungen dieser konditionellen Merkmale. Sicher leuchtet es unmittelbar ein, dass ein Gewichtheber mehr Maximalkraft benötigt als ein Badmintonspieler, oder dass ein Marathonläufer andere Ausdauerfähigkeiten braucht als ein Badmintonspieler.

In Bezug auf die konditionellen Fähigkeiten ist das Badmintonspiel durch typische Lauf- und Schlagbewegungen charakterisiert, die sich im Verlauf des Spiels je nach Spielstärke unterschiedlich häufig und unterschiedlich intensiv wiederholen. Dabei variiert die Dauer einzelner Ballwechsel ebenso wie die Spiellänge. Diese ist stark vom Spielleistungsniveau abhängig ebenso wie das zeitliche Verhältnis von Belastung und dazwischenliegenden Pausen. Relativ ungeübte Badmintonspieler, die noch nicht lange Badminton spielen, werden eine tatsächliche (effektive) Spielzeit (Zeit, die der Ball im Spiel ist) von etwa 30-40 % der Gesamtspielzeit haben, da die Ballwechsel noch nicht so lang sind. Je stärker das Spielniveau steigt, umso länger werden die Ballwechsel und damit steigt der Anteil der effektiven Spielzeit auf bis zu ca. 70 % bei den Spitzenspielern. Natürlich verändert sich damit auch die jeweilige Ausprägung der konditionellen Fähigkeiten. Die typischen Beanspruchungen sind jedoch bei den Lauf- und Schlagbewegungen (Starten zur Schlagposition, Stoppen, Schlagen, erneutes Starten zur zentralen Position) immer gleich. Bei den Schlagbewegungen werden die Rumpf- und die Schlagarmmuskulatur besonders beansprucht, bei den Laufbewegungen die Bein- und Rumpfmuskulatur.

Bei Spielsportarten wird grundsätzlich davon ausgegangen, dass ein einzelner Faktor nicht leistungsentscheidend ist, sondern eine ganze Fülle von konditionellen, technischen und taktischen Fähigkeiten zusammenspielt. Denn auch Technik und Taktik sind von der Kondition abhängig. Es gilt die alte englische Sportweisheit: „The fitter you are, the better you play." Wir wollen im folgenden Kapitel einen Überblick über die wichtigsten konditionellen Fähigkeiten für das Badmintonspiel geben, die einzelnen Fähigkeiten beschreiben und Trainingsformen vorstellen, mit denen diese Fähigkeiten trainiert werden können.

Tab. 1: Wichtige konditionelle Fähigkeiten für das Badmintonspiel

Konditionelle Fähigkeiten			
Ausdauer	Kraft	Schnelligkeit	Beweglichkeit

Die Trainingsformen zur Verbesserung der Kondition sind so ausgewählt, dass sie möglichst badmintonspezifisch sind, damit ein schneller, unmittelbar für die Spielverbesserung zu nutzender Effekt erzielt werden kann.

1.1 Energiebereitstellung und Ausdauerfähigkeiten für das Badmintonspiel

Tab. 2: Energiebereitstellung im Badmintonspiel

Energiebereitstellung		
Anaerob-alaktazid (wenige Sekunden)	Anaerob-laktazid (bis ca. 90 s)	Aerob (bis ca. 90 min)

1.1.1 Kurz-, Mittel- und Langzeitausdauer

Aerobe Energiebereitstellung, bei der Sauerstoffverbrauch und Sauerstoffaufnahme ungefähr im Gleichgewicht liegen, stellt die Basis der Ausdauerfähigkeiten dar. Für Badminton sind vor allem die aerobe Kurz- (bis 10 Minuten) und Mittelzeitausdauer (10–30 Minuten), aber auch die aerobe Langzeitausdauer (über 30 Minuten) wichtig. Mit der Höhe der aeroben Ausdauer ist also insgesamt die Dauerleistungsgrenze für das Spieltempo festgelegt.

Anaerob-alaktazide Energiebereitstellung ist notwendig für kurze (wenige Sekunden), hochintensive Bewegungen mit maximaler Schnelligkeit. Bei kurzzeitigen Belastungsspitzen mit schnellkräftigen Bewegungen wird der Brennstoff der Muskelzellen (Adenosintriphosphat, ATP) direkt aus den Phosphatspeichern zur Verfügung gestellt. Die Speicher sind allerdings nach wenigen Sekunden überwiegend entleert, können jedoch im weiteren Verlauf des Spiels immer wieder aufgefüllt werden. Die Geschwindigkeit und Häufigkeit des Wiederauffüllens ist jedoch unter anderem von der Qualität der aeroben Ausdauer abhängig. Je besser die aerobe Ausdauer ausgebildet ist, umso schneller und häufiger können die Speicher aufgefüllt werden.

Tab. 3: Ausdauerfähigkeiten

Ausdauerfähigkeiten	
Aerob	**Anaerob**
Kurzzeitausdauer (bis 10 min)	Kurzzeitausdauer (bis 20 s)
Mittelzeitausdauer (bis 30 min)	Mittelzeitausdauer (bis 60 s)
Langzeitausdauer (über 30 min)	Langzeitausdauer (bis 120 s)

Anaerob-laktazide Energiebereitstellung ist notwendig bei zeitweiser Überschreitung der Dauerleistungsgrenze (vgl. aerobe Ausdauer), um z. B. bei längeren, sehr anstrengenden Ballwechseln mithalten zu können. Die Energie wird aus den Speichern der jeweiligen belasteten Muskelgruppen geschöpft.

Folge ist jedoch eine anhaltende Milchsäurebildung (Laktat), die zur Übersäuerung und Ermüdung der Muskulatur führt. Die hohe Spielbelastung kann dann nicht mehr aufrechterhalten werden, das Spieltempo muss verlangsamt werden. Im Verlauf von Spielen ist es daher wichtig, nicht zu oft und nicht zu hoch zu übersäuern, da die Erholungsphasen immer länger werden.

Wer mitten im Spiel bis an seine maximale Leistungsgrenze „geht", wird kaum Chancen haben, dieses Spiel in der Folgezeit noch erfolgreich zu gestalten, da nicht nur die Beine nicht mehr wollen, sondern auch die Konzentrationsfähigkeit infolge der Übersäuerung stark beeinträchtigt wird. Dies gilt natürlich auch für die Belastungsdosierung im Training, die im anaerob-laktaziden Bereich erst gegen Ende einer Trainingseinheit erfolgen sollte. Ferner ist zu berücksichtigen, dass bei dieser Art von Training eine längere Regenerationszeit von bis zu zwei Tagen eingeplant werden muss.

1.1.2 Übungs- und Spielformen zum Training der Ausdauer

(1) Speedrace

Beschreibung:
Alle Übungen in diesem Bereich müssen mit maximaler Geschwindigkeit und maximalen Krafteinsätzen absolviert werden. Aus diesem Grunde dürfen die Belastungszeiten nur sehr gering sein (max. 10 s.) und die Wiederholungszahlen pro Serie sollten 6 nicht überschreiten. Bei einer Pausenlänge von 2-3 min zwischen den Serien sind 5-8 Serien je nach Trainingszustand anzuraten.

Da die geforderte höchste Intensität in der Regel mit Ball nicht zu erreichen ist, sollten diese Übungen ohne Ball auf dem Feld trainiert werden. Zwischen den einzelnen Wiederholungen liegt eine Pause von 10-15 s, die im Einzeltraining durch einen Timer oder einen CD-Player geregelt werden kann.

Alle Übungen beginnen mit größtmöglicher Konzentration in der ZP und enden auch hier.

Der Trainierende startet aus der ZP in die Position 1 und spielt dort einen parallelen Vorhand-Überkopf-Smash, läuft dann in den Netzbereich und „tötet" in der Position 2 mit der Vorhand, bewegt sich schnell zur T-Linie und „tötet" dann mit der Rückhand in der Position 3. Der Trainierende beendet die Übung schnellstmöglich in der zentralen Position.

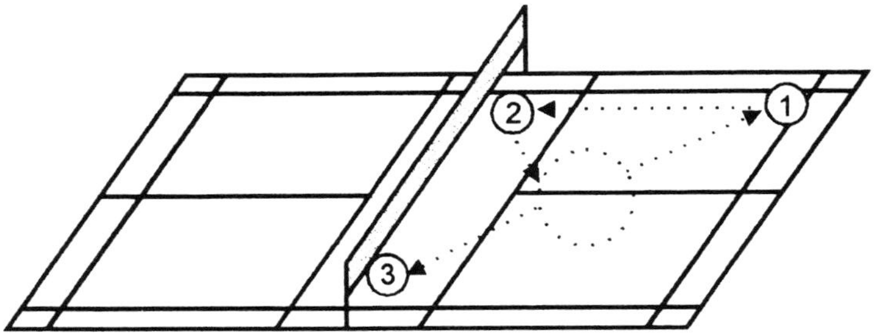

Abb. 1: Speedrace

Ziel:
Da nach neueren Untersuchungen die durchschnittliche Belastungsdauer pro Ballwechsel etwa 6-8 s beträgt, soll mit dieser Trainingsform die Ausdauerfähigkeit im anaerob-alaktaziden Bereich verbessert werden. Mittrainiert werden Aktionsschnelligkeit und Schnellkraft.

Variationen:

- Der Trainierende spielt einen Links-vom-Kopf-Smash in der Position 1 und „tötet" dann in der Position 2 mit der Vorhand.

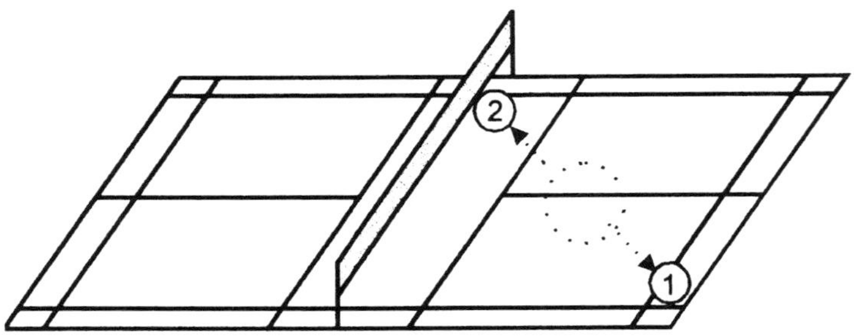

Abb. 2: Variation I

- Der Trainierende spielt einen Vorhand-Überkopf-Smash in der Position 1, dann einen Rückhand-Drive in der Position 2 und beendet den Ballwechsel mit einem Rückhand-Smash in der Position 3.

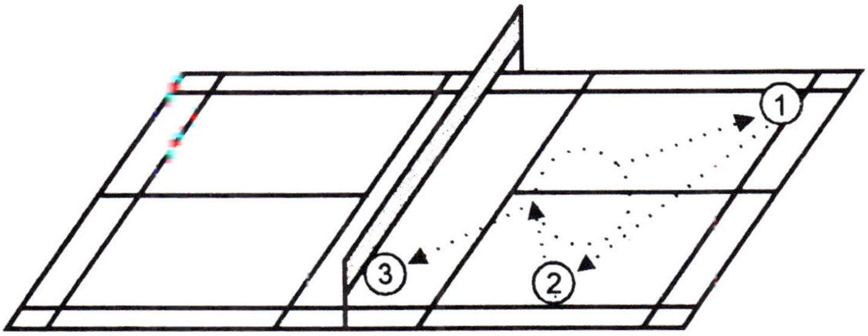

Abb. 3: Variation II

Hinweise:

- Das Training sollte nach einer angemessenen Aufwärmphase am Beginn einer Trainingseinheit liegen.
- Alle Lauf- und Schlagtechniken sollten mit höchster Intensität und größtmöglicher Konzentration ausgeführt werden.
- Die Pausenlänge zwischen den Serien muss individuell gestaltet werden (neue Serie bei Herzfrequenz (HF) 100-120 Schlägen pro min).

(2) Ballmaschine

Beschreibung:
Ein Zuspieler spielt dem Trainierenden 3-6 Bälle zu. Der Trainierende sollte versuchen, jeden Ball so schnell und so hoch wie möglich anzunehmen und so hart wie möglich zu schlagen. Der Zuspieler variiert sein Zuspiel so, dass der Trainierende lange Laufwege schnellstens überwinden, von hinten hart schmettern, hinten und in der Mitte einen scharfen Drive und vorne hoch ablegen oder „töten“ muss. Zwischen den 4-6 Wiederholungen sind 10-15 s Pause, die Serien sollten 5-8 x wiederholt werden. Zwischen den Serien gibt es eine individuelle Pause (HF 100-120), beide Spieler sammeln die Bälle ein und der pausierender Spieler wird Zuspieler.

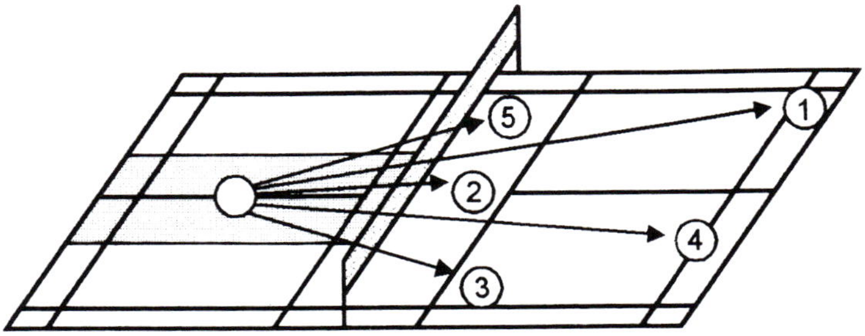

Abb. 4: Ballmaschine

Ziel:
Da nach neueren Untersuchungen die durchschnittliche Belastungsdauer pro Ballwechsel etwa 6–8 s beträgt, soll mit dieser Trainingsform die Ausdauerfähigkeit im anaerob-alaktaziden Bereich verbessert werden. Mittrainiert werden Aktionsschnelligkeit und Schnellkraft.

Variation:
- Der Trainierende hat 5 Bälle zu schmettern und muss nach jedem Smash seinem Ball hinterherlaufen und im Netzbereich „trocken töten". Der Zuspieler verteilt die zugespielten Bälle auf Spielfeldbreite im Grundlinienbereich. Er wartet mit dem nächsten Zuspiel, bis der Trainierende die ZP wieder erreicht hat.

Hinweise:
- Der Zuspieler muss darauf achten, dass keine Bälle auf der Seite des Trainierenden liegen bleiben (Verletzungsgefahr!).
- Die Bälle sollte sich der Zuspieler vor Serienbeginn zurechtlegen.
- Der Zuspieler spielt die Bälle so, dass der Trainierende den letzten Ball im Halbfeld- oder Netzbereich „töten" kann.
- Nach einem Durchgang wechseln die Partner die Aufgabenstellung.
- Der Zuspieler wartet mit seinem Zuspiel, bis der Trainierende voll konzentriert in der ZP wartet.

(3) Halbfeld-Fight

Ziel:
Der Trainierende soll seine badmintonspezifische Ausdauerfähigkeit unter hoher Belastung im gemischt-aeroben und anaerob-laktaziden Bereich verbessern. Mittrainiert werden Schnelligkeitsausdauer und Kraftausdauer.

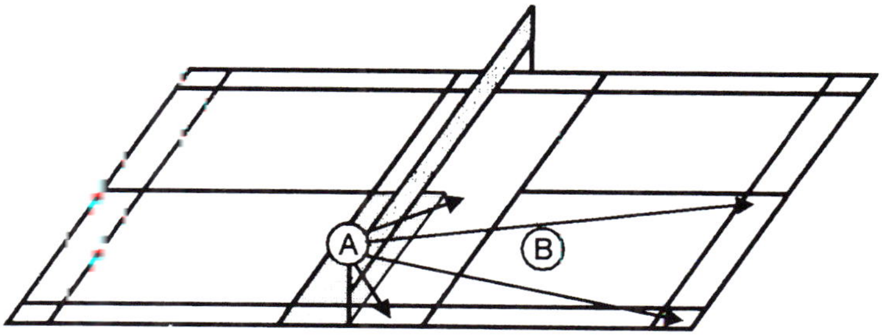

Abb. 5: Halbfeld-Fight

Beschreibung:

Die beiden Partner spielen im halben Feld (Abb. 5). Der Trainierende spielt ausschließlich Drops in den Netzbereich des Partners. Der zuspielende Partner versucht, den Trainierenden in dessen Halbfeld auszuspielen. Die Belastungsdauer sollte maximal 60 s betragen. Nach einer Wechselpause von 10 s tauschen die Partner die Aufgabenstellungen. Jeder Spieler sollte die Belastung 4-6 x wiederholen.

Variation:

- Der Trainierende darf hoch zugespielte Bälle schmettern. Dadurch wird die Aufgabe des Zuspielers erschwert und interessanter.

Hinweise:

- Der zuspielende Partner muss sich auf die Leistungsfähigkeit des Trainierenden einstellen. Er sollte aber möglichst fintenreich spielen.
- Der Ball sollte möglichst lange im Spiel bleiben, der zuspielende Partner darf den Ball nicht „töten".
- Der Trainierende kann sich in einer aktiven Pause während des Zuspielens wieder erholen.
- Bei weniger geübten und konditionell schwächeren Spielern kann diese Spielform zu hoher Laktatbildung führen. Gegebenenfalls kann die Belastungsdauer reduziert werden.
- Die Herzfrequenz des Zuspielers sollte vor der nächsten Belastung auf ca. 130 Schläge/Minute absinken.

(4) Clear-Kampf

Beschreibung:

Die beiden Partner spielen im halben Feld. Der Trainierende spielt ausschließlich Clears in den Grundlinienbereich des Partners. Der zuspielende Partner versucht, den Trainierenden in dessen Halbfeld auszuspielen. Die Belastungsdauer sollte maximal 60 s betragen. Nach einer Wechselpause von 10 s tauschen die Partner die Aufgabenstellungen. Jeder Spieler sollte die Belastungsphase 4-6 x wiederholen.

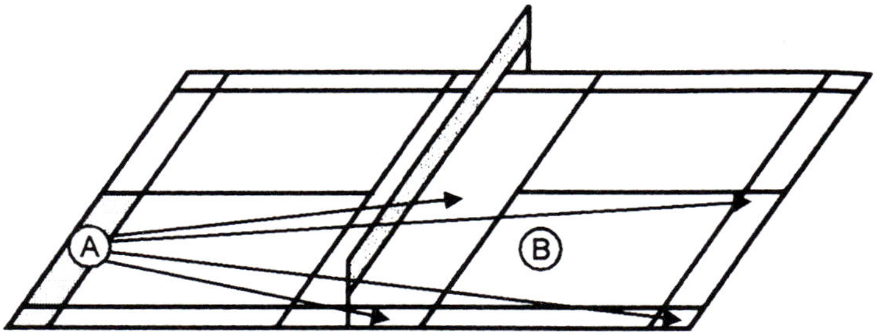

Abb. 6: Clear-Kampf

Ziel:
Der Trainierende soll seine badmintonspezifische Ausdauerfähigkeit unter hoher Belastung im gemischt-aerob/anaerob-laktaziden Bereich verbessern.

Mittrainiert werden Schnelligkeits- und Kraftausdauer.

Variation:
- Der zuspielende Partner darf auch einen Smash (bzw. Halfsmash) spielen. Dadurch wird die Aufgabe des Trainierenden zusätzlich erschwert.

Hinweise:
- Der zuspielende Partner muss sich auf die Leistungsfähigkeit des Trainierenden einstellen. Er sollte aber möglichst fintenreich spielen.
- Der Ball sollte möglichst lange im Spiel bleiben, der zuspielende Partner darf den Ball nicht „töten".
- Der Trainierende kann sich in einer aktiven Pause während des Zuspielens wieder erholen.
- Bei ungeübten und konditionell schwächeren Spielern kann diese Spielform zu hoher Laktatbildung führen. Gegebenenfalls kann die Belastungsdauer reduziert werden.
- Die Herzfrequenz des Zuspielers sollte vor der nächsten Belastung bis auf ca. 130 Schläge/Minute absinken.

(5) Schlagcircuit

Beschreibung:
Die Trainierenden durchlaufen nach der Art eines Circuits nacheinander vier Stationen. An diesen Stationen sollten die wichtigsten Schlag- und Lauftechniken von den Spielern absolviert werden.

1. Station: Vorhand-Überkopf-Clear – Vorhand-Überkopf-Clear
2. Station: Unterhand-Clear – Vorhand-Überkopf-Drop – Netzdrop
3. Station: Vorhand-Überkopf-Clear – Vorhand-Überkopf-Drop – Unterhand-Clear
4. Station: Unterhand-Clear – Vorhand-Überkopf-Smash (s. Abb. 7 a–d)

An jeder Station wird 3–4 min gearbeitet, die Pausen betragen lediglich 15 s für den Wechsel von Station zu Station.

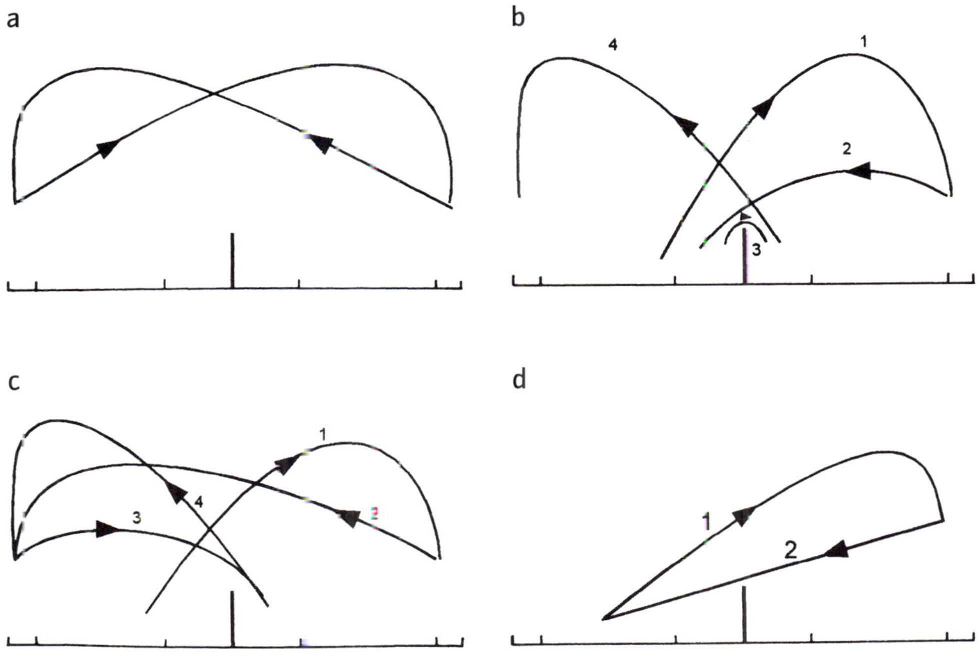

Abb. 7a–d: Schlagcircuit

Ziel:
Der Trainierende soll seine badmintonspezifische Ausdauerfähigkeit im aeroben Bereich verbessern. Mittrainiert wird die Kraftausdauer.

Variationen:

- Es können auch zwei Durchgänge absolviert werden, dann aber die Belastungszeit kürzen (max. 2:30 min).
- Es können weitere Stationen hinzugefügt werden.

Hinweise:

- Die Trainierenden sollen die Ballwechsel möglichst ohne Unterbrechung aufrechterhalten.
- Dazu müssen sich die Trainierenden auf die Leistungsfähigkeit ihrer Partner einstellen.
- Beide Partner müssen so spielen, dass auch die Lauftechnik optimal realisiert werden kann.
- Die Trainierenden sollten alle Übungen vorher kennen, damit die Pausen nicht länger als 15 s dauern.
- Wenn der Schlagcircuit nicht vollständig durchgespielt werden kann oder die Spieler anschließend erschöpft sind, muss die Intensität oder die Belastungsdauer beim Üben reduziert werden.

(6) Dauerdrop

Beschreibung:

Der Trainierende spielt ausschließlich Drops in den Netzbereich des Zuspielers. Der Zuspieler darf ohne Einschränkung alle Punkte in der Feldhälfte des Trainierenden anspielen. Je nach gewünschtem Trainingseffekt und Ausdauerleistungsstand des Übenden sollte die Belastungsdauer 90 s nicht unter- bzw. 10 min nicht überschreiten. Die Steuerung der Intensität fällt dem Zuspieler zu. Dieser kann durch Variation der Flugbahnhöhe seiner Bälle die Laufgeschwindigkeit des Trainierenden erhöhen bzw. verringern.

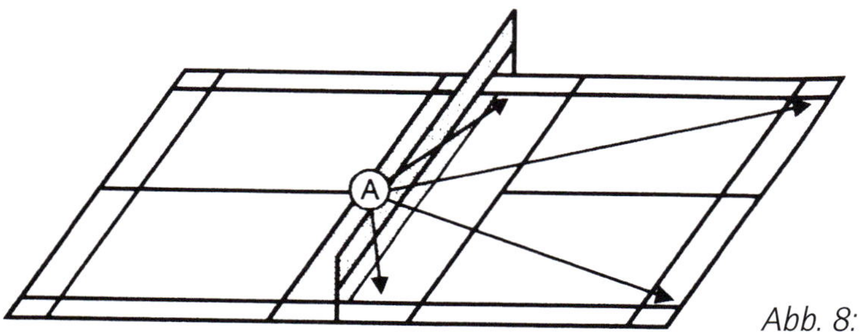

Abb. 8: Dauerdrop

Ziel:
Der Trainierende soll seine badmintonspezifische Ausdauerfähigkeit im aeroben (und anaeroben) Bereich verbessern.

Variationen:
- Die Intensität kann zusätzlich noch erhöht werden, wenn hohe Bälle (statt mit Drop gespielt) auf Zuruf des Zuspielers geschmettert werden sollen.
- Um im Ausdauerbereich die Schlagsicherheit noch mitzutrainieren, ist es durchaus sinnvoll, dass der Zuspieler oder ein pausierender Spieler die Fehler des Trainierenden zählt. Anzustreben ist eine möglichst lange Belastungszeit bei einer möglichst geringen Fehlerzahl.
- Der Trainierende versucht, den Zuspieler im geforderten Sektor auszuspielen.
- Der Zuspieler fintiert seine Schläge und erschwert dadurch dem Trainierenden das Erreichen der Bälle.

Hinweise:
- Der Zuspieler sollte unbedingt alle Bälle im Unterhandbereich spielen, da Netzbälle vom Trainierenden sonst kaum erreicht werden können.
- Es sollte beachtet werden, dass der Trainierende einen wettkampfgerechten Drop spielt und nicht versucht, durch hohe „Ballondrops" Zeit für die Laufarbeit zu gewinnen.

1.2 Kraftfähigkeiten für das Badmintonspiel

Ein gutes ausgebildetes, allgemeines Kraftniveau ist für alle Sportarten von Bedeutung. Da auch im Badminton mit zunehmender Spielfähigkeit die konditionellen Anforderungen höher werden, erleichtert ein verbessertes Kraftniveau die schnellkräftige Bewegungsausführung bei Schlägen, Sprüngen und bei der Laufarbeit. Hinzu kommt, dass z. B. durch gut ausgebildete Oberkörper- und Oberschenkelmuskulatur Wirbelsäule bzw. Kniegelenke entlastet werden.

Mithilfe eines hohen Kraftniveaus wird also nicht nur die Leistung gesteigert, sondern auch Verletzungsprophylaxe betrieben und langfristigem Verschleiß an Gelenken vorgebeugt. Aus der Fülle von Möglichkeiten des Krafttrainings wollen wir uns auf die Darstellung einiger wichtiger, badmintonspezifischer Kraftfähigkeiten beschränken.

Tab. 4: Kraftfähigkeiten für das Badmintonspiel

Kraftfähigkeiten		
Schnellkraft	Reaktivkraft	Kraftausdauer

Kraft wird beim Badmintonspiel vor allem im Schlagarm und zur Stabilisierung des Schultergelenks, in der Rumpfmuskulatur und in den Beinen benötigt. Besonders die *Schnellkraft* ist wichtig, um aus der zentralen Position in die Schlagposition zu beschleunigen. Für das Abstoppen beim Schlag und das erneute Starten zurück in die zentrale Position (vor allem bei Laufwegen, die mit Ausfallschritten abschließen) wird *Reaktivkraft* benötigt, um den abgebremsten Körper sofort wieder in die Gegenrichtung beschleunigen zu können. *Kraftausdauer* ist für die Beinmuskulatur erforderlich, ebenso für die Rumpf- und Schlagarmmuskulatur (vor allem im Unterarm), um die wiederholten Schlag- und Laufbewegungen im Spiel ohne Qualitätsverluste durchführen zu können. Wenn bedacht wird, dass zum Teil Hunderte von Wiederholungen dieser Bewegungen im Spiel erfolgen, kann ermessen werden, wie bedeutsam die Kraftausdauer ist. Ein gut trainiertes Kraftniveau ist zudem Voraussetzung für einige Schnelligkeitsfähigkeiten. Da beim Krafttraining auch anaerob-laktazide Prozesse ablaufen, sollte es auch eher am Ende von Trainingseinheiten durchgeführt werden. Auch die zum konditionellen Faktor Kraft vorgestellten Trainingsformen sind so ausgewählt, dass möglichst badmintonspezifische Verbesserungen der Kraftfähigkeiten trainiert werden können. Wenn Kraftdefizite oder muskuläre Dysbalancen in einzelnen Muskelgruppen vorliegen, sollte zusammen mit Fachleuten ein entsprechendes allgemeines Krafttraining durchgeführt werden.

1.2.1 Schnellkrafttraining für die Arm- und Schultermuskulatur

Beschreibung:

Da alle Übungen beim spezifischen Schnellkrafttraining nur mit dem eigenen Körpergewicht bzw. dem Schläger durchgeführt werden, sollte mit maximaler Geschwindigkeit und explosiven Krafteinsätzen trainiert werden. Aus diesem Grunde dürfen die Belastungszeiten nur sehr gering sein (max. 6 s) und die Wiederholungszahlen pro Serie sollten 4-10 x (Beginner 3-6 x) nicht überschreiten. Bei einer Pausenlänge von 2-4 min zwischen den Serien machen trainierte Spieler 6-10 x (Anfänger 3-5 x) Wiederholungen der Serie. Sobald die Schnelligkeit in der Bewegungsausführung deutlich nachlässt, sollte das Training abgebrochen werden.

YONEX

1.2.2 Schnellkraft- und Reaktivkrafttraining für die Beinmuskulatur

Beschreibung:
Da alle Übungen beim spezifischen Schnellkrafttraining nur mit dem eigenen Körpergewicht bzw. dem Schläger durchgeführt werden, sollte mit maximaler Geschwindigkeit und explosiven Krafteinsätzen trainiert werden. Aus diesem Grunde dürfen die Belastungszeiten nur sehr gering sein (max. 6 s) und die Wiederholungszahlen pro Serie sollten ca. 4-10 x (Beginner 3-6 x) nicht überschreiten. Bei einer Pausenlänge von 2-4 min zwischen den Serien machen trainierte Spieler ca. 6-10 x (Anfänger 3-5 x) Wiederholungen der Serie. Sobald die Schnelligkeit in der Bewegungsausführung deutlich nachlässt, sollte das Training abgebrochen werden.

1.2.3 Kraftausdauertraining für die Bauch- und Rückenmuskulatur

Beschreibung:
Das Kraftausdauertraining ist gekennzeichnet durch hohe Wiederholungszahlen. Die Belastungsdauer sollte 30-60 s betragen, was je nach Trainingszustand und Art der Übung ca. 15-45 Wiederholungen entspricht. Die Pausenzeiten sind kurz. Bei einem systematischen Training sollten mehrere Übungen, bei denen unterschiedliche Muskelgruppen beansprucht werden, nach der Organisationsform des Circuittrainings absolviert werden. Alle Bewegungen sind zügig bis schnell, aber deutlich langsamer auszuführen als beim Schnellkrafttraining. Auf den Einsatz von Zusatzgewichten kann verzichtet werden.

1.2.4 Übungsformen zum Krafttraining

(1) Übungen für den Arm- und Schulterbereich

Fußballeinwurf

- Aus dem Stand einen Medizinball mit beiden Händen über den Kopf aus größerer Entfernung an die Wand werfen („Fußballeinwurf").

Kernwurf

- Aus dem Stand einen Medizinball einhändig aus mittlerer Entfernung an die Wand werfen (Grund- bzw. Kernwurf).

Stoßwurf an die Wand

- Aus dem Stand einen Medizinball mit beiden Händen aus mittlerer Entfernung in schneller Folge an die Wand stoßen.

Einhändiger Stoßwurf

- Aus dem Stand einen Medizinball einhändig aus geringer Entfernung in schneller Folge an die Wand stoßen.

Abb. 9-12: Einhändiger Stoßwurf

- Schattenbadminton im Stand: Aus dem Stand werden nur mit dem Schläger ohne Ball schnelle, explosive Kombinationen geschlagen, z. B.:
  - Überkopf – Unterhand-Vorhand – Unterhand-Rückhand
  - Rückhand-Überhand – Unterhand-Vorhand – Vorhand-Überhand
  - Überkopf – Vorhand-Drive – Rückhand-Drive – Überkopf

Ziel:
Die Schlagkraft (z. B. beim Smash) und damit auch die Weite der Flugbahn (z.B. beim Clear) hängt maßgeblich von der Beschleunigung des Schlägerkopfs ab. Aus diesem Grunde ist es für den Beginner besonders bedeutsam, seine Schnellkraftfähigkeit zu verbessern, damit er aus dem eigenen Grundlinienbereich den hinteren Feldbereich seines Gegners erfolgreich anspielen kann. Mittrainiert werden die Schnelligkeitsfähigkeiten.

Hinweise:
- Das Training sollte nach einer intensiven Aufwärmphase am Beginn einer Trainingseinheit liegen (vor Ausdauer- und Kraftausdauerübungen).
- Nur mit ausgeruhten Muskeln trainieren.
- Alle Übungen sollten möglichst schnellkräftig (explosiv) ausgeführt werden, d. h. konzentriert mit größtmöglicher Geschwindigkeit.
- Frauen und Beginner sollten mit 1.500-g-Medizinbällen üben, trainierte Fortgeschrittene können schwerere Bälle wählen.
- Die einhändigen Übungen sollten mit rechts und links durchgeführt werden.
- Wenn sich Schmerzen/Verletzungen während des Trainierens einstellen, sollten die Übungen sofort abgebrochen werden.

(2) Übungen für die Beine

Übungen mit kleinen Kästen: 4-5 kleine Kästen werden hintereinandergestellt und von den Trainierenden mit Hocksprüngen schnell überwunden.

Hocksprünge über Kastenreihe
- Die Kastenreihe wird von trainierten Fortgeschrittenen einbeinig überwunden. Beginner springen zur Vereinfachung auf die Kästen und in die Zwischenräume. Dabei federn sie nach der einbeinigen Landung sofort wieder explosiv nach oben.

Wechselsprünge über eine Langbank
- Über eine Langbank werden wechselseitig sechs Hocksprünge (jeweils drei auf jeder Seite) von hinten nach vorn durchgeführt.

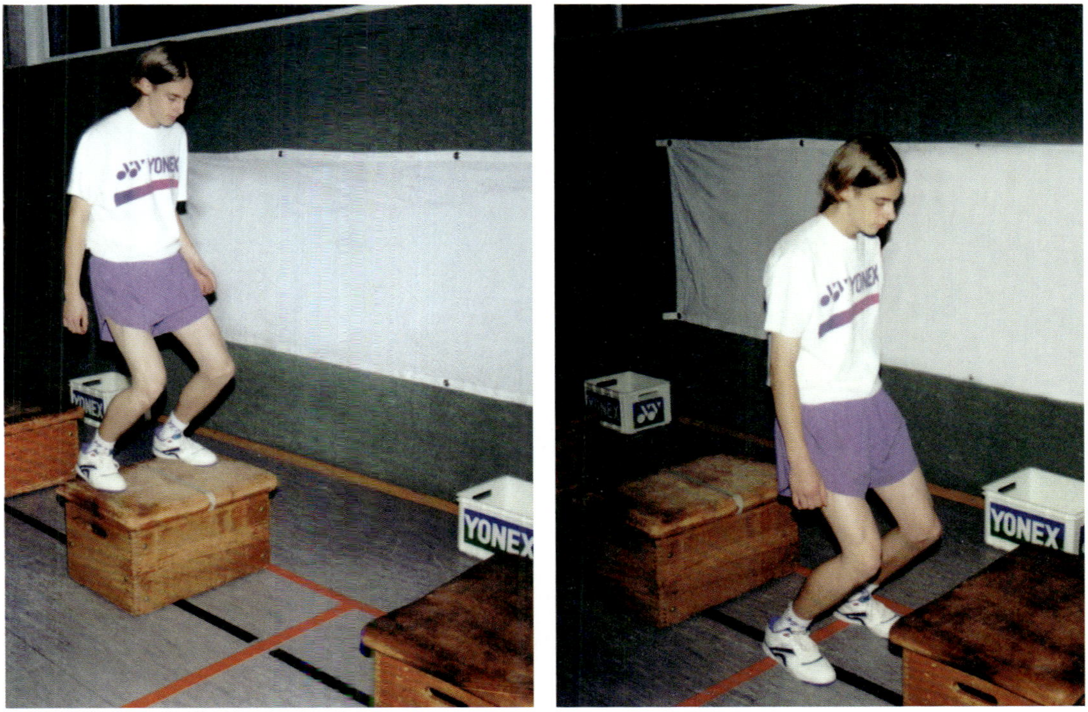

Abb. 13/14: Hocksprünge über Kastenreihe

Abb. 15/16: Wechselsprünge über eine Langbank

- Hocksprung: Aus einer leichten Seitgrätschstellung schnellkräftig nach oben springen und dabei die Knie an die Brust bringen. Mit der Landung erfolgt sofort der nächste Absprung (Beginner sollten eventuell einen Zwischensprung einfügen).
- Der Übende springt von einem Langkasten (2-3 Kastenteile) in eine Lücke auf eine feste Turnmatte (Schonung der Gelenke) und sofort wieder auf den zweiten Langkasten (3-4 Kastenteile). Es muss beachtet werden, dass der Bodenkontakt im Zwischenraum so kurz wie möglich ist. Beginner können jeweils ein Kastenteil weniger aufbauen.

Abb. 17/18/19: Reaktivkraftübung

Ziel:
Der schnelle Start, explosives Antreten und schnellkräftige Sprünge mit kraftvollen Richtungswechseln bestimmen die Dynamik des modernen Badmintonspiels. Aus diesem Grunde ist es für Badmintonspieler besonders wichtig, die Kraftfähigkeiten der Beine zu trainieren, um den umfangreichen Anforderungen in allen Spielaktionen gerecht zu werden. Mittrainiert werden Schnelligkeitsfähigkeiten.

Hinweise:

- Das Training sollte nach einer intensiven Aufwärmphase am Beginn einer Trainingseinheit liegen (vor Ausdauer- und Kraftausdauerübungen)
- Nur mit ausgeruhten Muskeln trainieren.
- Alle Übungen sollten möglichst schnellkräftig (explosiv) ausgeführt werden, d. h. konzentriert mit größtmöglicher Geschwindigkeit.
- Die Abstände zwischen den Kästen müssen individuell ausgerichtet sein.
- Die Kastenreihe sollte immer möglichst hoch und schnell überwunden werden.

  Wenn bei einbeinigen Sprüngen die Beine jeweils gewechselt werden, kann die Pause verkürzt werden.
- Bei Sprüngen mit Landung auf dem Kasten muss beachtet werden, dass genau die Mitte getroffen wird, da sonst die Kästen umstürzen – Verletzungsgefahr!
- Sprünge über die Bank hoch und explosiv ausführen, eventuell die Langbank umdrehen.
- Wenn sich Schmerzen/Verletzungen während des Trainierens einstellen, sollten die Übungen sofort abgebrochen werden.

(3) Übungen für die Bauch- und Rückenmuskulatur

- Situps: Rückenlage, Knie leicht gebeugt, Fußsohlen aufsetzen; zügig aus der Rückenlage aufrichten und die locker gestreckten Arme wechselseitig an den Beinen vorbeiführen.

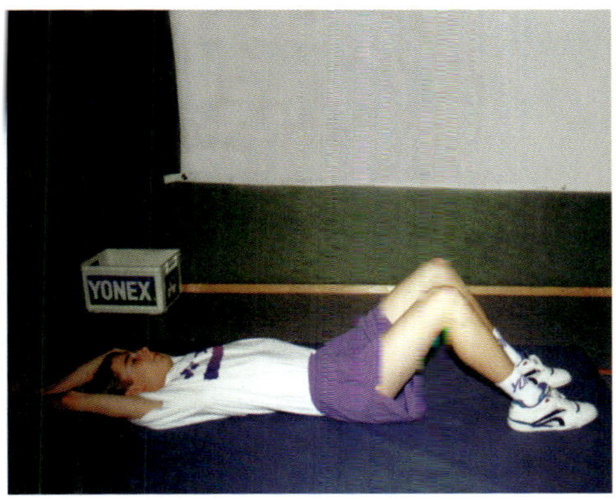

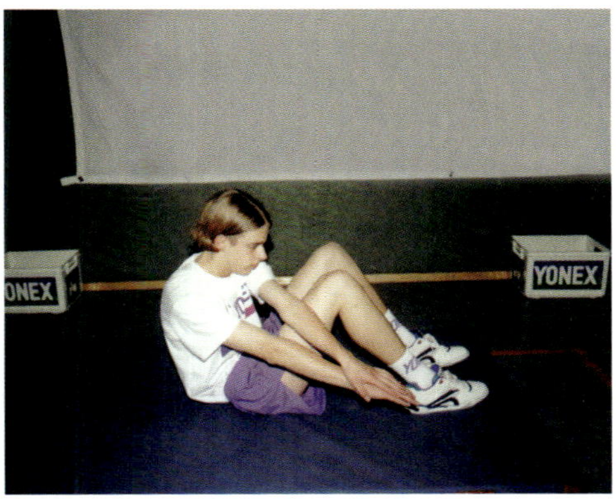

Abb. 20/21: Situps

- Oberkörper aufrichten: Bauchlage, Arme gebeugt neben dem Kopf, Oberkörper aufrichten. Die Intensität der Übung kann verstärkt werden, wenn die Arme nach dem Aufrichten nach vorn gestreckt werden.

Abb. 22: Oberkörper aufrichten

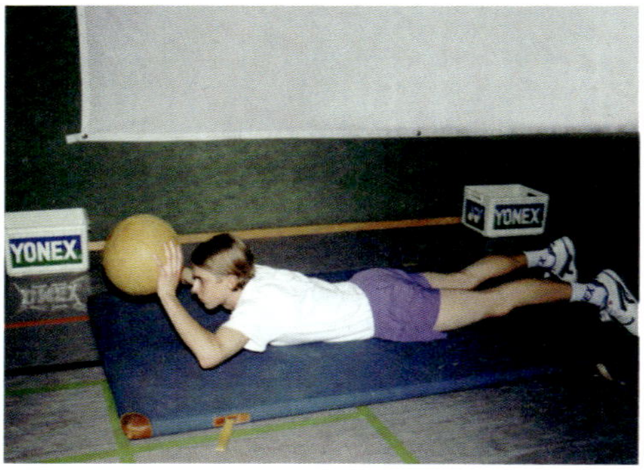

- Medizinball an die Wand: Gleiche Ausgangslage wie eben, aber der Trainierende hält einen Medizinball vor dem Kopf. Nach dem Aufrichten wird der Ball gegen die Wand geworfen und wieder aufgefangen, ohne dass dieser den Boden berührt.

Abb. 23: Medizinball an die Wand

- „Scheibenwischer": Gesäß, Rücken und Kopf des Trainierenden liegen flach auf dem Boden/der Unterlage, die Beine werden im rechten Winkel nach oben gestreckt. Aus dieser Position werden sie im Wechsel nach links und rechts abgesenkt, ohne den Boden ganz zu berühren. Beine stets gestreckt halten!

Abb. 24/25: Scheibenwischer

- „Rudern": Der Trainierende sitzt auf einer Matte wie auf einem Rudergerät, die Beine sind stark angewinkelt und die Füße befinden sich 10 cm über der Matte. Kontinuierlich werden die Beine nun gestreckt und wieder angezogen, ohne dass die Füße den Boden berühren.

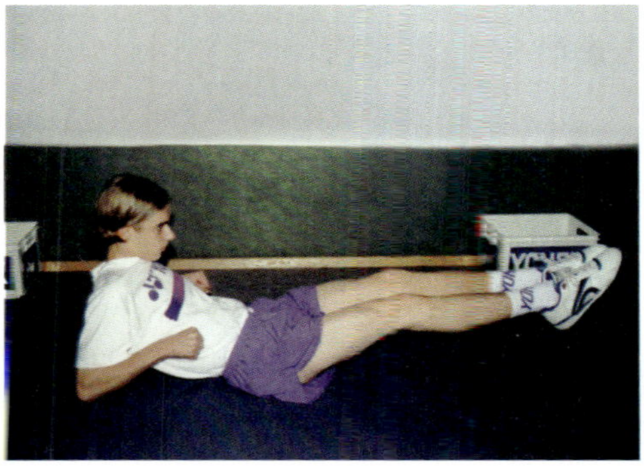

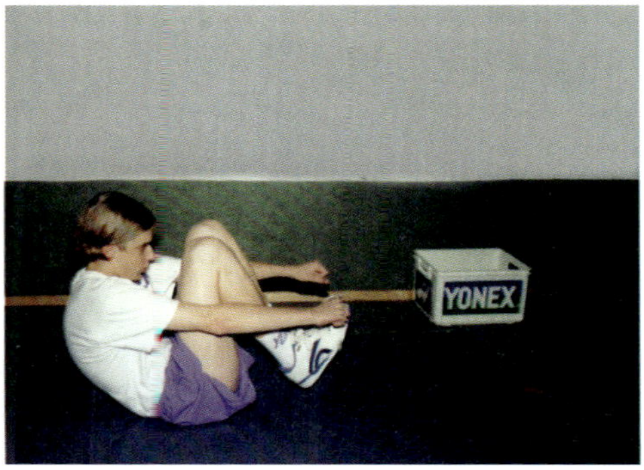

Abb. 26/27: Rudern

Ziel:
Badmintonspieler sollten ihre Kraftausdauer regelmäßig trainieren, um die Kraftanforderungen in der Rumpfmuskulatur über den gesamten Spielverlauf aufrechterhalten zu können. Da die Kraftausdauer eigentlich bei jedem systematischen Training mittrainiert wird, werden hier Übungen angeboten, die die allgemeine Rumpfkraft verbessern sollen.

Mittrainiert werden die Schnellkraft und die Ausdauerfähigkeiten im Mittelzeit- und Langzeitausdauerbereich.

Hinweise:
- Das Training sollte am Ende einer Trainingseinheit liegen.
- Bei den Bodenübungen ist es ratsam, eine Turn- oder Gymnastikmatte unterzulegen.
- Durch die Kräftigung stabilisierender Muskelgruppen haben die Übungen auch verletzungsvorbeugende Wirkungen.
- Die Übungen tragen auch dazu bei, nach Verletzungen und Trainingspausen die alte Leistungsfähigkeit wiederherzustellen.
- Wenn sich Schmerzen/Verletzungen während des Trainierens einstellen, sollten die Übungen sofort abgebrochen werden.

1.3 Schnelligkeitsfähigkeiten für das Badmintonspiel

Tab. 5: Schnelligkeitsfähigkeiten für das Badmintonspiel

Schnelligkeitsfähigkeiten		
Grund-schnelligkeit	Aktions-schnelligkeit	Komplexe Reaktions-schnelligkeit

Badmintonspieler benötigen vor allem drei Schnelligkeitsfähigkeiten:

1.3.1 Training der Grundschnelligkeit

Als *Grundschnelligkeit* wird die *maximale zyklische Schnelligkeit* bezeichnet. Diese Schnelligkeitsfähigkeit ist abhängig von einer Reihe anderer konditioneller Faktoren und beschreibt das Schnelligkeitsmaß, in dem gleichförmig-wiederkehrende Bewegungen (wie z. B. beim Sprint) ausgeführt werden können. Natürlich spielt bei dieser Fähigkeit auch die muskuläre Koordination eine Rolle. Die Grundschnelligkeit stellt eine Basis für die Schnelligkeit im Badmintonspiel dar.

1.3.2 Training der Aktionsschnelligkeit

Als *Aktionsschnelligkeit* wird die *maximale azyklische Schnelligkeit* bezeichnet. Sie muss vor allem badmintonspezifisch ausgeprägt sein, ist also sehr stark bezogen auf die Ausführungsschnelligkeit der badmintonspezifischen Bewegungen (z. B. Sprünge, Start- und Stoppbewegungen, Schläge).

In diesem Zusammenhang ist die intermuskuläre Koordination (Koordination von unterschiedlichen Muskelgruppen in ihrem Zusammenwirken) von hoher Bedeutung. Gute intermuskuläre Koordinationsfähigkeit ermöglicht ein ökonomisches und trotzdem schnelles Ausführen der badmintonspezifischen Techniken. Je besser die Koordination, umso geringer auch die konditionelle Belastung. Bessere Aktionsschnelligkeit auf Grund koordinativer Vorteile wirkt sich mit zunehmender Spieldauer immer stärker aus.

1.3.3 Training der komplexen Reaktionsschnelligkeit

Reaktionsschnelligkeit ist eine komplexe psychophysische Fähigkeit (nicht zu verwechseln mit der *Reaktionszeit*, die praktisch nicht trainierbar, sondern genetisch bedingt ist), die es ermöglicht, schnell Spielsituationen wahrzunehmen und in die notwendigen Schlag- und Laufbewegungen umzusetzen. Sie ist also auch von der Spielerfahrung und der damit verbundenen Antizipation (Vorwegnahme eigener und gegnerischer Bewegungen) abhängig. Erfahrene Spieler „lesen" das gegnerische Spiel schneller und besser, sie können genauer zwischen wichtigen und unwichtigen Signalen im Spiel unterscheiden.

Badmintonspezifisches Schnelligkeitstraining ist sehr anspruchsvoll, da es mit maximaler bzw. submaximaler Intensität bei qualitativ sehr guter Technikausführung ausgeführt wird. Nicht nur Herz und Kreislauf und Muskulatur sollten ausgeruht sein, sondern auch das zentrale Nervensystem. Daher findet Schnelligkeitstraining eher am Anfang von Trainingseinheiten statt.

1.3.4 Übungsformen zum Schnelligkeitstraining

(1) Grundschnelligkeit

- Fliegende 20-m-Sprints (5 Wiederholungen, je 2 min Pause).
- Steigerungsläufe (ca. 60 m), davon die letzten 10-15 m mit maximaler Geschwindigkeit (bis 6 Wiederholungen, je 3 min Pause).
- Skippings mit maximaler Trittfrequenz.
- Linienläufe auf dem Badmintonfeld.
- Slalomlauf auf dem Badmintonfeld.
- Zickzacklauf auf dem Badmintonfeld.

(2) Aktionsschnelligkeit

- Schattenbadminton (ohne Ball mit maximaler Aktionsschnelligkeit bis ca. 6 s, 6 Wiederholungen sind eine Serie; 2-3 Serien für Beginner, 3-6 für Fortgeschrittene).
- Vgl. Übungs- und Spielformen zum Training der Kurzzeitausdauer (S. 11 ff.)

(3) Reaktionsschnelligkeit

- Ballspiele.
- Abschlagspiel auf dem Badmintonfeld mit gleichzeitigem Balltippen auf dem Schläger.
- Starts aus unterschiedlichen Körperpositionen auf Zuruf oder auf optisches Zeichen.
- Schattenlaufen mit angedeuteter Schlagausführung auf Zuruf oder auf optisches Zeichen.
- Schlagausführung auf Zuruf eines Zuspielers.
- Mit dem Rücken zum Netz stehend, auf Zuruf eines Zuspielers umdrehen und einen angesagten Schlag spielen.

1.4 Beweglichkeit für das Badmintonspiel

Tab. 6: Beweglichkeitsmerkmale für das Badmintonspiel

Beweglichkeit	
Freie Gelenkbeweglichkeit	Dehnfähigkeit

Badminton ist eine Sportart, bei der häufig Bewegungen notwendig sind, bei denen der anatomisch vorgegebene Spielraum der Gelenke ausgenutzt werden muss (z. B. im Schultergelenk, bei weiten Ausfallschritten). In den beanspruchten Gelenken sollten also keine Beweglichkeitseinschränkungen vorliegen.

Wer gute Spieler beobachtet, wird immer wieder verblüfft sein über die scheinbare Leichtigkeit und Lockerheit von Schlag- und Laufbewegungen. Neben gut ausgebildeten anderen konditionellen Fähigkeiten und einer überdurchschnittlichen Koordinationsfähigkeit ist hierfür auch eine exzellente Beweglichkeit notwendig, um die z. T. extremen Bewegungen schnell, schonend und ökonomisch ausführen zu können. Eine gut ausgebildete Dehnfähigkeit verringert die Widerstände in der Muskulatur (z. B. im Schlagarm) und führt zu weniger Kraftaufwand beim Schlagen. Außerdem wird Verletzungen vorgebeugt. Koordination und Dehnfähigkeit leisten also einen erheblichen Beitrag zur Spielleistung.

Ein praktischer Tipp kann nicht oft genug wiederholt werden: Wer sich aufwärmt, erhöht die Muskeltemperatur und damit die Durchblutung und Elastizität der Muskulatur.

„Abwärmen" geschieht ebenfalls durch Dehnübungen und bewirkt die schnellere Einleitung der Regenerationsprozesse und hilft, die beanspruchte und verkürzte Muskulatur wieder „ins Lot zu bringen". Damit wird auch muskulären Dysbalancen durch die einseitige Belastung beim Badminton entgegengewirkt.

Die Trainingsvorschläge zum Dehnen werden für die beim Badminton am häufigsten beanspruchten Muskelgruppen gegeben.

1.4.1 Training der Dehnfähigkeit

Die Übungen können vor dem Training oder Spiel, aber auch danach ausgeführt werden. Dabei ist darauf zu achten, dass die Dehnzeit vor dem Spiel kürzer sein soll (ca. 10-15 s), um den Muskeltonus und die damit verbundene Kontraktionsfähigkeit nicht zu stark abzusenken (danach auf jeden Fall noch schnellkräftige Übungen ausführen). Nach dem Spiel kann länger gedehnt werden (jede Übung 2 x 30 s), um muskulären Dysbalancen vorzubeugen, die Durchblutung zu verbessern und damit Regenerationsprozesse einzuleiten.

1.4.2 Dehnübungen

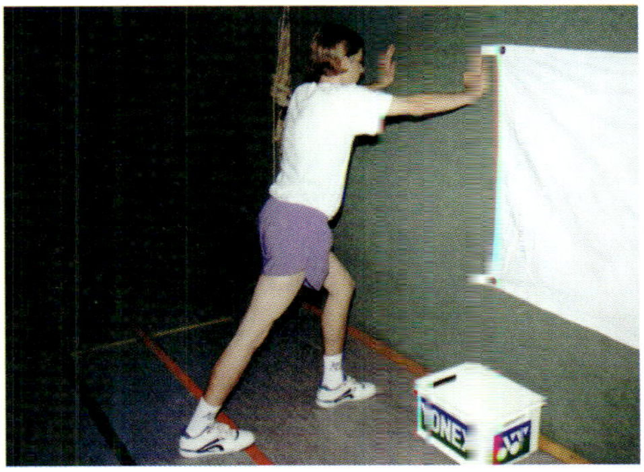

Abb. 28: Dehnung der Wadenmuskulatur

Abb. 29: Dehnung der Achillessehne

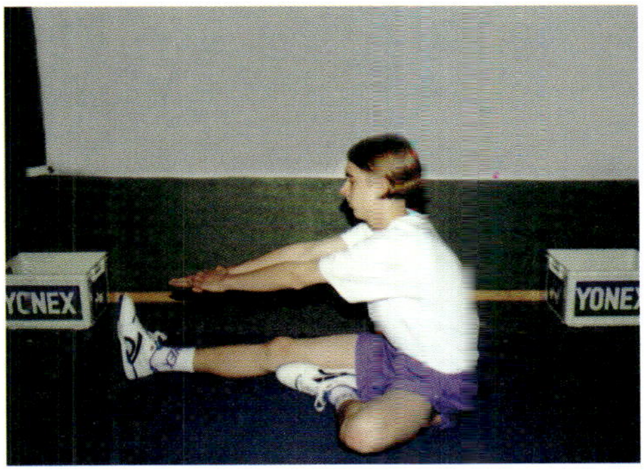

Abb. 30: Dehnung der Oberschenkelbeuger

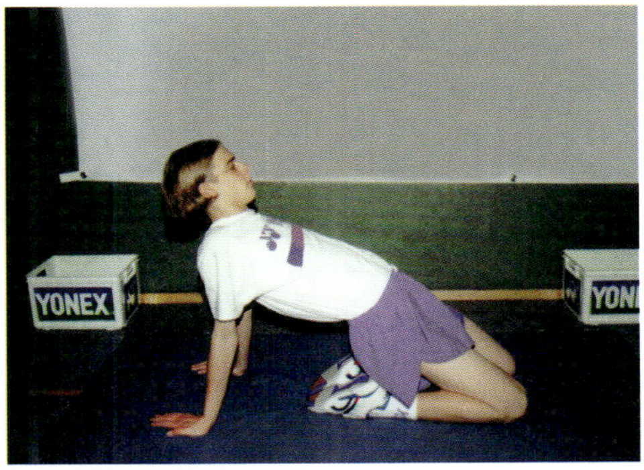

Abb. 31: Dehnung der Oberschenkelstrecker/Hüftbeuger

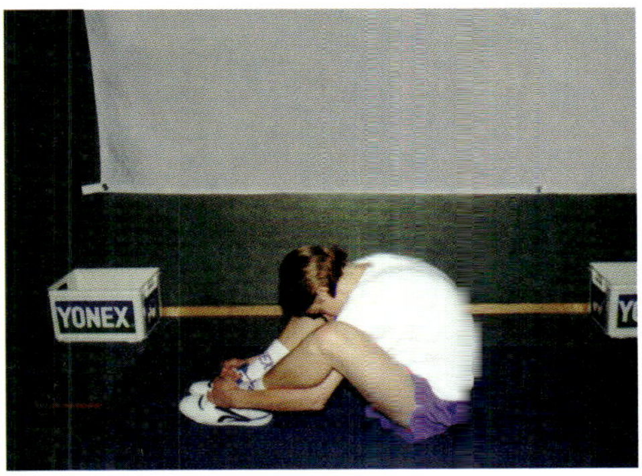

Abb. 32: Dehnung der Rückenstrecker

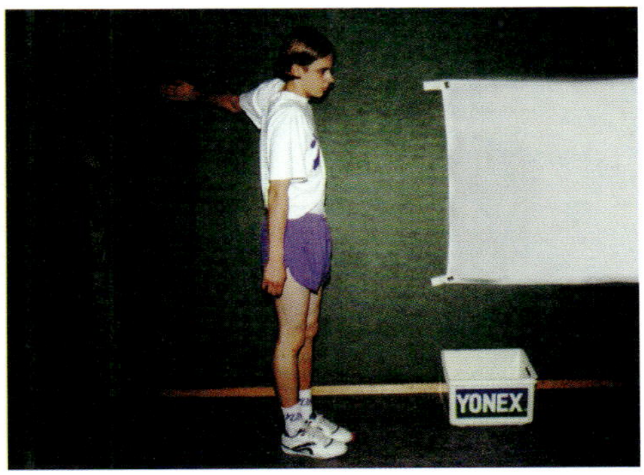

Abb. 33: Dehnung der Brustmuskulatur

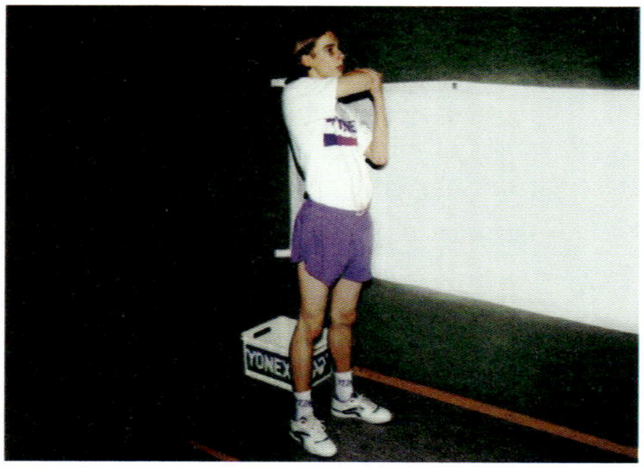

Abb. 34: Dehnung der Schulter/ Oberarmstrecker

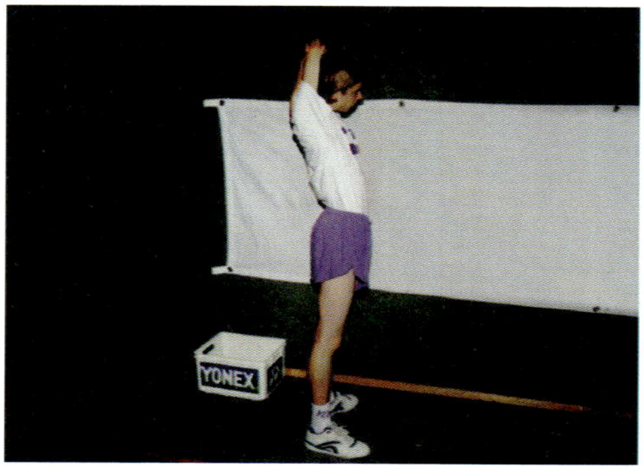

Abb. 35: Dehnung der Rückenmuskulatur/Oberarmstrecker

Abb. 36: Dehnung der Unterarm-/ Oberarmbeuger

2 Grundlagen der Technik

Lauf- und Schlagtechniken und ihre Ausführung sind immer davon abhängig, welche taktische Absicht verwirklicht werden soll. Das heißt, die Ausführung ist je nach Spielsituation und individuellen Voraussetzungen des Spielers variabel. Dies gilt besonders bei den Lauftechniken.

Die Spielsituation ist bedingt durch die Stellung des Spielers auf dem Feld, durch den eigenen letzten Schlag, die Position des Gegenspielers und das Flugverhalten des Balls. Die individuellen Voraussetzungen beziehen sich auf die Konstitution (Körpergröße und Reichweiten), auf die konditionellen Merkmale (Wie schnell, wie kräftig, wie ausdauernd, wie beweglich ist der Spieler?) sowie auf die Fähigkeit des frühen Erkennens gegnerischer Schläge (Antizipation) und der schnellen Realisierung eigener taktischer Möglichkeiten (optimale innere Bewegungssteuerung).

Lauf- und Schlagtechniken sollen im Folgenden nicht getrennt voneinander behandelt werden, da nahezu jeder Schlagaktion zunächst eine Laufaktion vorausgeht. Erst die richtige Stellung zum Ball nach schneller Laufbewegung ermöglicht den optimalen Rückschlag. Damit erhält die Laufbewegung eine leistungsbestimmende Bedeutung für die Realisierung der eigenen taktischen Absicht.

Wenn die einzelnen Schlagtechniken analysiert werden und ihre Ausführung z. B. bei Spitzenspielern verglichen wird, sind aber – neben vielen individuellen Unterschieden – auch Gemeinsamkeiten festzustellen. Daraus kann man Schlüsse über die Bedeutung der einzelnen Schlagphasen ziehen. Während beim „Ausholen" noch viele Unterschiede zu beobachten sind (z. B. lockeres oder fixiertes Handgelenk, verschiedene „Schleifen" des Schlägerkopfes), werden die Bewegungsabläufe immer identischer, je näher der Schlägerkopf dem Ball kommt. Am Ende der „Schlagphase", kurz vor dem Treffen, entscheidet sich, welche Flugkurve oder Ballgeschwindigkeit der Federball erhalten wird. Nach dem Treffen, beim „Ausschwung" also, sind dagegen wieder viele individuelle Variationen (z. B. kürzerer oder längerer Ausschwung, unterschiedliches Beugen des Oberkörpers oder Drehen des Rumpfs) zu beobachten. Die Hauptaktion liegt also in der Phase kurz vor dem Treffen des Balls. In dieser Phase sind die individuellen Gestaltungsmöglichkeiten gering, wenn ein bestimmter Schlag, z. B. ein Smash, gespielt werden soll. Bei Bewegungsanalysen hat sich gezeigt, dass die Hauptaktion bei allen Schlagtechniken mit hoher Ballbeschleunigung von nahezu allen Spitzenspielern gleich ausgeführt wird.

2.1 Schlägerhaltung und richtiger Griff

Wichtige Voraussetzung für einen wirkungsvollen Badmintonschlag ist die richtige Griff- und Schlägerhaltung. Um auch eine ökonomische Kraftübertragung zu gewährleisten, sollte der engen Beziehung von Griffhaltung und Unterarmdrehung bei den härteren Schlägen Rechnung getragen werden.

Für sehr kraftvolle Schläge mit hoher Schlägerbeschleunigung ist aus diesem Grund ein **festerer Griff** (Abb. 37) zu wählen. Das festere Zufassen (wie bei einem Hammer) bringt dabei das Verhältnis von Schläger und Unterarm in einen Winkel von annähernd 90°, wodurch eine optimale Kraftübertragung auf den Schläger und damit eine hohe Beschleunigung des Federballs für Clear und Smash möglich wird.

Die meisten anderen Schläge werden mit einem **Universalgriff** gespielt, mit dem nahezu jede Schlagtechnik auszuführen ist. Der Beginner sollte darauf achten, dass das „V" der Daumengrube zwischen Daumen und Zeigefinger über der schmalen Griffseite liegt (Schlägerkopf senkrecht, vgl. Abb. 38). Das Endglied des Daumens und das Mittelglied des Zeigefingers liegen sich auf den breiten Griffseiten in etwa gegenüber.

Bei allen Schlägen kommt es darauf an, dass der Schläger außerhalb der Schlagphasen locker und entspannt gehalten wird (Entspannung, Lockerung der Muskulatur und Energieersparnis) und im entscheidenden Moment der Schlagphase – kurz vor dem Treffen des Federballs – kräftig „zugefasst" wird. Dies ist vor allem bei weiten, hohen, flach-scharfen und fintierten Schlägen von großer Bedeutung.

Wenn der Universalgriff vom Rechtshänder ein wenig weiter nach rechts gedreht wird, gelangt der Daumen zentral auf die breite Griffseite und kann dadurch als **Rückhandgriff** (Abb. 40) bei den Rückhandschlägen den Krafteinsatz verstärken.

„Federballspieler" und Beginner verwenden beim Spielen häufig einen frontalen „Bratpfannengriff" (Abb. 39) oder sogar einen Griff, bei dem der Zeigefinger auf der oberen schmalen Griffseite (Abb. 41) liegt. Während die „Bratpfanne" nur scheinbar das Treffen und Schlagen vereinfacht, werden durch den „Zeigefingergriff" eine feste Griffhaltung und ein härterer Schlag unmöglich.

Bei guten Spielern sind im Netzbereich aber durchaus Schläge mit einer frontalen Griffstellung auszumachen. Diese Griffhaltung lässt schnelle Reaktionen wie beim flach-scharfen Spiel zu und ermöglicht zudem ein aggressives Netzspiel oberhalb der Netzkante (Abb 37, Abb. 91 a und b).

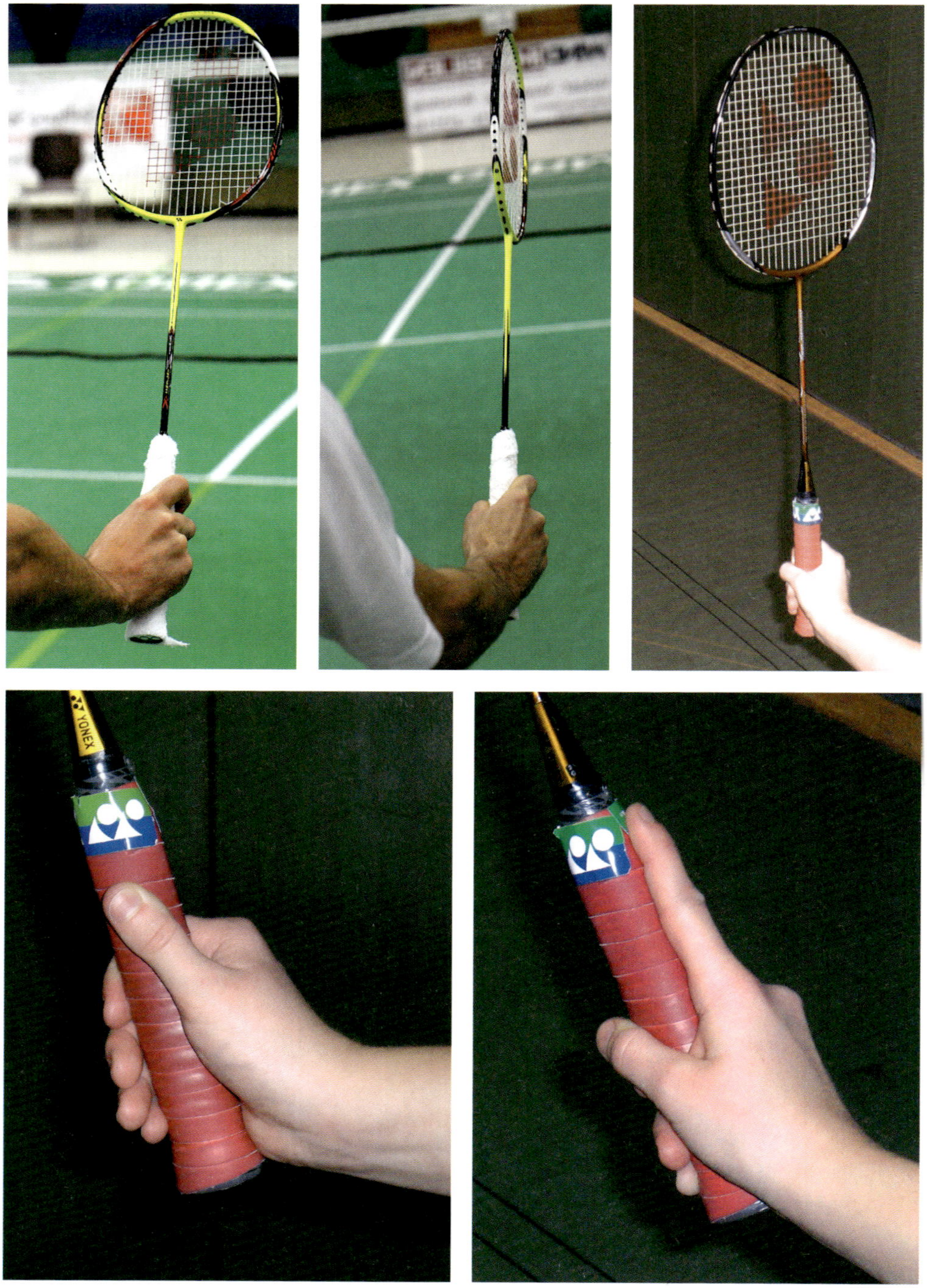

Abb. 37–41: Die unterschiedlichen Griffarten

2.2 Grundtechniken der Vor- und Rückhand-Unterhandschläge

Die folgende Grafik soll eine kurze Übersicht über die wichtigsten, d. h. am häufigsten verwendeten Unterhandschläge geben:

Tab. 7: Unterhandschläge

Unterhandschläge			
Grundtechniken	**Aufschläge**	**Netztechniken**	**Smash Abwehr**
Drop	Kurz	Heben	Kurz
Push	Hoch		Flach-scharf
Clear	Swip		Hoch

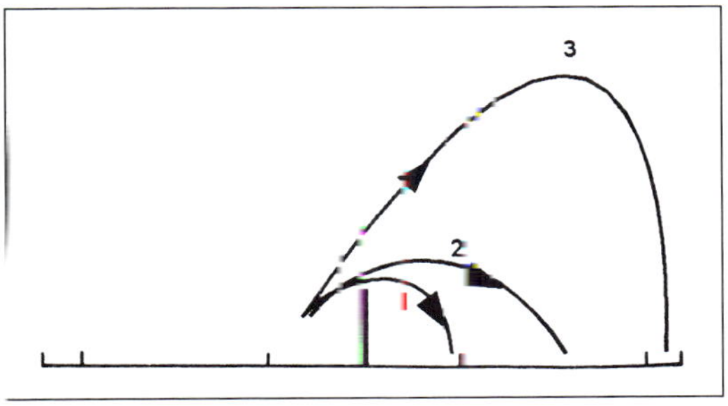

Die Unterhandschläge werden hauptsächlich aus dem Bereich zwischen Netz und Feldmitte gespielt. Zu den Unterhandschlägen gehören auch die verschiedenen Aufschläge. Die Grundtechniken sind der *Drop* (1), ein flach über und kurz hinter das Netz gespielter Ball, der *Push* (2), der flach über das Netz in den mittleren Feldbereich an der Seitenlinie fliegt und der *Clear* (3), der hoch und weit in den Bereich der gegnerischen Grundlinie geschlagen wird.

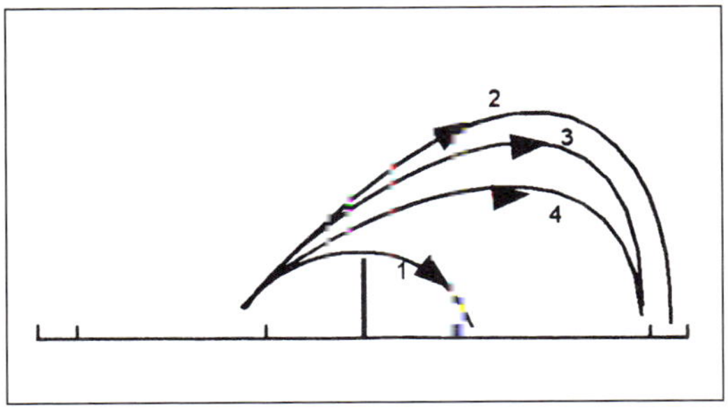

Abb. 43: Flugkurven der Aufschläge

Aus dem Bereich hinter der vorderen Aufschlaglinie werden die Aufschläge gespielt. Der *kurze Aufschlag* (1) fliegt sehr flach über die Netzkante und landet dicht hinter der vorderen Aufschlaglinie des annehmenden Partners, der hohe Aufschlag (2) fliegt sehr hoch und landet nahezu senkrecht auf der Grundlinie (Einzelspiel) bzw. auf der hinteren Aufschlaglinie (Doppelspiel) (3). Der *Swip* (4) wird flach-scharf durch oder knapp über die gegnerische Reichweite in den Grundlinienbereich (hintere Aufschlaglinie) geschlagen.

Die drei Netztechniken, die unmittelbar im Netzbereich gespielt werden, heißen *Heben, Stechen* und *Schneiden*. Das *Heben* ist eine defensive Schlagtechnik, mit der ein dicht in den Netzbereich gespielter Ball, der tief angenommen werden muss, noch gut und sicher retourniert werden kann. *Stechen* und *Schneiden* sind fintierte Schlagtechniken, die oben im Netzkantenbereich ausgeführt werden müssen und vom Gegner nur schwer zurückgespielt werden können.

Gegnerische Smash-Angriffsschläge können kurz (1), flach-scharf (2) oder hoch (3) abgewehrt werden. Die sicherste und einfachste Smash-Abwehr ist die kurze. Dabei wird der gegnerische Smash nur flach über und möglichst kurz hinter das Netz gespielt. Mit der flach-scharfen Abwehr, die meist in die diagonale Feldecke gespielt wird, setzt man den (die) gegnerischen Angreifer aus der Abwehrsituation sofort unter Druck und zwingt diesem eine defensive Position auf. Die hohe Abwehr kann nur von Spielern angewendet werden, die diese sicher mit ausreichender Höhe und Länge beherrschen. Der abwehrende Spieler bleibt allerdings in der Abwehrposition.

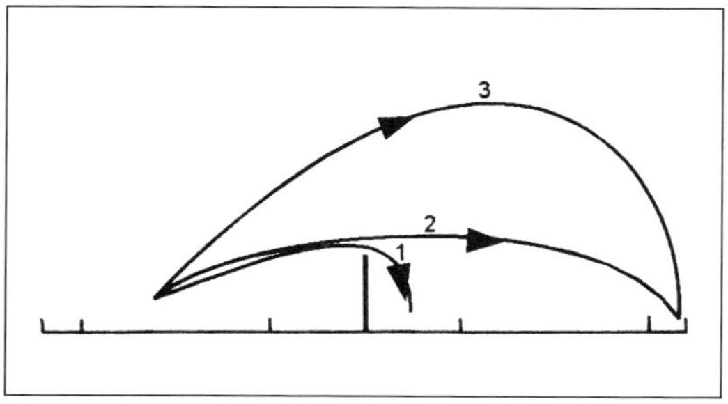

Abb. 44: Möglichkeiten der Smash-Abwehr (Flugkurven/Schnitt)

(1) Der Vorhand-Unterhandschlag

Die wichtigste Voraussetzung für einen wirkungsvollen Schlag ist die richtige Schlägerhaltung (s. o.). Bei einem Vorhand-Unterhandschlag zeigt der Schläger vor Beginn der Ausholbewegung nach oben (oder in Richtung Ball), der Unterarm wird parallel zum Boden gehalten (der Winkel zwischen Unterarm und Schläger beträgt ca. 90°). Der Ellbogen wird frei vor dem Körper gehalten, das Handgelenk ist leicht zum Handrücken gebeugt. Die Ausholbewegung (Ausholphase) beginnt mit einer Drehung im Unterarm (Schleife – der Schläger senkt sich zur Handrückenseite).

Gleichzeitig wird der Ellbogen neben die rechte Körperseite geführt. Wenn der Schlägerkopf den tiefsten Punkt erreicht hat, beginnt die Aufwärtsbewegung (Schlagphase) mit dem Vorbringen des Ellbogengelenks und gleichzeitiger, entgegengesetzter Drehung des Unterarms. Die schnellkräftige Bewegung wird durch intensives „Zufassen" am Schlägergriff noch äußerst vorteilhaft unterstützt. Nach dem Treffen des Balls wird der Schläger wieder in die Ausgangsposition zurückgeführt (Ausschwungphase).

a)

b)

c)

d)

e)

f)

Abb. 45 a–f: Vorhand-Unterhandschlag

a)

b)

c)

d)

(2) Der Rückhand-Unterhandschlag

Die wichtigste Voraussetzung für einen wirkungsvollen Schlag ist die richtige Schlägerhaltung (s. o.). Bei einem Vorhand-Unterhandschlag zeigt der Schläger vor Beginn der Ausholbewegung nach oben (oder in Richtung Ball), der Unterarm wird parallel zum Boden gehalten (der Winkel zwischen Unterarm und Schläger beträgt ca. 90°). Der Ellbogen wird frei vor den Körper gehalten, das Handgelenk ist leicht zum Handrücken gebeugt. Die Ausholbewegung (Ausholphase) beginnt mit einer Drehung im Unterarm (Schleife – der Schläger senkt sich zur Handinnen-/Daumenseite).

Gleichzeitig wird der Ellbogen in Richtung linke Körperseite geführt. Dabei sollten die Beugungen in Hand- und Ellbogengelenk beibehalten werden. Wenn der Schlägerkopf seinen tiefsten Punkt erreicht, ist der Ellbogen auf einer kleinen Kreisbahn annähernd in seine ursprüngliche Ausgangsposition zurückgekehrt, dabei wird gleichzeitig der Unterarm schnellkräftig in Richtung Handrücken gedreht (Schlagphase). Auch hier wird die schnellkräftige Bewegung durch das intensive Zufassen am Griff entscheidend unterstützt. Da die Schlagbewegung beim Treffen des Federballs endet, entfällt die Ausschwungphase bei den Rückhandschlägen.

Abb. 46 a–d: Der Rückhand-Unterhandschlag

Abb. 47: Position im zentralen Bereich

2.2.1 Lauftechniken

Schlagtechniken können nur erfolgreich angewendet werden, wenn ein Spieler rechtzeitig die günstigste Position für den Rückschlag eingenommen hat. Da der Gegner gerade dies ständig zu verhindern versucht, kommt der Lauftechnik in enger Verbindung mit der Schlagtechnik eine große Bedeutung zu.

Um alle Feldbereiche des eigenen Feldes optimal abzudecken, gibt es einen günstigen zentralen Bereich, der von jedem Spieler nach dem eigenen Schlag wieder angelaufen werden sollte. In diesem zentralen Bereich gibt es eine gedachte *zentrale Position*, die sich in der räumlichen Mitte des Spielfeldes befindet. Diese liegt für den Einzelspieler ca. 1,5-2 m hinter der vorderen Aufschlaglinie.

Sie ist abhängig von der Größe und Konstitution und den individuellen Fähigkeiten eines Spielers, schneller den vorderen bzw. den rückwärtigen Feldbereich anzulaufen. In der zentralen Position nimmt ein Spieler seine optimale Startposition ein. Dabei sind Fuß- und Kniegelenke sowie das Hüftgelenk so gebeugt, dass sich die Beinmuskulatur in einer günstigen Vorspannung befindet (Abb. 47). Bestimmte taktische Spielsituationen verlangen unter Umständen zeitweise aber auch eine situationsangemessene Verlagerung der Startposition, die dann sogar außerhalb des zentralen Bereichs liegen kann (Abb. 50).

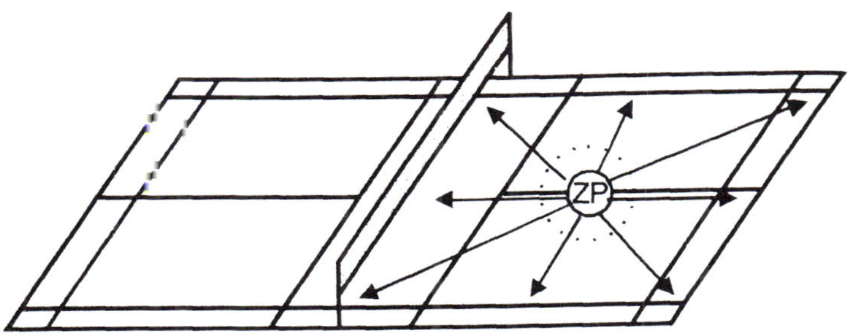

Abb. 48: Zentrale Position im zentralen Bereich

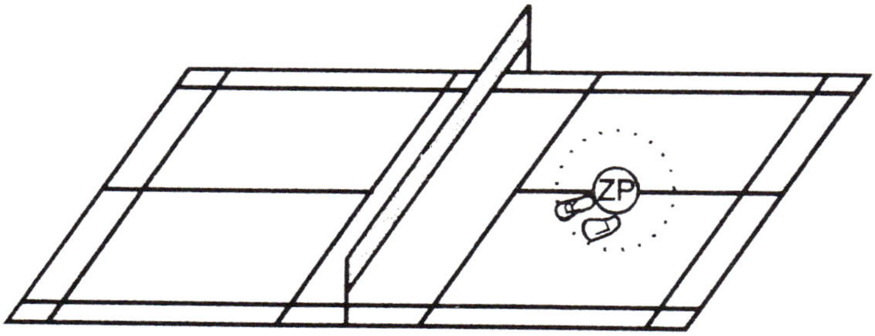

Abb. 49: Stellung innerhalb des zentralen Bereichs

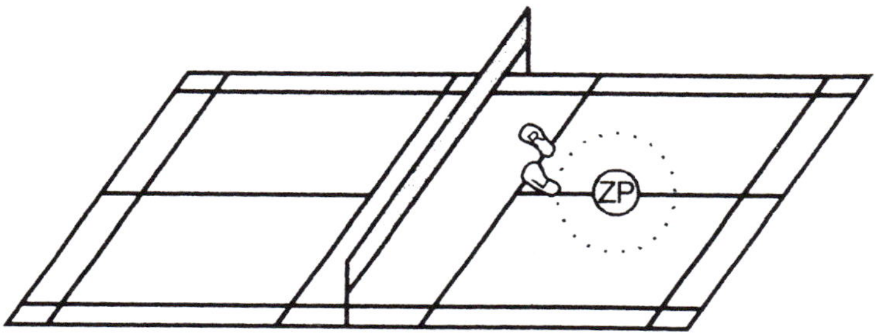

Abb. 50: Stellung außerhalb des zentralen Bereichs

Viele Spieler bevorzugen auch das sogenannte *Vorspannhüpfen* (eine leichte vertikale Auf- und Abbewegung), das einen schnellen Start begünstigen kann. Um sehr schnell starten zu können (z. B. nach vorne rechts, Abb. 51), muss der Spieler sein linkes Bein so hinter seinen Körperschwerpunkt bringen, dass ihn der Abdruck von diesem Bein schnellkräftig in die gewünschte Richtung starten lässt. Dieser „Auftaktschritt" in die Gegenrichtung erfolgt beim Laufweg nach links vorne in die Rückhandecke dann mit dem leicht nach hinten gesetzten rechten Bein (Abb. 52).

Abb. 51: Vorspannhüpfen

Sehr vorteilhaft ist es für einen Spieler, wenn er die Flugbahn der Bälle seines Gegners schon frühzeitig erkennt, weil er dann schon rechtzeitig in der Lage ist, die günstigste Position für einen schnellen Start in seinem zentralen Bereich einzunehmen.

Abb. 52: Auftaktschritt

Alle Lauftechniken in den Netzbereich und auch viele im mittleren Feldbereich zur Seitenlinie enden mit dem *Ausfallschritt*. Mit diesem Element der Lauftechnik werden alle Vorwärtslaufbewegungen situationsangemessen und kontrolliert mit dem rechten Bein (sowohl auf der Vorhand- als auch auf der Rückhandseite) abgebremst. Für den Beginner hat sich für den Lauf nach rechts vorn folgende Schrittkombination als sehr günstig erwiesen: Abdruck vom linken Fuß – rechts – links – und Abbremsen im Ausfallschritt mit dem rechten Bein (Abb. 53). Dabei wird das Bein der Schlagarmseite so weit nach vorne gestellt, dass Körpergewicht und Schwung sicher abgefangen werden können. In Situationen, in denen der Spieler nicht unter Druck steht, sollte der Winkel zwischen Ober- und Unterschenkel 90° nicht unterschreiten (Abb. 54). Das hintere Bein steht quer zur Laufrichtung und gewährleistet so einen sicheren Stand. Der linke Ellbogen wird zurückgenommen und dient so zur Stabilisierung des Gleichgewichts.

Eine aufrechte Körperhaltung ermöglicht eine gute Spielübersicht und erleichtert zudem den schnellkräftigen Abdruck vom vorderen ausgestellten Bein und damit die schnelle Rückkehr in den zentralen Bereich. Der Weg zum Netz wird von fortgeschrittenen Spielern vielfach aber auch mit Nachstellschritten zurückgelegt. Sogar Kreuzschritte sind bei einzelnen Spielern zu beobachten. Die Rückkehr ist individuell sehr unterschiedlich und ist stark vom eigenen Schlag und der zur Verfügung stehenden Zeit abhängig.

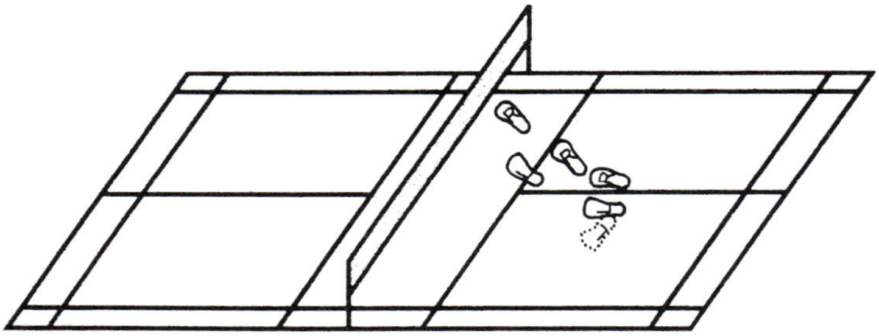

Abb. 53: Laufmöglichkeit nach vorne rechts

Abb. 54: Ausfallschritt

Die Laufwege in den Netz- und mittleren Feldbereich werden integrativ mit den Unterhandschlägen geübt und trainiert.

Übungs- und Spielformen hierzu werden auf den folgenden Seiten angeboten.

2.2.2 Übungs- und Spielformen für das Training der Unterhandschläge

(1) Schattenlaufen zum Netz

Beschreibung:
Die Übenden laufen aus dem zentralen Bereich in den rechten und linken Netzbereich vor der vorderen Aufschlaglinie (Lauf zum Netz, vgl. S. 43) und führen hier ohne Ball Unterhandschläge mit der Vorhand und der Rückhand aus.

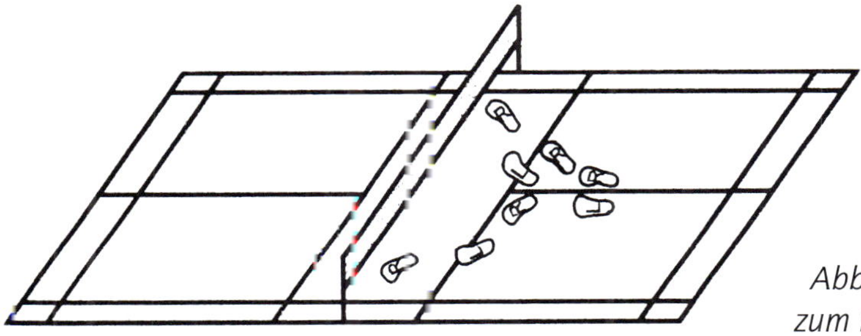

Abb. 55: Schattenlaufen zum Netz

Ziel:
Die Beginner sollen zunächst ihre individuell günstige Laufarbeit in den Netzbereich in Erfahrung bringen und ohne Störeinflüsse üben (Ball, schlechtes Zuspiel). Fortgeschrittene haben die Möglichkeit, die Laufarbeit bewusst auszuführen und den schnellen Start, den Ausfallschritt und die Rückkehr in den zentralen Bereich zu verbessern.

Variationen:
- Ein Partner oder Trainer zeigt die anzulaufende Position von der anderen Seite des Netzes an und achtet auf die richtige, schnelle Ausführung.
- Ein Partner oder Trainer ruft die anzulaufende Position zu (rechts, Mitte, links) und achtet auf die richtige, schnelle Ausführung.

Hinweise:
- Die Übungsformen sollten sehr bewusst und konzentriert durchgeführt werden.
- Sinnvoll wäre es, die eigene Laufarbeit mit der Videokamera aufzuzeichnen und die Aufzeichnungen mit Bildern von guten Spielern zu vergleichen.
- Die Übungsformen sollten nicht zu lange durchgeführt werden, da zu lange Trockenübungen nicht motivationsfördernd sind.

(2) Zuwurf in den Netzbereich

Beschreibung:
Ein Partner oder Trainer wirft den Federball aus dem Bereich der vorderen Aufschlaglinie in den Netzbereich des Übenden. Dieser startet rechtzeitig aus seinem zentralen Bereich, läuft in den Netzbereich und spielt den Ball nach einem kontrollierten Ausfallschritt mit einem Unterhandschlag sicher auf den Zuwerfenden zurück. Es sollten jeweils Serien von fünf Bällen auf die Vorhand- und Rückhandseite geworfen werden.

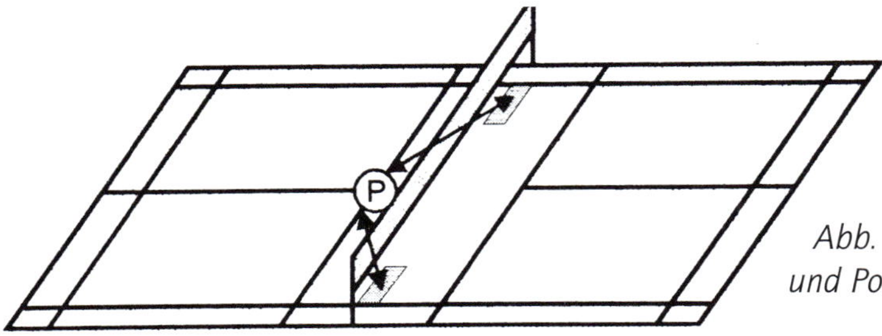

Abb. 56: Treffpositionen und Positionen des Zuwerfers

Ziel:
Der Übungserfolg des Übenden ist stark von der Qualität des Zuspiels abhängig. Besonders im Beginnerbereich gibt es oftmals zu Anfang Zuspielprobleme. In dieser Situation ist der gezielte Zuwurf von unten eine entscheidende praktische Hilfe, um das Übungsziel schneller zu erreichen.

Variationen:
- Der Partner oder Trainer wirft wechselseitig auf die Vor- und Rückhandseite.
- Bei Fortgeschrittenen wirft der Partner oder Trainer unregelmäßig den vorderen Netzbereich des Trainierenden an.
- Bei fortgeschrittenen Spielern fintiert der Zuwerfer seine Zuwürfe.
- Bei Fortgeschrittenen auf höherem Niveau dreht sich der Übende in seinem zentralen Bereich mit dem Rücken zum Netz. Auf Zuruf wird der Ball vom Partner oder Trainer zugeworfen. Nach einer schnellen Reaktion und Drehung beginnt für den Trainierenden die Übung.

Hinweise:
- Die Zuwürfe haben sicher von unten zu erfolgen (kein Kern- oder Schlagwurf), da sonst die Zielgenauigkeit leidet, und die Bälle für den Übenden zu schnell kommen und unerreichbar werden.

- Der nächste Zuwurf sollte erst erfolgen, wenn der Übende seine Startposition im zentralen Bereich eingenommen hat.
- Die Übungsformen sollten sehr bewusst und konzentriert durchgeführt werden.
- Der zuwerfende Partner oder Trainer sollte die Übungsqualität des Trainierenden ständig beobachten und gegebenenfalls korrigieren.

(3) Unterhandschläge im Netzbereich mit der Vor- und Rückhand

Beschreibung:
Aus dem zentralen Bereich läuft Spieler A mit seiner individuellen Lauftechnik in den Netzbereich der Vorhandecke. Der Vorwärtslauf endet im Ausfallschritt. Aus dieser Position spielt A den Ball mit einem Vorhand-Unterhandschlag (1) auf den auf dem „T" stehenden Partner oder Zuspieler zurück. Dieser spielt den Ball in die Rückhandecke des Netzbereichs. A retourniert mit einem Rückhand-Unterhandschlag (2) auf den Zuspieler.

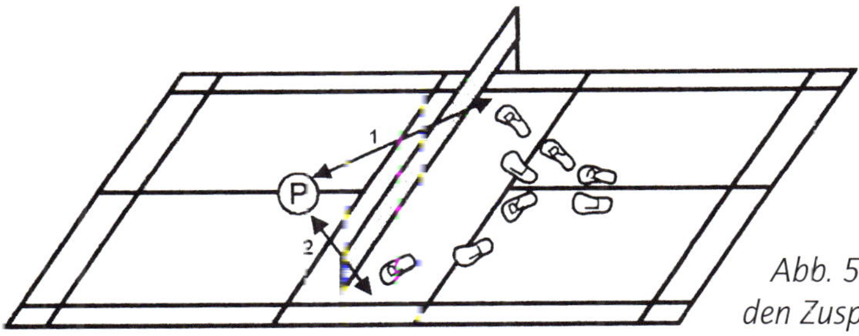

Abb. 57: Rückspiel auf den Zuspieler

Ziel:
Spieler A soll nach seinen Laufbewegungen in die Spielfeldecken des Netzbereichs den Federball zielgenau auf den Partner/die Partner oder in die vorgegebenen Treffbereiche zurückspielen.

Variationen:
- Bei Fortgeschrittenen spielt der Partner oder Trainer unregelmäßig den vorderen Netzbereich des Trainierenden an.
- Zwei Partner (P 1 und P 2) spielen die Bälle auf die Vorhandseite in den Netzbereich von Spieler A. Dieser kann die Bälle wahlweise mit den Grundtechniken Unterhand-Drop, -Push und -Clear in die Treffbereiche 2, 4 und 6 spielen (Abb. 58).
- Zwei Partner spielen die Bälle auf die Rückhandseite in den Netzbereich von Spieler A. Dieser kann die Bälle wahlweise mit den Grundtechniken Unterhand-Drop, -Push und -Clear in die Treffbereiche 1, 3 und 5 spielen (Abb. 58).

- Spieler A kann alle Feldbereiche beliebig anspielen, die Partner spielen immer parallel zurück.
- Spieler A kann alle Feldbereiche beliebig anspielen, die Partner dürfen den gesamten Netzbereich von Spieler A anspielen.

Hinweise:

- Die Bälle in die Treffbereiche 5 und 6 sollten von Spieler A möglichst hoch in den Grundlinienbereich geschlagen werden. Er gewinnt dadurch mehr Zeit für seine Laufarbeit.
- Wenn Spieler A die Treffbereiche 1-4 anspielt, wird er Probleme bekommen, die Zentrale Position zu erreichen. Er wird unter Umständen nur noch 1-2 Nachstellschritte in Richtung zentralen Bereich machen können, um nach dem gegnerischen Schlag sofort wieder mit 1-2 Nachstellschritten in den Ausfallschritt im Netzbereich zu gelangen.
- Wenn zwei Partner als Zuspieler fungieren, retourniert P 1 alle Bälle, die in die Treffbereiche 1 und 2 und P 2 alle, die in die Bereiche 3-6 gespielt werden.

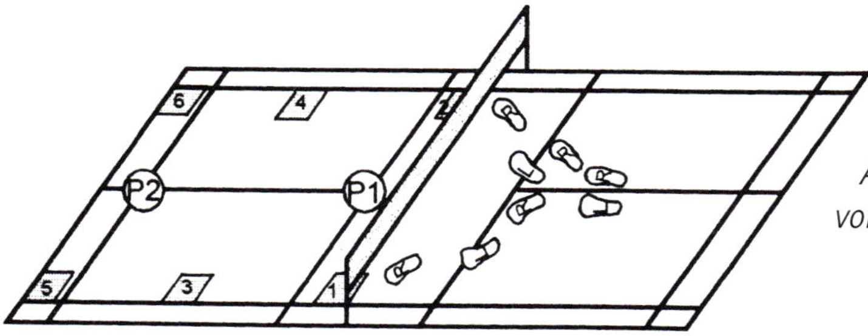

Abb. 58: Rückspiel in vorgegebene Zielbereiche

2.2.3 Aufschläge

Mit der folgenden Darstellung der Flugkurven sollen zunächst die Flugbahnen der im Folgenden erläuterten Aufschläge *hoher Aufschlag*, *kurzer Aufschlag* und *Swip-Aufschlag* aufgezeigt werden.

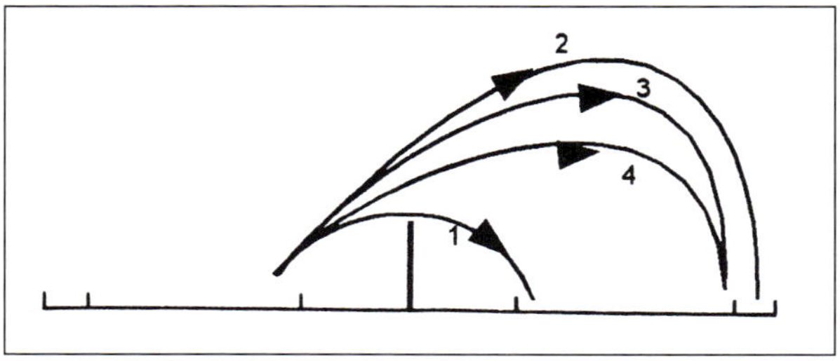

Abb. 59: Flugkurven der Aufschläge

YONEX

Abb. 60 a–f: Der hohe Aufschlag

a)

b)

c)

d)

(1) Der hohe Aufschlag

Da der Aufschlag durch das Regelwerk so eingeschränkt ist, dass er von unten ausgeführt werden muss, unterscheiden sich die Aufschläge nur unwesentlich von den Vorhand-Unterhandschlägen. Wichtig ist aber, in der Vorbereitungsphase ruhig zu stehen und sich vollständig auf den Aufschlag zu konzentrieren, denn dies ist der einzige Schlag, der nicht vom Rückspiel des Partners abhängig ist.

Die Füße nehmen beim Aufschlag eine leichte Schrittstellung ein, bei der das vordere linke Bein in Schlagrichtung zeigt. Das rechte Bein steht etwa eine Fußlänge weiter hinten und ist zur Seitenlinie gedreht. Der Oberarm hängt locker an der rechten Körperseite, der Unterarm wird parallel zum Boden gehalten, der Schlägerkopf zeigt nach oben. Die Schlagphase beginnt mit einer Gewichtsverlagerung vom rechten auf das linke Bein und dem Vorbringen der rechten Hüfte (Vorspannung). Während des Vornehmens des rechten Ellbogens fällt der Schläger durch eine Drehung im Unterarm locker zur Rückhandseite bzw. nach hinten. Bevor sich der Schlägerkopf durch die Körperdrehung und Weiterführung des Ellbogens vor der Körpermitte befindet, muss der Federball aus der linken Hand gerade nach unten fallen gelassen werden. Durch die schnellkräftige Einwärtsdrehung (Pronation) bei gleichzeitigem intensiven Zufassen erfährt der Schlägerkopf bis zum Treffpunkt des Balls eine sehr hohe Beschleunigung. Nach dem Treffen unter Hüfthöhe schwingt der Schlägerkopf zur linken Schulter aus.

e)

f)

a)

b)

(2) Der kurze Aufschlag

Wenn als Alternative ein kurzer Aufschlag gespielt werden soll, müssen Aushol- und Schlagphase weitgehend der des hohen Aufschlags entsprechen. Nur dann ist sichergestellt, dass der Gegner die Absicht nicht frühzeitig erkennt. Die entscheidende Veränderung ist, dass nach der Körperdrehung in Schlagrichtung und dem Vorbringen des Ellbogens die schnellkräftige Unterarmdrehung und das Zufassen wegfallen. Dadurch ist die Bewegung wesentlich ruhiger und kontrollierter. In letzter Zeit wird der kurze Aufschlag vor allem im Doppelspiel zunehmend mit der Rückhand ins Spiel gebracht. Diese Aufschlagvariante ist für Beginner mit koordinativen Problemen unter Umständen eine große Hilfe, da der Federball notfalls aus der Hand geschlagen werden kann.

Abb. 61 a–e:
Der kurze Aufschlag

c)

d)

e)

(3) Swip-Aufschlag

Der Swip-Aufschlag ist eigentlich die Finte eines kurzen Aufschlags. Dies geschieht dadurch, dass Gewichtsverlagerung, Körperdrehung und Vorbringen des Ellbogens in Schlagrichtung bewusst langsam bzw. wie beim kurzen Aufschlag ausgeführt werden. Entscheidend ist dann, dass im letzten Teil der Schlagphase überraschend die schnellkräftige Unterarmdrehung und das intensive Zufassen erfolgen müssen. Dadurch kann der Swip-Aufschlag durch oder knapp über die Reichweite des annehmenden Spielers gespielt werden, der nach einer guten Täuschung Probleme haben wird, den Ball noch zu erreichen bzw. aggressiv zu retournieren.

2.2.4 Übungs- und Spielformen für das Aufschlagtraining

(1) Der hohe Aufschlag

Beschreibung:
Eine Voraussetzung für die erfolgreiche Spieleröffnung ist die Beachtung der entsprechenden Aufschlagregeln (vgl. S. 145).

Der Beginner beginnt zunächst mit dem hohen Aufschlag. Dazu nimmt er die korrekte Ausgangsstellung am „T" im rechten Aufschlagfeld ein. Der hohe Aufschlag soll so hoch und weit geschlagen werden, dass er senkrecht im Bereich zwischen der hinteren Aufschlaglinie und Grundlinie im rechten Aufschlagfeld auf der gegenüberliegenden Seite landet.

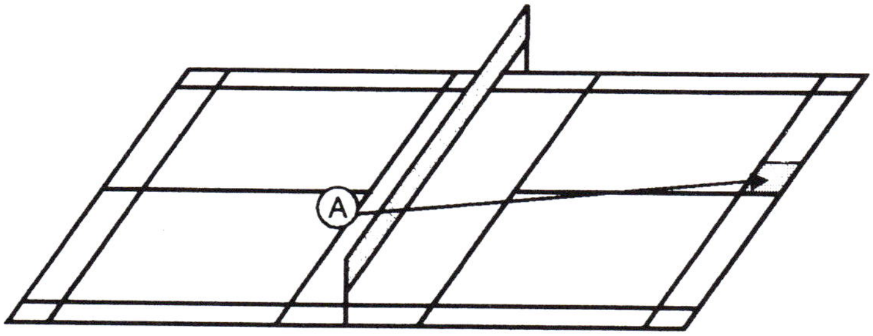

Abb. 62: Zielfläche für den hohen Aufschlag

Ziel:
Die Beginner sollen sich den Aufschlag am Anfang mit der Grundtechnik, dem hohen Aufschlag, aneignen. Dabei sollen sie ein Gefühl für die korrekte technische Ausführung und die richtige Höhe und Weite entwickeln.

Zudem ist es für den Anfänger wichtig, den Gegner schon mit dem hohen Aufschlag zu Spielbeginn in eine defensive Position in den Grundlinienbereich zu zwingen.

Variationen:

- Der Partner fängt den Federball mit dem Schläger im Grundlinienbereich, geht vor an die vordere Aufschlaglinie und übt ebenfalls den hohen Aufschlag.
- Der Aufschläger spielt über ein hohes Seil (mindestens 3 m), das ca. 1 m vor der gegnerischen Grundlinie gespannt wird.
- In der Aufschlagannahmeposition steht ein großer Spieler, der hoch und weit überspielt werden muss.
- Der Aufschläger spielt auf Zielfelder (Matten, kleine Kästen, Gymnastikreifen), die im Grundlinienbereich eingerichtet werden.

Hinweise:

- Bei koordinativen Problemen ist es durchaus sinnvoll, dass der Übende den hohen Aufschlag ohne Ball noch einmal technisch einwandfrei realisiert.
- Bei fehlender Flughöhe empfiehlt es sich, den hohen Aufschlag aus geringer Entfernung (4-6 m) an eine hohe Hallenwand mit einem hohen Zielfeld zu spielen.
- Wenn auf Zielfelder gespielt wird, darf auf keinen Fall die Flughöhe darunter leiden.

(2) Der kurze Aufschlag

Beschreibung:

Neben seiner Bedeutung als Alternative zum hohen Aufschlag findet diese Aufschlagvariante hauptsächlich im Doppelspiel Anwendung. Der Beginner sollte unmittelbar im Bereich seiner vorderen Aufschlaglinie an der Mittellinie stehen und den Federball zunächst ohne gegnerische Aufschlagannahme sicher in das gegenüberliegende Aufschlagfeld spielen. Dabei ist es wichtig, dass der Federball sehr flach über die Netzkante fliegt und unmittelbar im Bereich der vorderen Aufschlaglinie landet.

Ziel:

Der kurze Aufschlag sollte so gespielt werden, dass der Gegner gezwungen ist, den Ball unterhalb der Netzoberkante anzunehmen und diesen von unten nach oben zu spielen. Dadurch ergibt sich für den Aufschläger sofort der Vorteil, dass er in die Angriffsposition gelangt.

Variationen:

- Über das Netz wird ein Sektor gespannt (z. B. mit der Zauberschnur und Hochsprungständern), durch den der kurze Aufschlag gespielt wird. Die Höhe des Sektors kann zunächst 50 cm betragen und wird nach gelungenen Versuchen kontinuierlich verringert.
- Zusätzlich zum Sektor wird im Bereich der gegnerischen vorderen Aufschlaglinie ein Zielfeld platziert (z. B. Handtuch, Schlägerhülle, halber Gymnastikreifen; es sollte kein kleiner Kasten aufgestellt werden).
- Die kurzen Aufschläge werden auf den aufschlagannehmenden Spieler gespielt.
- Der Aufschläger darf hohe und kurze Aufschläge variieren.

Hinweise:

- Bei der Schlagausführung sollte der Gegner möglichst lange darüber im Unklaren gelassen werden, ob ein kurzer oder hoher Aufschlag folgt.
- Der kurze Aufschlag ist besonders für Anfänger mit der Rückhand leichter zu erlernen.
- Besonders beim kurzen Aufschlag ist auf eine regelgerechte Ausführung zu achten.
- Der aufschlagannehmende Spieler sollte zu Beginn nicht zu aggressiv agieren und dem Aufschläger häufiger Rückmeldungen über die Höhe und Länge der Aufschläge geben.
- Die Aufschläge sollten bei jedem Training immer wieder trainiert werden. Das kann man auch sehr gut allein ohne Partner.

(3) Der Swip-Aufschlag

Beschreibung:

Auch wenn ein Spieler den kurzen Aufschlag gut beherrscht, ist es sinnvoll, als Alternative und Finte zu diesem Aufschlag sich noch den Swip-Aufschlag anzueignen, da aggressive Aufschlagannehmer immer weiter nach vorne rücken werden, wenn kein hoher oder Swip-Aufschlag gespielt wird.

Wie bei den anderen Aufschlägen ist es erforderlich, eine identische Ausgangsstellung einzunehmen. Der Aufschläger darf nun kurze und Swip-Aufschläge variieren, der aufschlagannehmende Spieler erhält die Aufgabe, so aggressiv wie möglich anzunehmen.

Ziel:

Die Aufschläge sollten so erfolgreich gespielt werden, dass kurze Aufschläge unter der Netzkante angenommen werden müssen und Swip-Aufschläge vom Aufschlagannehmer gar nicht erreicht beziehungsweise als „Notschläge" oder Clear retourniert werden.

Variationen:

- Zunächst wird die schnelle Beschleunigung des Schlägerkopfs im letzten Teil der Schlagphase durch die intensive Unterarmdrehung geübt („trocken", ohne Ball).
- Der Swip-Aufschlag wird ohne Aufschlagannehmer geübt. Es ist zu Anfang sinnvoll, etwa in der Mitte des Aufschlagfeldes ein Seil in 2,50-3,00 m Höhe zu spannen, über das der Swip-Aufschlag geschlagen werden muss.
- Nach 10 erfolgreichen Versuchen - der Aufschlagannehmer muss von unten annehmen bzw. wird überspielt und kann nicht mehr aggressiv zurückschlagen - wechselt die Aufgabenstellung.
- Der aufschlagannehmende Spieler muss in Zielbereiche spielen.

Hinweise:

- Die schnelle Beschleunigung des Schlägers sollte trainingsunterstützend mit einer Greifzange oder mit einem schwereren Schläger (z. B. Tennis- oder Squashschläger) geübt werden.
- Das Seil über der Mitte des Aufschlagfeldes kann schnell mit zwei Hochsprungständern auf zwei kleinen Kästen eingerichtet werden.
- Mindestens drei angemessen große Zielfelder sollen nach taktischen Gesichtspunkten sinnvoll auf dem Feld platziert werden.

Die Bedeutung des Aufschlagtrainings wird sehr häufig unterschätzt. Ein gelungener Aufschlag treibt den Gegner aus seinem zentralen Bereich und ermöglicht dadurch erfolgreiche Angriffsvarianten. Aufschlagübungen können in jeder Phase des Trainings eingeschoben oder sogar als „aktive Pause" gestaltet werden.

2.3 Überkopf- und Überhandschläge mit der Vorhand

Um die Spielidee zu verwirklichen, ist es wichtig, den Federball möglichst oberhalb der Netzkantenhöhe anzunehmen, damit dieser dann von oben in das Feld des Gegners gespielt werden kann. Je steiler dieser Angriff erfolgt, desto geringer sind die Abwehrchancen für den Gegenspieler. Aus diesem Grunde ist es von großer Bedeutung, die Überkopf- und Überhandschläge sicher zu beherrschen.

Die Grundschläge im Überkopfbereich sind der Überkopf-Clear, -Smash und -Drop. Sie unterscheiden sich lediglich durch die Position der unterschiedlichen Treffpunkte und bei der Intensität der Schlagausführung.

Um mit möglichst geringem Kraftaufwand möglichst lange hart und genau schlagen zu können, sollte jeder Schlag durch die Ausholphase so optimal wie möglich eingeleitet werden. Dies geschieht dadurch, dass der rechte Ellbogen sich tief an der rechten Körperseite befindet und der gesamte Oberkörper deutlich nach rechts gedreht ist. So wird ein besonders langer Beschleunigungsweg und eine hohe Geschwindigkeit im Treffpunkt erreicht. Der optimale Treffpunkt liegt in Verlängerung der Körperlängsachse so vor und über dem Kopf, dass der Federball mit leicht gebeugten Ellbogen am Ende der Schlagphase getroffen werden kann, wenn das Beschleunigungsmaximum erreicht ist. Wichtig ist, dass der Schläger nicht schon vor dem Treffpunkt abgebremst wird, da sonst der zeitlich-räumliche Schlagablauf verändert wird, was Verluste an Schlaghärte und oftmals auch an Schlaggenauigkeit zur Folge hat.

Tab. 8: Überkopf- und Überhandschläge

Überkopf- und Überhandschläge

Grundschläge	Varianten
Clear	Angriffsclear
Smash	Halfsmash
Drop	Angeschnittener Drop
Drive	

2.3.1 Beschreibung der Schlagtechniken

(1) Der Überkopf-Clear

Eine Schlagtechnik im Vorhand-Überkopf- und Vorhand-Überhandbereich ist der Vorhand-Überkopf-Clear. Mit dieser Technik, die meistens aus dem eigenen Grundlinienbereich gespielt wird, soll der Gegner aus seiner günstigen Position in der Feldmitte in seinen Grundlinienbereich getrieben werden. Um dabei sicher und zielgenau über die Reichweite des Gegners hinweg in die hinteren Spielfeldecken zu spielen, muss der Federball eine hohe Beschleunigung erfahren. Nicht die rohe Kraft sollte für diese Beschleunigung entscheidend sein, sondern die ausgefeilte, richtige Technik. Für die Beschleunigung ist die Geschwindigkeit des Schlägerkopfs beim Treffen des Federballs entscheidend. Den Hauptimpuls erhält der Schlägerkopf dabei durch das schnelle Vorbringen des Schlagarm-Ellbogens und die Unterarmdrehung mit schnellem, kräftigem Zufassen.

Die Schlagbewegung beginnt mit der **Ausholphase**. Dabei ist es wichtig, dass der leicht gebeugte linke Ellbogen nach vorn oben auf den heranfliegenden Ball zeigt. Der rechte Oberarm hängt locker an der rechten Körperseite, der Ellbogen zeigt nach unten. Die **Schlagphase** beginnt mit dem Vorbringen der rechten Hüfte. Dadurch entsteht eine Vorspannung in Teilen der Rumpfmuskulatur. Diese Vorspannung verstärkt sich noch, wenn der linke Ellbogen neben der linken Körperseite nach unten hinten geführt wird. Mit dem Vorbringen des rechten Ellbogens beginnt die Auflösung dieser Vorspannung und gleichzeitig eine Drehung um die Körperlängsachse, bis der Oberkörper frontal in Schlagrichtung zeigt. Während der Streckbewegung des Schlagarms erfolgt die schnelle Unterarmdrehung mit gleichzeitigem, schnellkräftigem Zufassen am Griff. Der Treffpunkt befindet sich etwa in Körpermitte über dem Kopf, je nachdem, wie hoch der Clear gespielt werden soll.

Wichtig:
Beim Treffen des Balls (Treffpunkt) ist das Ellbogengelenk nicht vollständig gestreckt.

Nach dem Treffen des Balls sollte die Schlagbewegung nicht ruckartig unterbrochen, sondern die beschleunigten Körperteile arm- und gelenkschonend abgebremst werden. In der **Ausschwungphase** wird der Schläger zur linken Körperseite nach vorn unten ausgeschwungen und dann wieder in die Ausgangsposition zurückgeführt.

Abb. 63 a–h: Überkopf-Clear

a)

b)

c)

d)

e)

f)

g)

h)

(2) Vorhand-Überkopf-Smash

Bei dieser Technik müssen, um härter zu schlagen, Körpereinsatz und Schlagphase noch explosiver ausgeführt werden. Die notwendige höhere Geschwindigkeit des Schlägerkopfs wird u. a. auch dadurch erreicht, dass die Ausholphase so lange wie möglich verzögert wird. Dann wird der Schlag mit vollem Körpereinsatz ausgeführt. Der Treffpunkt liegt am weitesten vor dem Körper, damit der Federball hart und steil nach unten geschlagen werden kann.

Abb. 64: Der Vorhand-Überkopf-Smash

(3) Vorhand-Überkopf-Drop

Der Drop ist eigentlich eine gut angetäuschte Finte von Clear oder Smash, der dadurch kaum oder nur mit größten Schwierigkeiten vom Gegner erreicht werden kann. Er wird knapp über und kurz hinter das Netz gespielt. Aushol- und Schlagphase müssen mit denen der beiden anderen Vorhand-Überkopfschläge nahezu identisch sein. Der Treffpunkt liegt dann zwischen den Treffpunkten von Clear und Smash, damit der Drop seine charakteristische Flugbahn erhalten kann. Dafür ist natürlich hauptsächlich die unmittelbar vor dem Treffpunkt abgebrochene Schlagbewegung maßgebend.

Abb. 65: Vorhand-Überkopf-Drop als angetäuschter Stoppball

Durch die betonte Aushol- und Schlagphase hat der Gegner sich längst auf einen langen Ball eingestellt, sodass das Erreichen des gut getäuschten Drops häufig sehr erschwert wird.

(4) Der Drive

Um dem Gegner nicht die Chance zum Angriff zu eröffnen, ist es unerlässlich, den Ball flach und scharf im Spiel zu halten.

Flach und scharf gespielt wird häufig aus der frontalen Spielsituation, im Seithandbereich und als Abwehrvariante.

Nicht nur bei guten Spielern ist die Fluggeschwindigkeit des Federballs in vielen Spielsituationen sehr hoch. Lange Schleifen sind in solchen Situationen kaum mehr zu realisieren. Somit bestimmt der gegebene Zeitrahmen die Kürze der möglichen Schleifenbewegung. Da der Zeitrahmen bei den Driveschlägen äußerst kurz bemessen ist, müssen die Schlagbewegungen sehr knapp und intensiv sein.

Frontales flach-scharfes Spiel
Bei dieser Technik nimmt der Spieler eine frontale Stellung zum Netz ein, Ellbogen und Hand befinden sich vor dem Körper (der Unterarm ist waagerecht zum Boden). Der Schläger wird im Rushgriff gehalten, das Handgelenk ist dorsal gebeugt. Die Schlagfläche bleibt während aller Schlagphasen geöffnet und zeigt in Richtung des zu erwartenden Treffpunkts.

Mit dem lockeren Rushgriff wird der Ellbogen nach vorne in Schlagrichtung beschleunigt, wobei der Schlägerkopf bei stärker gebeugtem Ellbogen nach hinten fällt. Den entscheidenden Impuls erhält der Schlägerkopf jetzt über das Zufassen der Finger am Griff und durch die Ellbogenstreckung.

Nach dem Treffen des Balls wird die Ellbogenstreckung abgebremst und der Schlägerkopf in die Ausgangsstellung zurückgeführt.

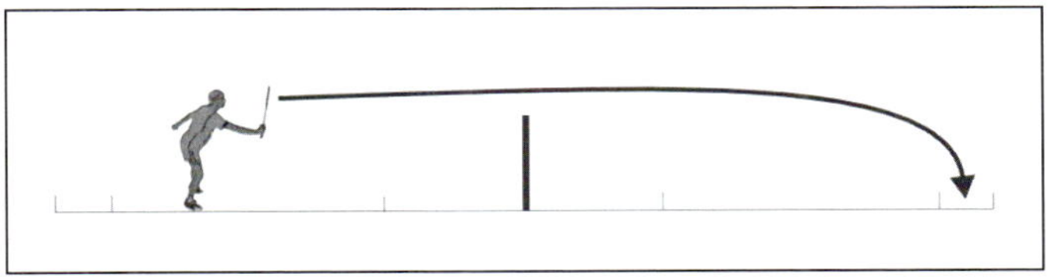

Abb. 66: Flugbahn Drive frontal

Flach-scharfes Spiel im Seithandbereich

Ist der erwartete Treffpunkt im Seithandbereich, zeigt der Schlägerkopf zur entsprechenden Seite in Richtung des heranfliegenden Balls. Das rechte Bein macht einen Ausfallschritt zur Seite. Beim Spiel im Seithandbereich ist eine minimale Rotationsbewegung im Unterarm zu beobachten.

Der Treffpunkt liegt neben dem Körper in Hüft- bis Kopfhöhe, danach Rückkehr in Richtung zentrale Position.

Übungs- und Spielformen

1. Zwei Spielpartner stehen etwa in der Mitte ihres Halbfeldes und spielen dem Partner den Federball in Netzkantenhöhe zu. Gewöhnung an schnelles, flaches Spiel in Netzkantenhöhe.

- Gleichmäßiger Rhythmus sollte eingehalten werden.

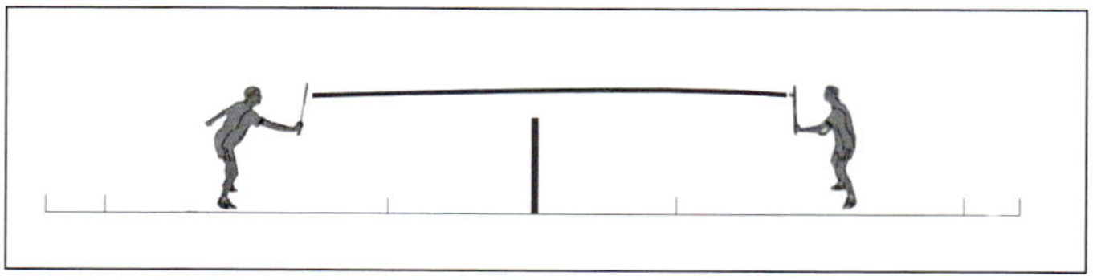

Abb. 67: Flach-schafes Spiel in Netzkantenhöhe

Variation:

- Gleiche Übungsform, aber mit zwei Federbällen.

2. Die Partner stehen in der Feldmitte ihres Halbfeldes und spielen den Drive im Seithandbereich.

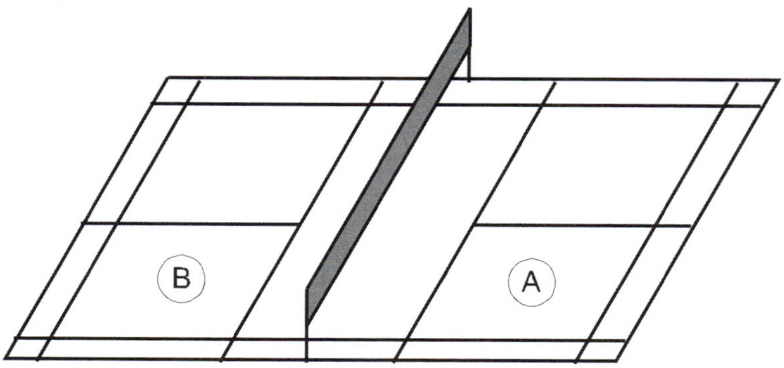

Abb. 68: Drive im Seithandbereich

Variationen:

- A und B spielen beide den Vorhand-Drive diagonal.
- B spielt Vorhand – A spielt Rückhand-Drive im Seitenlinienbereich.
- A spielt Vorhand – B spielt Rückhand-Drive im Mittellinienbereich.

Abb. 69: Seithandschlag mit der Vorhand

3. Spielform auf dem Halbfeld ohne Vorder- und Hinterfeld. Seitliche Begrenzung ist die Seitenlinie für das Doppelfeld (Spielfeldbereiche = schraffierte Felder).

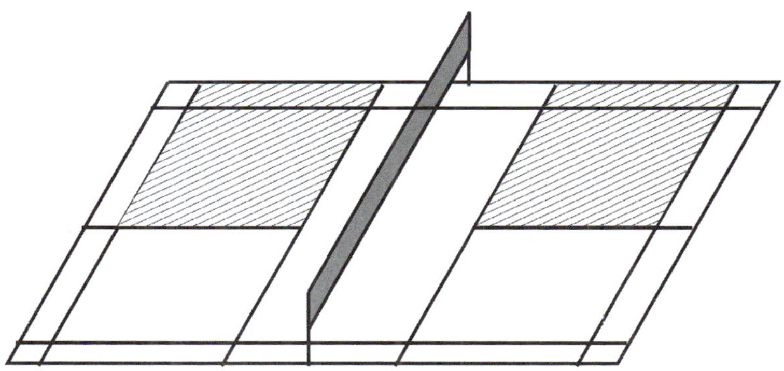

Abb. 70: Spielform auf dem Halbfeld

a)

Variationen:

- Herausfordernd, d. h. als Mischung aus Übung und Wettkampf.
- Gegeneinander als Wettkampf (Punkte werden gezählt).
- Wettkampfspiel mit verschiedenen Netzhöhen.

2.3.2 Beschreibung der Lauftechniken

Auch hier heißt es wieder, Schlagtechniken können nur erfolgreich angewendet werden, wenn ein Spieler rechtzeitig die günstigste Position für den Rückschlag eingenommen hat. Da der Gegner gerade dies ständig zu verhindern versucht, kommt der Lauftechnik in enger Verbindung mit der Schlagtechnik eine große Bedeutung zu.

b)

Für den schnellen Start aus der zentralen Position sind die Hinweise in Kap. 2.2.1 unbedingt zu beachten.

Im Gegensatz zum Lauf aus der zentralen Position in den Netzbereich muss der Spieler für einen Vorhand-Überkopfschlag in der Regel nach hinten in den Grundlinienbereich laufen. Wenn viel Zeit für den Rückwärtslauf zur Verfügung steht, kann der Spieler diese Laufbewegung mit einem **Stemmschritt** beenden. Dabei wird die Rückwärtsbewegung durch Beugen des rechten Bein abgebremst (Stemmphase). Mit der Streckung und dem Abdrücken des Beins (abstemmen) und der Schlagbewegung wird gleichzeitig die Vorwärtsbewegung eingeleitet, um schnell wieder in die zentrale Position zu gelangen.

c)

d)

Abb. 71 a–d: Stemmschritt

Bei schnellen Ballwechseln erfolgt nach der Rückwärtsbewegung aber erfahrungsgemäß der **Umsprung**.

Abb. 72 a–c: Umsprung

Um in diese effektive Umkehrbewegung zu gelangen, ist es sinnvoll, sich bestimmte Schrittkombinationen anzueignen und diese zu trainieren.

Als Laufweg in den hinteren Feldbereich soll hier beispielhaft eine Schrittkombination angeboten werden: Abdruck vom etwas vorgestellten rechten Bein – Gewichtsverlagerung mit leichterem Sprung nach hinten auf das linke Bein – leichter, flacher Absprung (Gleitschritt) nach hinten mit erneuter Landung auf dem linken Bein – flacher Absprung mit Körperdrehung um die Längsachse und Landung auf rechts (Ausgangsstellung wie beim Stemmschritt). Für den Umsprung erfolgt nun mit dem rechten

Abb. 73: Verlagerung des Körperschwerpunkts

Bein der schnellkräftige Absprung nach oben hinten. In der „Flugphase" werden das linke Bein (Scherbewegung) und der linke Ellbogen schnell nach hinten geführt. Dadurch erfolgt eine Körperdrehung von 180° um die Längsachse. In dieser Phase wird auch der Schlag ausgeführt, in dem die rechte Hüfte, der rechte Ellbogen und der rechte Unterarm schnellkräftig nach vorne gebracht werden. Die Landung erfolgt entweder einbeinig oder zweibeinig, wobei die linke Fußspitze unbedingt zur linken Seitenlinie weisen sollte. Mit der Landung wird der Körperschwerpunkt sofort nach vorne verlagert, um mit dem Abdruck vom linken Bein schnell wieder in Richtung zentrale Position starten zu können. Nach 2-3 Schritten wird diese erreicht und die Startposition wieder eingenommen.

Wenn die Laufbewegung in die zentrale Position zu dem Zeitpunkt beendet ist, bevor der Gegenspieler den nächsten Schlag ausführt, hat man die günstigsten Voraussetzungen, um auch den nächsten Ball wieder rechtzeitig und optimal zu erreichen.

2.3.3 Übungsformen für das Training der Vorhand-Überkopf und Vorhand-Überhandschläge

(1) Der Vorhand-Überkopf-Clear

Beschreibung:

Nachdem der Beginner sich eine richtige Bewegungsvorstellung angeeignet hat, muss er diese zunächst in Ruhe nachvollziehen. Dabei ist es durchaus sinnvoll, vorab den Bewegungsablauf ohne Ball auszuprobieren. Wenn die Ausführung gelingt, sollte sie mit dem Federball auf dem Feld versucht werden. Obwohl Lauf- und Schlagtechnik immer zusammen geübt werden sollen, ist es bei der Einführung vorerst ratsam, aus der ruhigen Position des Stemmschritts den Schlag auszuführen. Die Bewegung zum Ball vereinfacht die gesamte Koordination und das Timing in hohem Maße. Das bedeutet für den Trainierenden (A), dass er im Bereich der hinteren Aufschlaglinie auf den Ball des Zuspielers (B) wartet. Dieser spielt den Ball fürs Erste mit einem hohen Aufschlag zu. Dadurch gerät der Lernende nicht unter Druck und kann sich in relativer Ruhe auf die Hauptbewegungsmerkmale konzentrieren. Zudem hat der Zuspieler noch die Möglichkeit, die Schlagausführung zu beobachten und gegebenenfalls Korrekturanweisungen zu geben. Nach dem hohen Aufschlag läuft der Zuspieler nach hinten und fängt den Clear des Übenden mit dem Schläger auf. Nach 10 Aufschlägen wechseln die Aufgabenstellungen.

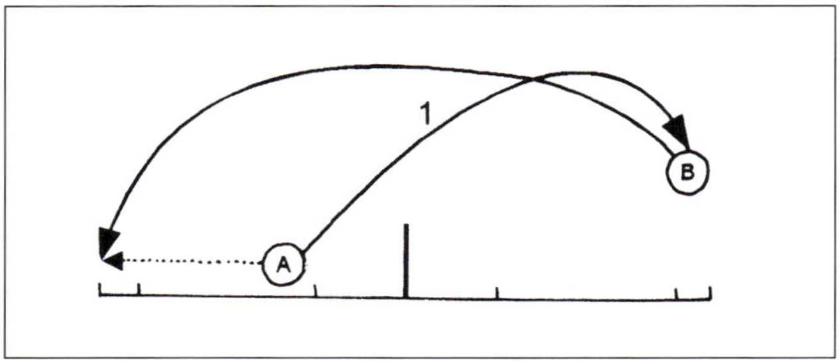

Abb. 74: Beginnerübung Vorhand-Überkopf-Clear

Ziel:
Der Anfänger soll zunächst lernen, den Ball aus einer ruhigen Position über dem Kopf zu treffen und hoch und weit zu spielen. Wenn der Federball sicher getroffen wird, sollte bei den weiteren Übungen auch die Lauftechnik gefordert werden.

Variationen:

- Die Trainierenden spielen sich den Ball hoch mit dem Vorhand-Überkopf-Clear aus dem Stemmschritt zu. Die Flugbahn/-weite richtet sich nach dem schwächeren Spieler. Beide müssen bemüht sein, den Ball möglichst zielgenau auf den Partner zu spielen.
- Einer der Trainierenden (A) orientiert sich nach seinem Schlag sofort in Richtung Halbfeld-ZP und spielt den Vorhand-Überkopf-Clear nach der Rückwärtsbewegung aus dem Umsprung. B ist noch bemühter, hoch und platziert zuzuspielen.

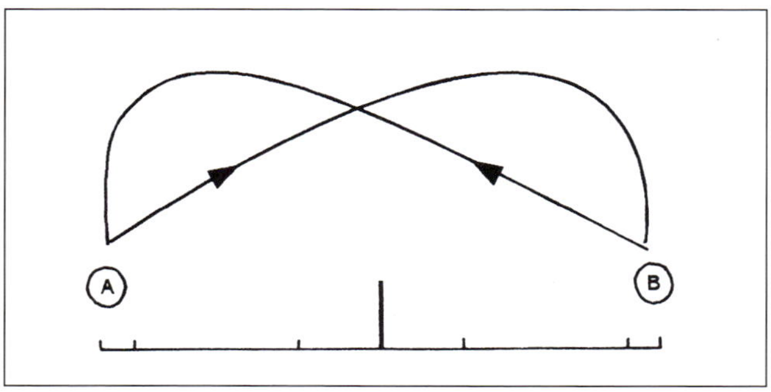

Abb. 75: Umsprung und Lauf in die Halbfeld-ZP

- Beide Trainierende spielen den Vorhand-Überkopf-Clear aus dem Umsprung und versuchen möglichst viele sichere Ballwechsel.
- Fortgeschrittene Trainierende üben Unterhand-Clear – Vorhand-Überkopf-Clear – Vorhand-Überkopf-Drop – usw.

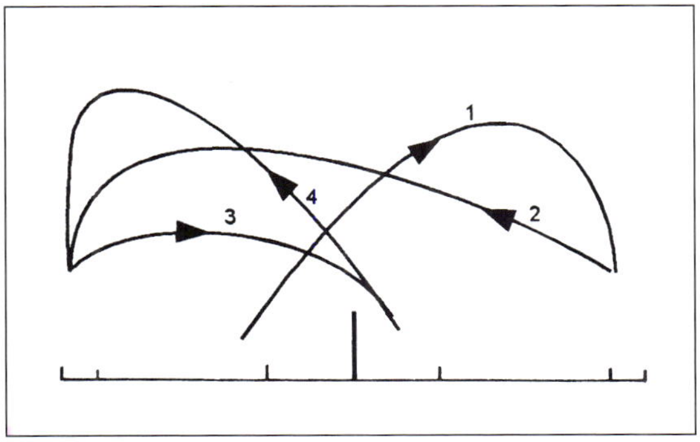

Abb. 76: Fortgeschrittenenübung Vorhand-Überkopf-Clear

- Spieler A steht im Grundlinienbereich und darf Vorhand-Überkopf-Clear oder Vorhand-Überkopf-Drop spielen. Spieler B muss jeden Ball mit einem Clear auf A zurückspielen.

Hinweise:
- Bis auf die letzte Übungsform sind die Trainierenden Partner und keine Gegner (platziertes, genaues Zuspiel).
- Die Länge der Schläge sollte langsam zunehmend gesteigert werden.
- Gegebenenfalls ist es günstig, mit einem sicheren Zuspieler zu üben.
- Es ist vorteilhaft, möglichst früh den Vorhand-Überkopf-Clear aus dem Umsprung zu spielen.

(2) Vorhand-Überkopf-Smash

Beschreibung:
Der Beginner muss zunächst eine optimale Position für seinen Vorhand-Überkopf-Smash finden. Hier bietet es sich an, dass Zuspieler A einen hohen Aufschlag aus seinem Grundlinienbereich in den Bereich der vorderen Aufschlaglinie des Smashspielers B spielt. Dieser kann nun durch den äußerst günstigen Winkel zum Netz hart und steil nach unten spielen.

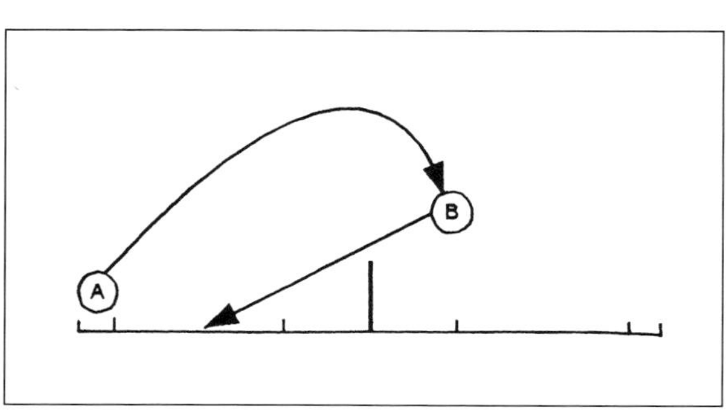

Abb. 77: Smash-Übung von der vorderen Aufschlaglinie

Ziel:
Hoch und zu kurz gespielte Bälle des Gegners müssen für den eigenen Angriff ausgenutzt werden. In dieser Situation sollte der Federball mit dem Vorhand-Überkopf-Smash hart und steil auf den Boden des gegnerischen Feldes gespielt werden. Mit der Verbesserung der Angriffsfähigkeit sollte aber auch die Abwehrfähigkeit trainiert werden, da der Spieler auch in der Lage sein muss, gegnerische Angriffsaktionen zu unterbinden.

Variationen:
Zuspieler A spielt den Ball jetzt in den Bereich der hinteren Aufschlaglinie (ein längeres Zuspiel sollte vermieden werden). B greift mit einem Vorhand-Überkopf-Smash an. A erhält nun die Aufgabe, den Smash kurz über und knapp hinter das Netz abzuwehren. B fängt den abgewehrten Ball von A mit dem Schläger und beginnt die nächste Übungsfolge mit dem hohen Aufschlag.

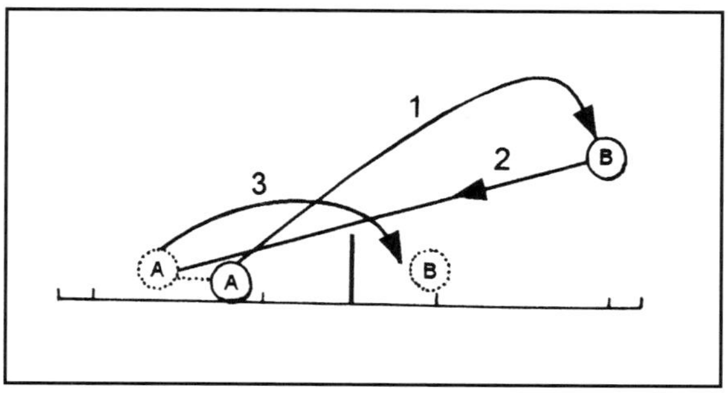

Abb. 78: Vorhand-Überkopf-Smash und kurze Abwehr

- Bei gleicher Übungsform soll der Angreifer B entscheiden, ob er den abgewehrten Ball von A am Netz fangen muss oder ob er ihn oberhalb der Netzkante annehmen und „töten" kann.

- Beim „Smash-Spiel" hat jeder Spieler 10 hohe Aufschläge zu spielen, die nicht über die hintere Aufschlaglinie hinausgehen dürfen. Der Smash-Angreifer hat den Ball auf den Boden von A zu spielen und erhält dafür einen Punkt. Gelingt es A, dies zu verhindern, und den Ball über das Netz in das Feld von B zu spielen, erhält er den Punkt.

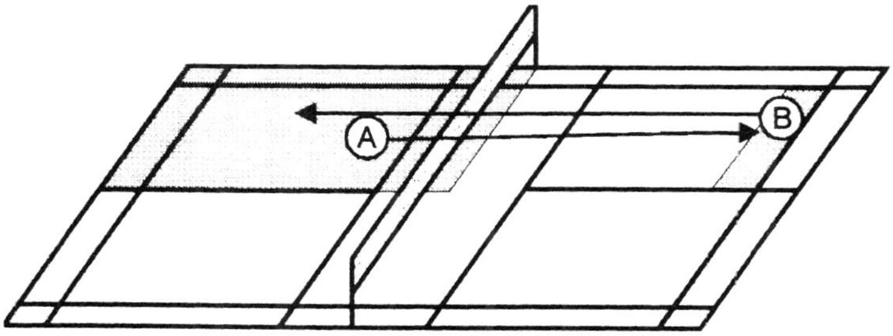

Abb. 79: Treffbereiche für das „Smash-Spiel"

- Zwei Trainierende spielen im Halbfeld nach normalen Regeln gegeneinander. Erzielt ein Spieler einen Punkt mit einem Vorhand-Überkopf-Smash, zählt dieser dreifach.
- Fortgeschrittene Spieler üben auf dem Halbfeld Unterhand-Clear - Vorhand-Überkopf-Smash - kurze Abwehr - usw.
- Als noch anspruchsvollere Variante üben die Spieler auf dem ganzen Feld die gleiche Schlagfolge. Allerdings hat die Abwehr des Vorhand-Überkopf-Smashs jetzt diagonal-kurz zu erfolgen.

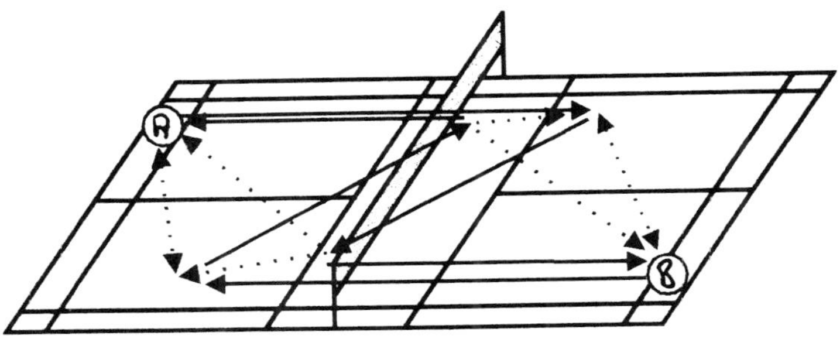

Abb. 80: Smash-Angriff und diagonale kurze Abwehr

Hinweise:

- Das Zuspiel für den Vorhand-Überkopf-Smash-Spieler sollte vor allem im Beginnerbereich nicht hinter die hintere Aufschlaglinie gespielt werden.
- Die Leistungsfähigkeit der Trainingspartner sollte etwa gleich sein (gegebenenfalls muss der Smash-Spieler seine Schlaghärte etwas zurücknehmen).
- Der abwehrende Spieler muss den gegnerischen Vorhand-Überkopf-Smash äußerst konzentriert abwehren. Dabei hat er eine tiefe Abwehrstellung einzunehmen und den gegnerischen Schlag und den Federball schon frühzeitig sehr genau zu beobachten.

Da die Intensität bei Smash-Übungen sehr hoch ist und eine hohe Konzentrationsfähigkeit verlangt, sollten die Aufgabenstellungen häufiger wechseln.

2.4 Überhandschläge mit der Rückhand

Wenn es einem Spieler hinten links in der Rückhandecke nicht mehr gelingt, den Federball mit einem Vorhand-Überkopfschlag zu erreichen, ist er gezwungen, einen Rückhandschlag zu spielen. Auch bei einem Rückhandschlag ist es wichtig, den Ball hoch anzunehmen, damit dieser von oben nach unten gespielt werden kann, um dem gegnerischen Spieler nicht sofort eine Angriffssituation zu ermöglichen. Die Grundschläge sind wie im Überkopfbereich der Rückhand-Überhand-Drop, der Rückhand-Drive, der Rückhand-Überhand-Clear und der Rückhand-Überhand-Smash.

Tab. 9: Rückhand-Überhandschläge

Rückhand-Überhandschläge
Drop
Clear
Smash

Wird ein Spieler auf der Rückhandseite angespielt, ist es besonders wichtig, dass er variabel darauf reagieren kann. Der Gegner erwartet in den meisten Fällen den parallelen Drop und wird sich auf diesen schon einstellen. Sieht sich ein Spieler dann in der Lage, auch einen sicheren diagonalen Drop oder einen parallelen Clear zu spielen, so ist er auch auf der Rückhandseite kaum auszurechnen und kann den Gegner noch mehr überraschen, wenn er den Rückhand-Überhand-Smash schlägt.

Im Gegensatz zu den Vorhand-Überkopfschlägen beginnt das Training der Rückhand-Überhandschläge mit dem Drop. Da der Spieler sowieso nur die Rückhand spielen sollte, wenn er bereits überspielt und ein Vorhandschlag nicht mehr möglich ist, kann dieser „Notschlag", besonders im Beginnerbereich, selten als Clear gespielt werden. Sobald die Laufarbeit und das Timing stimmen, kann sicherlich auch öfter der Clear eingesetzt und trainiert werden. Um den Überraschungseffekt zu nutzen, wird im Fortgeschrittenenbereich oftmals auch der Rückhand-Überhand-Smash gespielt.

2.4.1 Beschreibung der Schlagtechniken

(1) Der Rückhand-Überhand-Drop

Im Gegensatz zu den Vorhandschlägen verlaufen Aushol- und Schlagphase bei den Rückhandschlägen genau umgekehrt. Während bei den Vorhandschlägen die Vordehnung durch eine Außenrotation von Ober- und Unterarm erreicht wird, wird die Vorspannung bei den Rückhandschlägen durch die Einwärtsdrehung (Innenrotation) von Ober- und Unterarm erzielt. Je nach Schlagart erhält der Schläger seine Beschleunigung durch eine mehr oder weniger explosive Außenrotation des Arms unter besonderer Betonung des Unterarmeinsatzes (Basic-Drehung). Während der gesamten Aushol- und Schlagphase bleibt das Handgelenk stark zum Handrücken gebeugt.

a)

Während der Laufarbeit nach hinten links wird der Schlagarm, geführt vom Ellbogen, schon zur linken Körperseite geführt und Ober- und Unterarm einwärts (Innenrotation) gedreht. Mit dem Aufsetzen des rechten Fußes im Ausfallschritt beginnt die Schlagphase mit dem Hochführen des Ellbogens in Richtung heranfliegender Ball. Etwa in Schulterhöhe wird die Bewegung des Ellbogens abgebremst und Ober- und Unterarm bis zum Treffen des Balls intensiv auswärts gedreht. Der Treffpunkt befindet sich über der Hand und vor der Schlagarmschulter in Richtung Netz. Die Ausschwungphase ist kurz und endet an der anatomischen Bewegungsgrenze.

Abb. 81 a–f: Rückhand-Überhandschlag

G
GERMANY
YONEX

b)

G
KRÄMER
GERMANY
YONEX
YONEX

c)

G
KRÄMER
GERMANY
ONEX
Tore

d)

G
KRÄMER
GERMANY
NEX
Tore

e)

f)

(2) Der Rückhand-Überhand-Clear

Wie bei den Vorhandschlägen sollten auch bei den Rückhandschlägen die Aushol- und Schlagphasen weitgehend identisch sein. Nur so ist gewährleistet, dass der Gegner die eigene Absicht erst möglichst spät erkennt. Im Gegensatz zum Drop wird der Ellbogen aber weiter neben die linke Körperseite geführt, wird Ellbogeneinsatz und Außenrotation erheblich intensiver ausgeführt. Der Treffpunkt befindet sich auf Höhe der Schlagarmschulter und über der Hand.

(3) Der Rückhand-Überhand-Smash

Da die Außenrotation in der Alltagsmotorik in der geforderten Intensität selten vorkommt, wird der Rückhand-Smash meist erst von Spielern angewendet, die schon viele Jahre trainieren und spielen und die die beanspruchte Muskulatur entsprechend ausgebildet haben, um diesen Schlag effektiv einzusetzen.

Aushol- und Schlagphase müssen noch intensiver ausgeführt werden. Der Treffpunkt wird außerdem weiter als beim Drop in Richtung Netz verlagert.

2.4.2 Beschreibung der Lauftechnik

Die Lauftechnik aus der zentralen Position in die Rückhandecke ist bei allen drei Schlagtechniken identisch. Dabei drückt sich der Spieler zunächst mit dem rechten Bein vorne rechts (Druckpunkt) ab und dreht dann den Körper über das linke Bein in Richtung Rückhandecke. Nach zwei Laufschritten rechts – links erfolgt das Abbremsen auf rechts im Ausfallschritt. Nach dem Schlag findet nach dem Abdruck vom rechten ausgestellten Bein die schnelle Rückkehr in die zentrale Position statt.

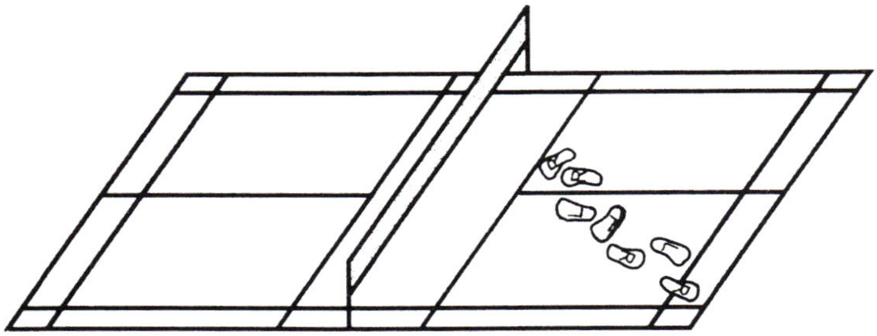

Abb. 82: Laufarbeit in die Rückhandecke

2.4.3 Übungs- und Spielformen für die Rückhand-Überhandschläge

(1) Der Rückhand-Überhand-Drop

Beschreibung:
Nach einer kurzen Vorübung, bei der der Federball auf den Schläger des Übenden zugeworfen wird, spielt der Beginner den Rückhand-Drop ruhig aus dem Ausfallschrittstand in seiner Rückhandecke. Partner A spielt den Ball mit einem hohen Aufschlag in die Rückhandecke von B. Nach dessen parallelem Rückhand-Überhand-Drop fängt A den Ball mit seinem Schläger. Nach 10 Wiederholungen wechselt die Aufgabenstellung.

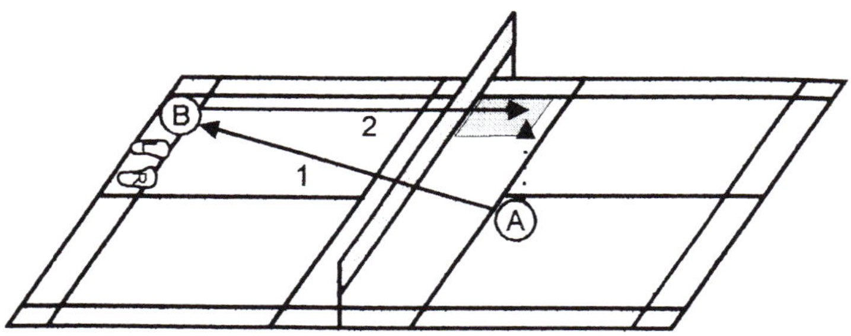

Abb. 83: Rückhand-Überhand-Drop parallel aus dem Stand im Halbfeld

Ziel:
Der Beginner soll zunächst ganz ruhig aus dem Stand den parallelen Rückhand-Drop erlernen. Dabei ist es wichtig, dass der Übende den Ball vor der Schulter (in Richtung Netz) trifft, damit die Flugbahn des Federballs nach dem Treffen nach unten verläuft.

Variationen:
- Vor der Grundübung kann der Federball zunächst aus kurzer Distanz (3-4 m) gezielt auf den Schlägerkopf zugeworfen werden. Der Beginner braucht dann ledig-

lich aus der richtigen Schlagposition die Innen- und Außenrotation durchzuführen und spielt den Ball direkt auf den Zuwerfer zurück.

- Bei dieser Übung stellt sich der Beginner in die Grundstellung zwischen Grundlinie und hinterer Aufschlaglinie. Nach dem Aufschlag von A macht B den Ausfallschritt in Richtung Ball und spielt den parallelen Drop.

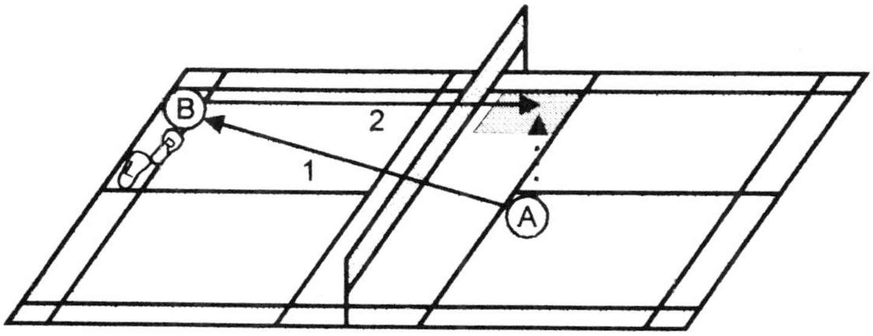

Abb. 84: Ausfallschritt zum Rückhandschlag

- B steht jetzt mit dem rechten Bein neben der Mittellinie in der Grundstellung kurz vor der hinteren Aufschlaglinie. Nach dem Aufschlag von A läuft B zum Treffpunkt, spielt den parallelen Drop und kehrt sofort zur Ausgangsposition zurück (rechtes Bein rechts neben der Mittellinie).

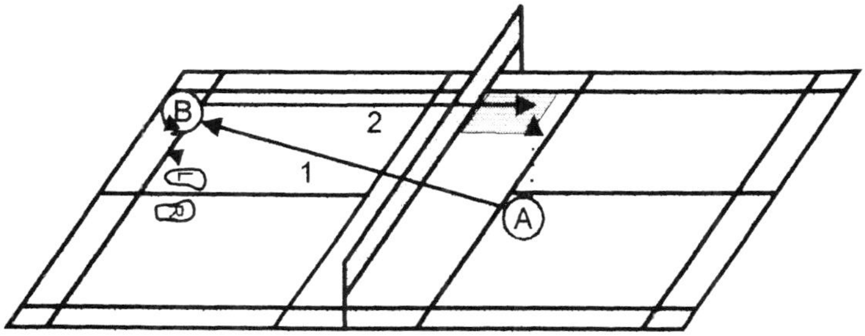

Abb. 85: Laufarbeit zum Rückhandschlag

- A spielt jetzt kontinuierlich einen Unterhand-Clear. B muss nach jedem Rückhand-Drop die Ausgangsposition vor der hinteren Aufschlaglinie erreichen.
- A spielt weiterhin den Rückhand-Unterhand-Clear in die Rückhandecke von B. Dieser schlägt jetzt den Rückhand-Drop diagonal.
- A spielt weiterhin den Rückhand-Unterhand-Clear in die Rückhandecke von B. Dieser kann jetzt nach Belieben seinen Drop parallel oder diagonal schlagen und versucht, A auszuspielen.

Hinweise:

- Der Rückhand-Überhand-Drop-Spieler darf nicht zu dicht an der Seitenlinie stehen, da der Zuspieler dann nicht mehr ins Feld zuspielen kann.
- Der Drop-Übende darf den Ball auf keinen Fall hinter dem Körper (in Richtung Grundlinie) treffen (falsche Flugbahn).
- Das Zuspiel sollte hoch in die linke hintere Ecke erfolgen.
- Die Übenden achten darauf, dass sie regelmäßig wechseln.
- Der Zuspieler achtet darauf, dass B tatsächlich nach jedem Drop wieder die richtige Ausgangsposition einnimmt.

(2) Der Rückhand-Überhand-Clear

Beschreibung:

Partner A spielt den Ball mit einem hohen Aufschlag in die Rückhandecke vor die hintere Aufschlaglinie von B. Dieser steht im Bereich der hinteren Aufschlaglinie, macht einen Ausfallschritt und spielt einen Rückhand-Überhand-Clear. A läuft rückwärts und fängt den Ball mit seinem Schläger. Nach 10 Wiederholungen wechselt die Aufgabenstellung.

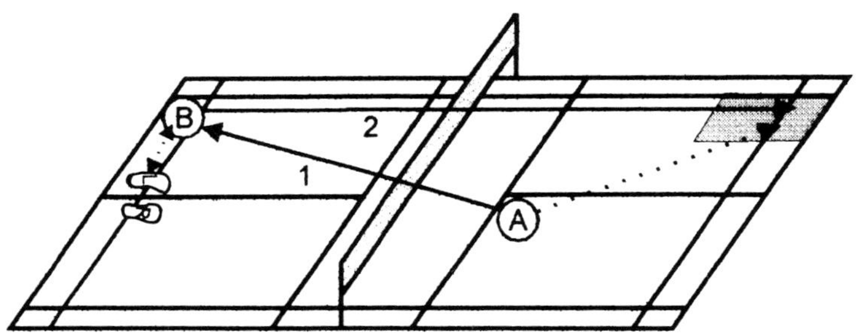

Abb. 86: Grundübung für Beginner

Ziel:

Der Beginner soll zunächst ganz ruhig aus dem Stand den parallelen Rückhand-Überhand-Clear erlernen. Dabei ist es wichtig, dass der Übende den Ball vor der Schulter (in Richtung Netz) trifft, damit die nötige Schlagintensität auf den Ball übertragen werden kann.

Variationen:

- Zuspieler A spielt den Ball sicher und platziert mit einem Vorhand-Überkopf-Clear in die Rückhandecke (vor die hintere Aufschlaglinie) von B. Dieser versucht, den Ball möglichst locker weit und über Reichhöhe von A zu retournieren.
- B steht jetzt mit dem rechten Bein neben der Mittellinie in der Grundstellung kurz vor der hinteren Aufschlaglinie. Nach dem Zuspiel von A läuft B zum Treffpunkt und spielt im Wechsel Rückhand-Clear und -Drop parallel und kehrt sofort zur Ausgangsposition zurück (rechtes Bein rechts neben der Mittellinie).

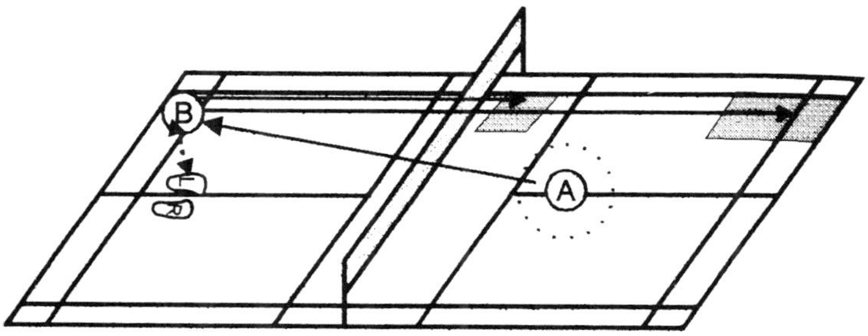

Abb. 87: Rückhand-Überhand-Clear und -Drop im Wechsel

- Bei dieser Variante kann B frei entscheiden, ob er mit Rückhand-Clear oder -Drop retourniert. A spielt kontinuierlich Clears in die Rückhandecke von B.
- In der letzten Variante für ein intensives Fortgeschrittenentraining darf B drei Feldbereiche anspielen. A spielt kontinuierlich Clears in die Rückhandecke von B.

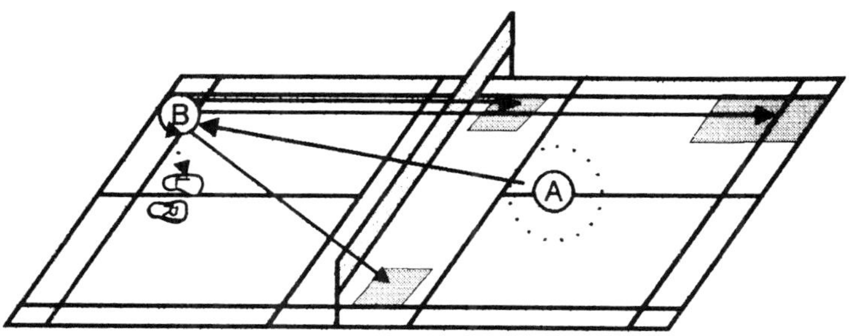

Abb. 88: Rückhand-Überhandschläge in unterschiedliche Feldbereiche

Hinweise:

- Der Rückhand-Überhand-Clear-Spieler darf nicht zu dicht an der Seitenlinie stehen, da der Zuspieler dann nicht mehr ins Feld zuspielen kann.
- Der Clear-Übende sollte den Ball vor der rechten Schulter (in Richtung Netz) treffen, da der Ball sonst nicht die nötige Schlagintensität erhält.
- Das Zuspiel sollte hoch in die linke hintere Ecke erfolgen.
- Die Übenden achten darauf, dass sie regelmäßig wechseln.
- Der Zuspieler achtet darauf, dass B tatsächlich nach jedem Schlag wieder die richtige Ausgangsposition einnimmt.

(3) Der Rückhand-Überhand-Smash

Beschreibung:

Partner A spielt einen hohen Aufschlag etwa in den mittleren Feldbereich zwischen Einzel- und Doppelseitenlinie von B. B läuft aus der zentralen Position zum Ball, macht einen Ausfallschritt und spielt den Ball mit dem Rückhand-Überhand-Smash hart und steil in die Feldhälfte von A. Dieser versucht, kurz abzuwehren, B fängt den kurz abgewehrten Ball mit seinem Schläger im Netzbereich auf.

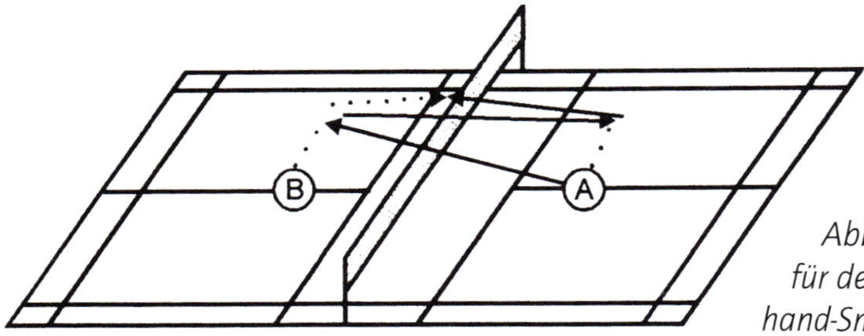

Abb. 89: Grundübung für den Rückhand-Überhand-Smash

Ziel:

Damit der Rückhandspieler noch variantenreicher bei seinem Rückhandspiel agieren kann, sollte er sich neben Drop und Clear noch den Smash aneignen. Dabei ist die Schlaghärte zunächst nicht entscheidend. Vielmehr ist es bedeutsam, dass Richtung, Länge und Härte des Rückhandschlags nicht frühzeitig vom Gegner auszurechnen sind.

Variationen:

- A spielt einen Clear in die Rückhandecke von B, aber deutlich vor die hintere Aufschlaglinie. B greift mit einem Rückhand-Überhand-Smash an. A wehrt den Smash kurz ab und B schlägt einen Unterhand-Clear in den Grundlinienbereich von A.

Abb. 90: Die Innenrotation als Ausholphase für einen schnellkräftigen Rückhandschlag

- Bei dieser Variante kann B frei entscheiden, ob er den Rückhand-Drop parallel oder diagonal, einen parallelen Clear oder einen Rückhand-Smash spielt. A hat die Aufgabe, jeden Ball als Clear in die Rückhandecke von B zu spielen.

Hinweise:

- Der Rückhand-Überhand-Smash sollte erst dann von Fortgeschrittenen trainiert werden, wenn die anderen beiden Rückhandschläge beherrscht werden.
- Der Rückhand-Überhand-Smash-Spieler sollte nach jedem Schlag wieder seinen zentralen Bereich erreichen.
- Der Smash-Übende sollte den Ball vor der rechten Schulter (in Richtung Netz) treffen, da der Ball sonst nicht die nötige Schlagintensität erhält und nicht steil nach unten gespielt werden kann.
- Das Zuspiel sollte nicht zu weit in den linken hinteren Feldbereich erfolgen.
- Die Übenden achten darauf, dass sie regelmäßig wechseln.
- Der Zuspieler achtet darauf, dass B nach jedem Schlag wieder die richtige Ausgangsposition einnimmt.

2.5 Überhandschläge aus dem vorderen Feldbereich – „Netztechniken"

Die Überhandschläge aus dem vorderen Feldbereich sollen im Folgenden deutlich von den Unterhandschlägen im Netzbereich abgegrenzt werden. Zu diesen Schlägen gehören aggressive Netztechniken, mit denen ein Spieler in der Lage ist, den Gegner unter Druck zu setzen bzw. den Punkt zu machen. Dies bedeutet, dass sich die Hand in den meisten Fällen unter und der Schlägerkopf über der Netzkante befindet („Töten" und „Wischen"). Beim „Stechen" und „Schneiden" befinden sich Hand und Schlägerfläche allerdings beide etwa in Netzkantenhöhe.

Grundlagen für ein erfolgreiches, aggressives Netzspiel sind ein ausgeprägtes Ballgefühl und eine möglichst hohe Ballannahme (Netzkantenbereich). Weiterhin ist wesentlich, dass der Ball möglichst knapp über die Netzkante gespielt wird, damit der Gegner nicht die Chance erhält, seinerseits oberhalb der Netzkante zu agieren. Häufig wird die Bedeutung des Netzspiels unterschätzt und nicht hinreichend trainiert.

Da dem Netzspiel im Doppel aber eine große Bedeutung zukommt, sollten insbesondere Doppelspieler dem Spiel-am-Netz-Training eine hohe Relevanz beimessen.

2.5.1 Beschreibung der Schlagtechniken

(1) „Töten"

Wenn aus dem mittleren oder hinteren Feldbereich der Ballwechsel mit einem harten Smash beendet werden kann, so heißt die Technik, mit der die häufigsten Ballwechsel im Netzbereich abgeschlossen werden: „Töten". Mit dieser Schlagtechnik kann der angreifende Spieler den Federball im Netzbereich oberhalb der Netzkante so steil und hart direkt auf den Boden des gegnerischen Feldes oder den Körper des Gegners spielen, dass dieser kaum eine Chance hat, den Ball zu abzuwehren.

Bei der Schlagausführung im unmittelbaren Bereich oberhalb der Netzkante muss der Angreifer auf die Schleifenbewegung in der Ausholphase verzichten. Nach einer schnellen Bewegung zum Netz (damit der Ball auch oberhalb der Netzkante getroffen werden kann) wird der Arm in Richtung Treffpunkt im Ellbogengelenk gestreckt und gleichzeitig unmittelbar vor dem Treffen des Balls explosiv schnellkräftig zugefasst. Diese Schlagbewegung kann noch unterstützt werden, wenn das Handgelenk vor dem Schlag zum Handrücken (dorsal) gebeugt wird. Wichtig ist, dass die Schlagbewegung direkt nach dem Treffen des Balls beendet wird, da durch eine eventuelle Ausschwungphase eine Netzberührung erfolgen könnte.

Abb. 91 a–b: „Töten" im Netzbereich

(2) „Wischen"

Wenn der Federball zu dicht im Netzbereich ist, so dass die Gefahr, beim „Töten" das Netz zu berühren, zu groß ist, wird der fortgeschrittene Spieler die Netztechnik „Wischen" anwenden. Dabei wird der Schläger mit der Vorhand zunächst durch eine Unterarmdrehung zur Kleinfingerseite (Supination) nach rechts in den Netzkantenbereich geführt. Durch eine schnelle Unterarmdrehung in Richtung Daumen (Pronation) wird der Schläger explosiv parallel zum Netz nach links gedreht. Während dieser schnellen Wischbewegung (wie beim „Scheibenwischer") muss das Treffen oberhalb der Netzkante erfolgen. Ein großer Vorteil dieser Schlagtechnik ist, dass der Federball bei richtiger Ausführung stark angeschnitten wird und so vom Gegner kaum erreicht werden kann.

Beim „Wischen" mit der Rückhand erfolgt die Drehung genau umgekehrt von links nach rechts (aber ebenfalls von der Kleinfinger- zur Daumenseite).

(3) „Stechen"

Abb. 92: Ausgangsposition für das „Stechen" und „Schneiden" im Netzbereich

Auch diese Technik wird angewendet, wenn ein „Töten" nicht mehr möglich ist. Der Federball befindet sich in Netzkantenhöhe oder ganz knapp darunter. Nach einer schnellen Bewegung zum Netz (damit der Ball auch im Netzkantenbereich getroffen werden kann) wird der Schlagarm in Richtung Treffpunkt geführt. Dabei ist der Ellbogen angehoben, Hand und Schlägerfläche befinden sich auf einer Höhe, die Schlägerfläche zeigt parallel zum Boden. Der Schläger wird mit einer schnellen Bewegung knapp unter dem Ball in Richtung Netz geführt – „gestochen". Dadurch erhält der Ball beim Auftreffen einen Rückwärtsdrall, der dem Gegner das Rückspiel sehr erschwert. Bei Fortgeschrittenen wird das „Stechen“ sehr häufig angewendet, da der Ball direkt im Netzbereich auf der gegnerischen Seite herunterfällt. Der annehmende Spieler kann den Ball nur noch heben oder hoch zurückspielen. Dadurch eröffnen sich dem Angreifer weitere Angriffsmöglichkeiten.

(4) „Schneiden“

Die Netztechnik „Schneiden“ wird von den Spielern oftmals in Verbindung mit dem „Stechen“ eingesetzt. Besonders in der Nähe der Außenlinien ist diese Zusammenfügung sinnvoll, weil durch die schneidende Bewegung der Ball sicherer ins Feld gespielt wird.

Auch diese Technik wird angewendet, wenn ein „Töten“ nicht mehr möglich ist. Der Federball befindet sich in Netzkantenhöhe oder ganz knapp darunter. Nach einer schnellen Bewegung zum Netz (damit der Ball auch im Netzkantenbereich getroffen werden kann) wird der Schlagarm in Richtung Treffpunkt geführt. Dabei ist der Ellbogen angehoben, Hand und Schlägerfläche befinden sich auf einer Höhe, die Schlägerfläche zeigt parallel zum Boden. Beim „Schneiden“ mit der Vorhand wird der Schläger in der Regel mit einer schnellen Bewegung beim Treffen des Balls von der Netzmitte zur Seitenlinie geführt. Dadurch wird die Verbindung mit dem „Stechen“ nahezu zwangsläufig notwendig, damit der Federball die nötige Vorwärtsbewegung erhält.

2.5.2 Übungs- und Spielformen für die Überhandschläge aus dem vorderen Feldbereich

(1) „Töten“

Beschreibung:
Um den Ball zunächst sicher im Netzbereich zu treffen und dann hart und steil nach unten zu spielen, sollte der Federball bei der ersten Übung für den Beginner von unten zugeworfen werden. Dabei darf anfänglich ruhig ein wenig höher geworfen werden, damit der Beginner (A) den Ball sicher trifft und das Netz nicht berührt. Der Zuwurf sollte in die Mitte bzw. auf die Vorhandseite erfolgen. Der Zuwerfer (B) steht dicht im Netzbereich auf seiner rechten Feldseite. Nacheinander wirft er 10 Bälle zu, dann wird gewechselt. Der Übende startet mit der Laufarbeit vom „T“.

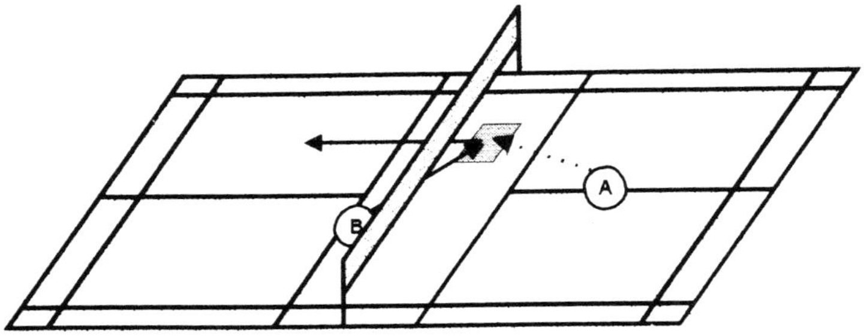

Abb. 93: Grundübung für Beginner

Ziel:

Der Beginner soll die Zieltechnik „Töten" in einer ruhigen Übungssituation erlernen. Dabei kann er das Tempo selbst bestimmen und sich ganz und gar auf seine Technik konzentrieren.

Variationen:

- Der Ball wird aus dem Grundlinienbereich mit einem Unterhandschlag vom Zuspieler (B) locker knapp über die Netzkante in einem Zielbereich zugespielt. Der Übende (A) „tötet" den Ball in zwei Treffbereiche.

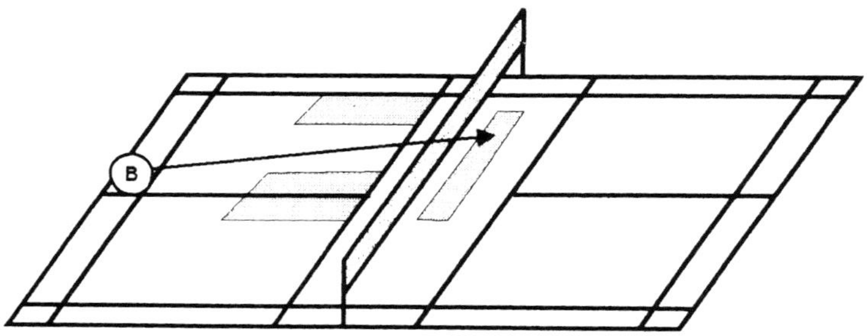

Abb. 94: „Töten" in zwei Treffbereiche

- Bei fortgeschrittenen Spielern wird der Ball mit einem Drive zugespielt. Das Zuspiel erfolgt dabei sehr schnell flach und scharf in den Netzbereich. Der Spieler sollte nach Erreichen des „T" sofort das nächste Zuspiel erhalten (der Zuspieler hat dafür mehrere Bälle bereitzuhalten). Die Bälle werden in den gesamten Netzbereich gespielt.

Hinweise:

- Der Zuwerfer wirft von der Rückhandseite des Übenden zu, damit er vom scharfen Netzangriff nicht getroffen wird (Verletzungsgefahr).
- Der Federball muss von unten zugeworfen werden, weil er nur dann sicher vom Beginner gespielt werden kann.

- Der Beginner hat unbedingt darauf zu achten, dass er bei der Vorwärtsbewegung zum Netz den Schlägerkopf schon in Netzkantenhöhe führt.
- Der Übende sollte nicht im Netzbereich stehen bleiben, sondern bei allen Übungen nach dem „Töten" aus dem Ausfallschritt schnell wieder in die Position beim „T" zurückkehren.
- Nach ca. 10 Wiederholungen sollten die Aufgabenstellungen (zuspielen/üben) wechseln.

(2) „Wischen"

Beschreibung:
Um den Ball zunächst sicher im Netzbereich zu treffen und zu „wischen", sollte der Federball bei der ersten Übung für den Beginner von unten zugeworfen werden. Dabei darf anfänglich ruhig ein wenig höher geworfen werden, damit der Beginner den Ball sicher trifft und das Netz nicht berührt. Dabei sollte der Zuwurf ebenfalls in die Mitte bzw. auf die Vorhandseite erfolgen. Der Zuwerfer steht wiederum dicht im Netzbereich auf seiner rechten Feldseite. Nacheinander wirft er 10 Bälle zu, dann wird gewechselt. Der Übende startet mit der Laufarbeit vom „T" (vgl. zum Ablauf der Übungsformen die Abb. 93).

Ziel:
Der Beginner soll die Zieltechnik „Wischen" in einer ruhigen Übungssituation erlernen. Dabei kann er das Tempo selbst bestimmen und sich ganz und gar auf seine Technik konzentrieren.

Variationen:
- Der Ball wird aus dem halben Feld mit einem Unterhandschlag locker zugespielt.
- Bei fortgeschrittenen Spielern wird der Ball mit einem Drive (Ballmaschine) zugespielt. Das Zuspiel erfolgt dabei sehr schnell flach und scharf in den Netzbereich. Der Übende sollte nach Erreichen des „Ts" sofort das nächste Zuspiel erhalten.

Hinweise:
- Der Zuwerfer wirft von der Rückhandseite des Übenden zu, damit er vom Netzangriff nicht getroffen wird.
- Der Federball muss von unten zugeworfen werden, damit er sicher vom Beginner gespielt werden kann.
- Der Beginner hat unbedingt darauf zu achten, dass er bei der Laufbewegung zum Netz den Schlägerkopf schon in Netzkantenhöhe führt.
- Der Übende sollte nicht im Netzbereich stehen bleiben, sondern bei allen Übungen nach dem „Wischen" aus dem Ausfallschritt schnell wieder in die Position beim T zurückkehren.

(3) „Stechen"

Beschreibung:
Um den Ball zunächst sicher im Netzbereich zu treffen und zu „stechen", sollte der Federball bei der ersten Übung für den Beginner von unten zugeworfen werden. Dabei achtet der Zuwerfer darauf, dass der Ball knapp über die Netzkante und dicht in den Netzbereich geworfen wird. Damit der Beginner den Ball sicher trifft und das Netz nicht berührt, sollte er am Anfang schon im Ausfallschritt im Netzbereich stehen. Der Zuwurf erfolgt zunächst auf die Vorhand- und nach dem Wechsel auf die Rückhandseite. Der Zuwerfer wirft nacheinander 10 Bälle zu, dann wird gewechselt (vgl. zum Ablauf der Übungsformen Abb. 93).

Ziel:
Der Beginner soll die Zieltechnik „Wischen" in einer ruhigen Übungssituation erlernen. Dabei kann er das Tempo selbst bestimmen und sich ganz und gar auf seine Technik konzentrieren.

Variationen:
- Der Übende startet mit der Laufarbeit vom „T".
- Der Ball wird aus dem halben Feld mit einem Unterhandschlag locker zugespielt.
- Wie bei der vorherigen Übung wird der Ball aus dem halben Feld mit einem Unterhandschlag locker zugespielt, der fortgeschrittene Trainierende entscheidet jetzt, ob er „tötet", „wischt" oder „sticht".

Hinweise:
- Der Zuwerfer wirft aus einer sehr nahen Netzposition, damit er äußerst genau zuspielen kann.
- Der Federball muss von unten zugeworfen werden, damit er vom Beginner sicher gespielt werden kann und dieser das Netz nicht mit dem Schläger berührt.
- Der Beginner hat unbedingt darauf zu achten, dass er bei der Laufbewegung zum Netz Schläger und Unterarm schon in Netzkantenhöhe führt.
- Der Übende sollte nicht im Netzbereich stehen bleiben, sondern sich bei den Varianten nach dem „Stechen" aus dem Ausfallschritt mit 1-2 Seitstepps oder Nachstellschritten in Richtung T bewegen.

(4) „Schneiden"

Beschreibung:
Um den Ball zunächst sicher im Netzbereich zu treffen und zu „schneiden", sollte der Federball bei der ersten Übung für den Beginner von unten zugeworfen werden. Dabei achtet der Zuwerfer darauf, dass der Ball knapp über die Netzkante und dicht in den Netzbereich geworfen wird. Damit der Beginner den Ball sicher trifft und das Netz nicht berührt, sollte er am Anfang schon im Ausfallschritt im Netzbereich stehen. Der Zuwurf erfolgt zunächst auf die Vorhand- und nach dem Wechsel auf die Rückhandseite. Der Zuwerfer wirft nacheinander zehn Bälle zu, dann wird gewechselt (vgl. zum Ablauf der Übungsformen Abb. 93).

Ziel:
Der Beginner soll die Zieltechnik „Schneiden" in einer ruhigen Übungssituation erlernen. Dabei kann er das Tempo selbst bestimmen und sich ganz und gar auf seine Technik konzentrieren.

Variationen:
- Der Ball wird in die Netzecken geworfen. Der Trainierende versucht, beim Rückspiel die Netztechniken „Stechen" und „Schneiden" zu verbinden.
- Der Übende startet mit der Laufarbeit vom „T".
- Der Ball wird aus dem halben Feld mit einem Unterhandschlag locker zugespielt.
- Wie bei der vorherigen Übung wird der Ball aus dem halben Feld mit einem Unterhandschlag locker zugespielt, der fortgeschrittene Trainierende entscheidet jetzt, ob er „tötet", „wischt", „sticht", „schneidet" oder in der Kombination „sticht" und „schneidet".

Hinweise:
- Der Zuwerfer wirft aus einer sehr nahen Netzposition, damit er äußerst genau zuspielen kann.
- Der Federball muss von unten zugeworfen werden, damit er vom Beginner sicher gespielt werden kann und dieser das Netz nicht mit dem Schläger berührt.
- Der Beginner hat unbedingt darauf zu achten, dass er bei der Laufbewegung zum Netz Schläger und Unterarm schon in Netzkantenhöhe führt.
- Der Übende sollte nicht im Netzbereich stehen bleiben, sondern sich bei den Varianten nach dem „Schneiden" aus dem Ausfallschritt mit 1-2 Seitstepps oder Nachstellschritten in Richtung „T" bewegen.

slagelse.dk
Birmingham City Council
YONEX

3 Grundlagen der Taktik des Einzelspiels

Die Spielidee beim Badminton besteht darin, selbst direkte Punkte zu machen oder den Gegner zu Fehlern zu zwingen und dabei weitgehend eigene Fehler zu vermeiden. Beide Spieler agieren und wählen Mittel aus, um sich einen Vorteil zu verschaffen und den Ballwechsel erfolgreich zu beenden. Beim Badminton sind taktische Prinzipien, Grundregeln, Taktikkonzepte und individuelle Voraussetzungen zu berücksichtigen, die in den folgenden Unterkapiteln dargestellt werden.

3.1 Taktische Prinzipien

(1) Platzierung des Balls

Durch Schlaggenauigkeit und durch Schläge auf ungünstige Treffpunkte für den Gegner wird Druck ausgeübt. Dies geschieht vor allem durch sehr kurze oder sehr lange Schläge, also Schläge, die den Gegner weit aus der Spielfeldmitte heraustreiben und ihm lange Laufwege abverlangen bzw. das Erreichen des Balls unmöglich machen. Es können aber auch Schläge auf den Körper sein, die dem Gegner wenige Rückschlagvarianten erlauben.

(2) Geschwindigkeit des Balls

Durch Schlaghärte und schnelle Rückschläge (früh und hoch geschlagene Bälle) entsteht hohes Spieltempo und die Reaktionszeit des Gegners wird verkürzt, er muss seine Laufwege beschleunigen und kann den Ball häufig nur noch aus einer „Notsituation" und ohne Druck zurückschlagen.

(3) Täuschungen

Ziel von Täuschungen ist es, den Gegner zu einer verzögerten oder falschen Reaktion zu verleiten. Die Vortäuschung eines bestimmten Schlags z. B. durch frühes und überdeutliches Anzeigen einer Schlagvariante kann den Gegner dazu veranlassen, falsch zu reagieren, sodass er z. B. zu früh startet (ans Netz), um den vermeintlich erwarteten Schlag (Netzdrop) zu retournieren. Handelt es sich um eine Dropfinte, aus der dann tatsächlich ein Angriffsclear gespielt wird, ist der Gegner überspielt und hat kaum noch die Möglichkeit, die Laufrichtung so zu ändern, dass er den Ball rechtzeitig erreichen und effektiv zurückspielen kann. Das Spiel mit vielen Täuschungen bewirkt somit, dass der Gegner letztlich nie sicher sein kann, welcher Ball gespielt wird und dementsprechend länger in der Erwartungshaltung bleiben muss. Dadurch kann er immer nur verzögert reagieren.

Für den Beginnerbereich empfiehlt es sich, zunächst die *Platzierung* als Hauptprinzip zu verwenden, aber auch zunehmend das Prinzip *Geschwindigkeit* einzubeziehen. Das Prinzip *Täuschung* gewinnt erst mit zunehmendem Können an Bedeutung, da hierbei sehr schnell und präzise getimt die Umstellung von einer (fintierten) zur anderen (tatsächlich ausgeführten) Schlagtechnik erfolgen muss. Natürlich ist es erstrebenswert, die Prinzipien zu mischen, um ein Höchstmaß an Effizienz zu erzielen, also z. B. am besten einen sehr harten, genau platzierten und am besten getäuschten Smash zu schlagen!

Grundlage für die Umsetzung von taktischen Prinzipien ist die Einhaltung von taktischen Grundregeln und Merksätzen. Für Beginner und noch wenig geübte Spieler bilden sie einen sehr konkreten Einstieg, um die Voraussetzungen für komplexere taktische Vorgänge herzustellen. Die folgenden Grundregeln lassen sich leicht einprägen und gelten für das Spielverhalten während der gesamten Spieldauer.

3.2 Taktische Grundregeln und Merksätze

Die folgenden Grundregeln sind einfach zu erlernen und gelten uneingeschränkt für das Spielverhalten während der gesamten Spielzeit:

1. Nach dem eigenen Schlag sofort wieder in Richtung der zentralen Position zurückkehren und startbereit sein, wenn der Gegner zum Schlag kommt.

2. Den Gegner zu langen Laufwegen zwingen oder gegen die Laufrichtung spielen, wenn er den Laufweg zur zentralen Position noch nicht abgebremst hat.

3. Angriffssituationen, bei denen der Federball oberhalb der Netzkantenhöhe gespielt werden kann, mit entsprechenden Angriffsschlägen nutzen. Den Ball immer so früh und so hoch wie möglich treffen.

4. In Verteidigungssituationen versuchen, Zeit zu gewinnen (hohe Bälle auf die gegnerische Grundlinie), um wieder die zentrale Position erreichen zu können.

5. Fehler vermeiden, vor allem in bedrängten Situationen nicht mit hohem Risiko angreifen (hierbei entstehen die meisten Eigenfehler).

6. Ball (während der Gegner schlägt, bis zur eigenen Schlagausführung) und Gegner beobachten (nach dem eigenen Schlag).

7. Konzentrierte Aufmerksamkeit bei den eigenen und gegnerischen Schlagausführungen über die Dauer des Spiels möglichst gleichbleibend aufrechterhalten.

8. Die Kondition für das gesamte Spiel möglichst gut einteilen.

Diese Regeln gelten immer, also unabhängig von der konkreten Spielsituation. Die jeweilige Entscheidung „Wohin spiele ich den Ball?" ist von folgenden Überlegungen abhängig:

9. Von der eigenen Position auf dem Feld (weit außerhalb oder nahe der zentralen Position).

10. Wo erreiche ich den Ball, welche Treffhöhe? (Kann ich angreifen, muss ich verteidigen?).

11. Von der Stellung des Gegners auf dem Feld. Befindet er sich weit außerhalb der zentralen Position, sollte der Ball so gespielt werden, dass ein langer Laufweg entsteht. Ist der Gegner noch im Lauf zur zentralen Position, wird versucht, gegen die Laufrichtung zu spielen.

Technik und Taktik gehören zusammen. Spielidee und taktische Möglichkeiten bestimmen, wie Lauf- und Schlagtechnik umgesetzt werden. Leider werden im Training diese Leistungskomponenten zu oft isoliert trainiert und nicht sinnvoll miteinander verknüpft. Daher wollen wir in diesem Kapitel (vgl. Kap. 3.6) auch Spielformen für integriertes Technik-Taktiktraining vorstellen, bei denen einfache taktische Entscheidungen (z. B. kurz oder lang; rechts oder links) mit häufigen Wiederholungen weniger Schlagtechniken (z. B. Clear oder Drop) ausgeführt werden. So können gleichermaßen Technik und Taktik weiterentwickelt werden.

3.3 Das taktische Konzept

Um die Spielidee des Badmintonspiels im Wettkampf erfolgreich umsetzen zu können, ist es notwendig, eine Vorstellung von den eigenen Stärken und Schwächen zu haben und ein entsprechendes Spielkonzept zu entwickeln, das darauf aufbaut, die eigene Spielweise erfolgreich umzusetzen. Im Verlauf von Spielen ist es zudem möglich, die gegnerische Spielweise kennen zu lernen. Bevorzugte Schläge oder Schlagfolgen des Gegners werden erkannt, ebenso die Stärken und Schwächen. Um optimal agieren zu können, ist es erforderlich, aus allen Bereichen des eigenen Felds je nach Spielsituation jeden Bereich des gegnerischen Felds anspielen zu können. Diese Fähigkeit setzt neben konditionellen Fähigkeiten ein weitgehend komplettes Repertoire an Schlagtechniken voraus. Die automatisierte Anwendung der taktischen Grundregeln und Prinzipien öffnet den Blick für die aufmerksame Gestaltung des Spielverlaufs. Auf Grund der eigenen Voraussetzungen (vgl. auch das folgende Kap. 3.4 „Individuelle Voraussetzungen") wird meist ein Spielkonzept angewendet, bei dem die eigenen Stärken und Schwächen besonders berücksichtigt werden.

Wenn die taktischen Grundregeln erlernt sind und im Spiel angewendet werden können, sind die wichtigsten Voraussetzungen gegeben, um erfolgreich Wettkämpfe zu spielen. Die automatisierte Anwendung der taktischen Grundregeln macht den Blick frei für die aufmerksame Gestaltung des gesamten Spielverlaufs.

Ein Angriffsspieler ist meist sehr schnellkräftig und verfügt über überdurchschnittliche Angriffsschläge im Überkopfbereich (Smash, Halfsmash, Drop), mit denen er zum Erfolg kommt. Wenn die eigenen Stärken zum Erfolg führen, ist alles ganz einfach: Das eigene Spiel muss nur konsequent gespielt werden, um zu gewinnen. Punktgewinne werden mit Angriffsschlägen vorbereitet und abgeschlossen. Ein Spieler mit guter Ausdauer und Laufarbeit, aber nur durchschnittlichen Schlägen, wird versuchen, den Gegenspieler konditionell möglichst hoch zu belasten, um ihn zu ermüden. Mit der Ermüdung steigt in der Regel die Fehlerhäufigkeit und die Spielgeschwindigkeit lässt nach, und nun kann der Spieler mit dem durchschnittlichen Schlagrepertoire Vorteile erlangen.

Tab. 10: Taktische Konzepte im Badminton

Taktisches Konzept	Taktische Merkmale	Individuelle Fähigkeiten
Druckvolles Angriffsspiel	• Den Ball so früh und so hoch wie möglich spielen • Hart schlagen (Smash)	• Schnelligkeit, Schnellkraft • Schlagrepertoire Angriffsschläge • Finten, Variationen • Harter Smash
Druckvolles Verteidigungsspiel	• Ermüdung des Gegenspielers durch lange, anstrengende Ballwechsel	• Gute konditionelle Fähigkeiten • Daueraufmerksamkeit • Aus jeder Situation Befreiungsschläge spielen können • Gute Smash-Abwehr

Taktisch schwieriger ist ein Spiel, bei dem beide Spieler über ähnliche Fähigkeiten verfügen. Hierbei kommt es darauf an, sehr aufmerksam die situativen Vorteile in den Ballwechseln zu nutzen. Besonders wichtig ist es, sich aus ungünstigen Schlagpositionen optimal zu befreien. Dabei muss u. U. ein hoher Verteidigungsclear gespielt werden, um in die zentrale Position zu gelangen und einen Ballwechsel neu aufnehmen zu können oder es wird mit einem eigenen Angriffsschlag die Initiative ergriffen. Die Spieler sollten es auch vermeiden, mit der „Brechstange" (also mit zu hohem Risiko) zu versuchen, den Punkt unbedingt zu erzwingen, sondern geduldig vorzubereiten, bis der Punkt ohne großes Risiko gemacht werden kann. Während das im Abschnitt zuvor beschriebene taktische Konzept eher durch das konsequente Durchhalten einer taktischen Marschroute gekennzeichnet ist, sind beim zweiten stärker die situativen Aspekte zu berücksichtigen.

3.4 Individuelle Voraussetzungen

Alle Spieler haben individuelle Voraussetzungen, die für die Wahl und Wirksamkeit bestimmter taktischer Verhaltensweisen mitbestimmend sind:

1. Konstitutionelle Voraussetzungen: Die Körpergröße bestimmt weitgehend Reichhöhe und Reichweite. Große Spieler können Reichhöhe und Reichweite vorteilhaft für das Angriffsspiel einsetzen.
2. Konditionelle Voraussetzungen: Wie schnell, wie kraftvoll, wie ausdauernd kann gespielt werden?
3. Technische Merkmale: Schlagrepertoire, Lauftechnik.
4. Taktische Merkmale: Bevorzugte Spielweise, Stärken und Schwächen.
5. Handlungssteuerung: Wie werden Wahrnehmung, Antizipation, Entscheidungsverhalten unter Zeitdruck und die Fähigkeit, ein Spielkonzept im Verlauf von Spielen optimieren zu können, in spieltaktisches Handeln umgesetzt?

Alle Merkmale zusammen machen das Leistungsprofil eines Spielers aus. Nachteile (z. B. Körpergröße) können durch Vorteile (z. B. Sprunghöhe, Schnelligkeit, Beweglichkeit) ausgeglichen werden. Technische Mängel sind durch clevere taktische Spielweise zu kompensieren. Allerdings sind diesen Kompensationsmöglichkeiten Grenzen gesetzt, sobald ein schwerwiegendes Defizit in einem Bereich vorliegt, das nicht ausgeglichen werden kann.

3.5 Wie kann Taktik erlernt und trainiert werden?

Wettkampfspiele mit ihren ständig wechselnden taktischen Anforderungen sind sehr komplex und für ungeübte Spieler eine ständige Überforderung. Das liegt daran, dass aus dem Spielgeschehen eine Flut von Spielinformationen „heranrollt", die zeitlich parallel nicht verarbeitet werden können, da ungeübte Spieler noch nicht zwischen wichtigen, weniger wichtigen und unwichtigen Spielereignissen unterscheiden. Deshalb kann das Lernen von taktischen Regeln auch nicht ausschließlich durch Spielen erfolgen. Äußerst hilfreich sind daher einfache Spielformen, bei denen nur ein Teilaspekt der Gesamtspielidee trainiert wird. Dadurch werden die elementaren Entscheidungen leichter erlernbar. Wir nennen dieses Training *Entscheidungstraining*.

Das Prinzip ist bei allen Spielformen immer das Gleiche: Die Anzahl der erlaubten Schläge wird reduziert, die Spielfläche wird verkleinert (z. B. nur im Halbfeld), es werden typische Spielkonstellationen ausgewählt (z. B. Spiel am Netz; mit Smash oder Drop angreifen), ein Spieler erhält durch die jeweilige Aufgabenstellung Vorteile, um unter erleichterten Bedingungen die taktische Aufgabenstellung erproben und trainieren zu können. Durch eine zunehmend komplexer werdende Abfolge von Spielformen, in denen die Spieler vor immer mehr und komplexere Entscheidungssituationen gestellt werden, erfolgt eine schrittweise Annäherung an die Spielrealität. Diese Spielformen werden im folgenden Kapitel vorgestellt.

Neben dem praktischen Lernen und Trainieren von Taktik ist aber auch taktisches Wissen erforderlich, denn das Spiel wird nicht zuletzt auch mit dem Kopf gespielt. Dazu gehört nicht nur ein „kühler" Kopf im Spiel, sondern auch das Wissen über die taktischen Grundkonstellationen in den einzelnen Ballwechseln. Leicht vereinfacht, sind in jedem Ballwechsel drei Grundkonstellationen zu finden:

1. Angriff (Punkt vorbereiten, Punkt machen): Diese Konstellation liegt vor, wenn der Ball oberhalb der Netzkantenhöhe gespielt werden kann. Einsatz von Smash, Drop, Spiel-am-Netz-Techniken.
2. Kampf um die zentrale Position: Kein Spieler befindet sich in einer vorteil- oder nachteilhaften Position (neutrale Situation): gespielt wird häufig Überkopf-Clear. Den Gegner in Bewegung halten und auf einen schwachen Ball warten, um angreifen zu können.
3. Verteidigung (gegnerischen Punkt verhindern): Der Gegenspieler kann angreifen, die eigene Abwehr erfolgt unter großem Zeitdruck, z. T. auch weit außerhalb der zentralen Position. Hohe, weite Schläge spielen, um wieder die zentrale Position zu erreichen.

3.6 Übungs- und Spielformen für das Taktiktraining

(1) Zwei-Ecken-Spiel

Beschreibung:
Spieler A steht als Zuspieler in der Vorhandecke hinten rechts im Grundlinienbereich und darf im freien Wechsel zwei Ecken auf dem Feld von Spieler B anspielen, die Grundlinienecke hinten links und die Netzbereichecke vorne rechts. Spieler B wartet aktionsbereit in der zentralen Position und muss jeden Ball aus der entsprechenden Ecke zielgenau auf Spieler A mit einem Clear zurückspielen.

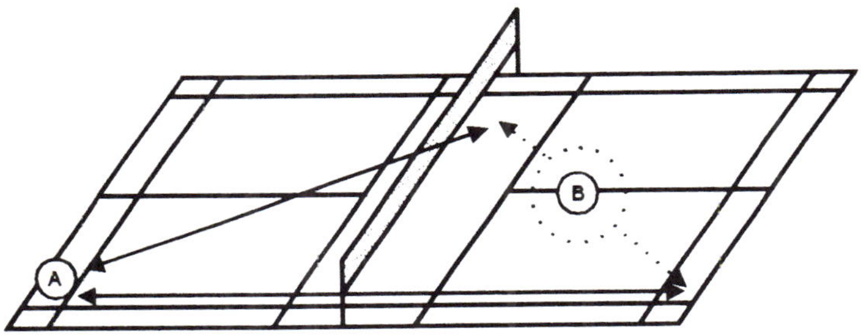

Abb. 95: Zwei-Ecken-Spiel

Ziel:
Spieler A soll lernen, präzise Bälle sicher und fehlerlos auf zwei Positionen zu spielen. Dabei soll er läuferische Schwächen von B erkennen und ausnutzen. Spieler B muss versuchen, beide Feldbereiche optimal abzudecken (Stellungsspiel) und frühzeitig die Flugbahn der Bälle von A zu erkennen, um alle Clears mit einer guten Länge in den geforderten Bereich zu spielen.

Variationen:
1. Spieler A befindet sich hinten links im Grundlinienbereich und spielt in den Grundlinienbereich hinten rechts von B und in den Netzbereich vorne links.
2. Spieler A achtet darauf, dass seine Zuspiele besonders angetäuscht bzw. verzögert sind.
3. Spieler B darf beide Ecken im Grundlinienbereich anspielen, Spieler A hat entsprechend immer einen parallelen Clear und einen diagonalen Drop zu spielen.

Hinweise:

- Die Dauer dieser Spielform sollte so gewählt werden, dass Spieler B von der Aufgabenstellung nicht konditionell überfordert wird. Sie sollte 3-4 min (Anfänger 1-2 min) nicht überschreiten.
- Spieler A sollte den Clear zunächst partnerfreundlich hochspielen.
- Spieler B muss sich nach jedem Schlag schnell wieder in Richtung ZP bewegen, um von A nicht ausgespielt zu werden und den Ballwechsel aufrechtzuerhalten.
- Bei der letzten Variation sollte Spieler A immer parallele Clears spielen, da der diagonale Clear über B hinweg in der realen Spielsituation das Risiko aufweist, dass der Gegner nach einem zu flachen und zu kurzen Clear sofort mit einem Smash oder guten Drop in den Angriff gelangen kann.

(2) Drei-Ecken-Spiel

Beschreibung:

Spieler A steht als Zuspieler in der Vorhandecke hinten rechts im Grundlinienbereich und darf im freien Wechsel drei Ecken auf dem Feld von Spieler B anspielen, die Grundlinienecke hinten links und die beiden Ecken im Netzbereich. Spieler B wartet aktionsbereit in der zentralen Position und muss jeden Ball aus der entsprechenden Ecke zielgenau auf Spieler A mit einem Clear zurückspielen.

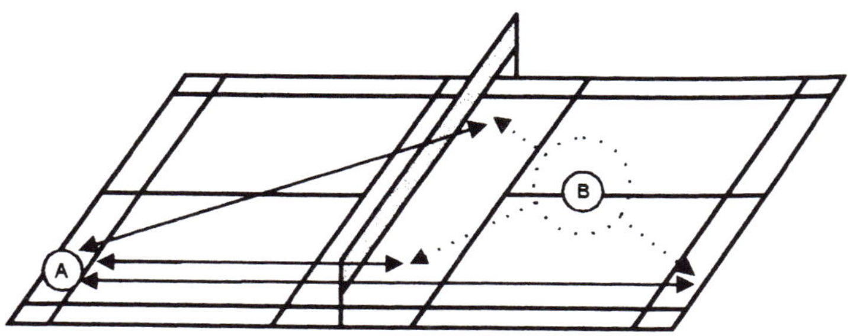

Abb. 96: Drei-Ecken-Spiel

Ziel:

Spieler A soll lernen, gut angetäuschte Bälle sicher und fehlerlos auf drei Positionen zu spielen. Dabei soll er läuferische Schwächen von B erkennen und ausnutzen. Spieler B muss versuchen, die drei Feldbereiche optimal abzudecken (Stellungsspiel) und frühzeitig die Flugbahn der Bälle von A zu erkennen, um alle Clears mit einer guten Länge in den geforderten Bereich zu spielen.

Variationen:

1. Spieler A befindet sich hinten links im Grundlinienbereich und spielt in den Grundlinienbereich hinten rechts von B und weiterhin in die Ecken im Netzbereich.
2. Spieler B darf beide Ecken im Grundlinienbereich anspielen, Spieler A spielt immer einen parallelen Clear und wahlweise den Drop parallel oder diagonal.
3. Bei fortgeschrittenen guten Spielpartnern kann der Zuspieler A auch alle vier Eckpunkte des Spielfeldes von B anspielen.

Hinweise:

- Die Dauer dieser Spielform sollte so gewählt werden, dass Spieler B von der Aufgabenstellung nicht konditionell überfordert wird. Sie sollte 3-4 min (Anfänger 1-2 min) nicht überschreiten.
- Spieler A sollte den Clear zunächst partnerfreundlich hochspielen.
- Spieler B muss sich nach jedem Schlag schnell wieder in Richtung ZP bewegen, um von A nicht ausgespielt zu werden und den Ballwechsel aufrechtzuerhalten.
- Spieler A und B sollten im Grundlinienbereich keine Rückhand spielen.
- Bei den letzten beiden Variationen sollte Spieler A immer parallele Clears spielen, da der diagonale Clear über B hinweg in der realen Spielsituation das Risiko aufweist, dass der Gegner nach einem zu flachen und zu kurzen Clear sofort mit einem Smash oder guten Drop in den Angriff gelangen kann.

(3) Kampf um die zentrale Position

Beschreibung:

Zwei Spieler müssen einen Ballwechsel immer mit mindestens drei Vorhand-Überkopf-Clears beginnen. Danach *darf* ein Vorhand-Überkopf-Drop gespielt werden. Nach dem Vorhand-Überkopf-Drop muss der angespielte Partner den Ball wieder mit einem Unterhand-Clear in den Grundlinienbereich spielen. Vor dem nächsten Drop müssen mindestens wieder drei Vorhand-Überkopf-Clears geschlagen werden. Das Spielfeld ist ein Halbfeld.

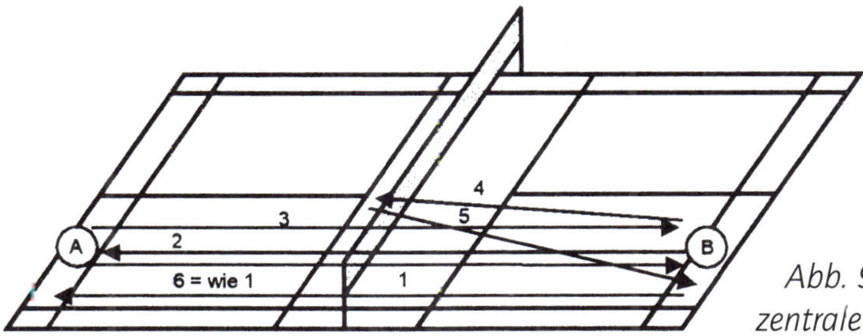

Abb. 97: Kampf um die zentrale Position

Ziel:
Der Trainierende soll erfahren, dass er nur erfolgreich spielen kann, wenn er sich nach jedem Schlag wieder in Richtung zentrale Position des Halbfeldes bewegt bzw. diese erreicht.

Variationen:
1. Die Spieler spielen auf dem gesamten Einzelfeld.
2. Nach dem Vorhand-Überkopf-Drop darf noch ein Netzdrop gespielt werden, dann weiter wie oben.

Hinweise:
- Beide Partner sollen zunächst lockere, hohe, weite und sichere Vorhand-Überkopf-Clears spielen. Dabei werden beide Partner ihre ZP langsam in den Grundlinienbereich verlagern. Um dies zu verhindern, werden in unregelmäßigen Abständen Vorhand-Überkopf-Drops eingestreut.
- Die Spielpartner sollten den Vorhand-Überkopf-Drop möglichst so gut vorbereiten, dass der Partner diesen nur mit Mühe oder eventuell gar nicht erreichen kann.
- Auch der Unterhand-Clear sollte hoch und weit gespielt werden.
- Diese Spielform eignet sich besonders für Spielerinnen im Anfängerbereich.

(4) Laufwege aufzwingen

Beschreibung:
Zwei Spieler müssen einen Ballwechsel immer mindestens mit drei Vorhand-Überkopf-Clears beginnen. Danach *darf* ein Vorhand-Überkopf-Drop gespielt werden, auf den immer ein Unterhand-Drop zu folgen hat. Hierbei müssen die Spielpartner darauf achten, dass nach einem parallelen Vorhand-Überkopf-Drop ein diagonaler Unterhand-Drop und nach einem diagonalen Vorhand-Überkopf-Drop ein paralleler Unterhand-Drop geschlagen werden muss.

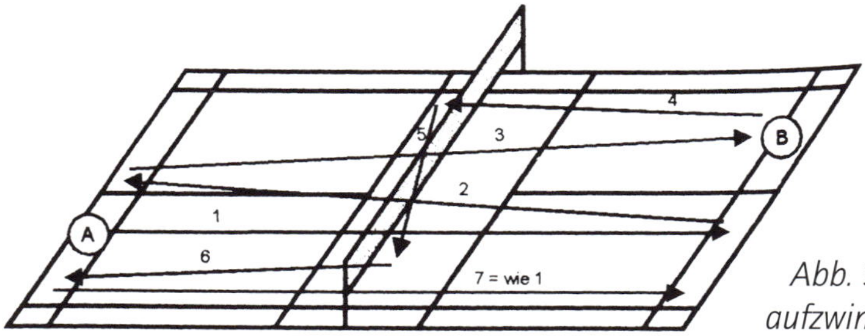

Abb. 98: Laufwege aufzwingen

Abb. 99: Angriff im Einzelspiel

ADVALOREM
TRME
SPORTS.COM

Ziel:
Die Spieler sollen sich aneignen, die Laufwege für den Partner immer möglichst lang zu gestalten.

Variation:
1. Anstatt des Unterhand-Drops darf auch ein Unterhand-Clear auf die hinteren Feldecken geschlagen werden.

Hinweise:
- Diese Übungen sind sehr anspruchsvoll und müssen nicht in der ersten Trainingseinheit unbedingt klappen.
- Es darf nicht vergessen werden, dass nach den Drops wieder zunächst drei Vorhand-Überkopf-Clears gespielt werden müssen.
- Bei Spielpartnern mit unterschiedlicher Leistungsstärke sollte der bessere Spielpartner die Drops nicht zu knapp spielen.

(5) Laufwege aufzwingen und variabel angreifen

Beschreibung:
Zwei Spieler müssen einen Ballwechsel immer mit mindestens drei Vorhand-Überkopf-Clears beginnen. Neben dem Vorhand-Überkopf-Drop dürfen die Spieler auch mit einem Vorhand-Überkopf-Halfsmash oder einem Vorhand-Überkopf-Smash angreifen.

Ziel:
Gute bis sehr gute Spieler sollen nun dahin kommen, dass sie die Laufwege für den Partner immer möglichst lang gestalten und dabei im Angriff sehr variabel spielen.

Variation:
- Als Angriffsschlag aus dem Grundlinienbereich darf nur der Vorhand-Überkopf-Smash parallel oder diagonal gespielt werden.

Hinweise:
- Da diese Übungen sehr anspruchsvoll sind, müssen sie nicht in der ersten Trainingseinheit unbedingt fehlerlos klappen.
- Wenn die Spielform gut durchgeführt wird, können die Clears zunehmend flacher oder als Angriffsclear geschlagen werden.
- Die Spieler sollten darauf achten, dass alle Schläge gut angetäuscht werden.
- Bei sicherer Ausführung kann die Spielform auch auf Punkte gespielt werden.

(5) Netzbereich gegen ganzes Feld

Beschreibung:
Spieler A steht im Bereich vor seiner vorderen Aufschlaglinie, er darf drei Ecken auf der Feldseite von B anspielen, hinten rechts und links im Grundlinienbereich und vorne rechts im Netzbereich. Spieler B spielt ausschließlich Drop und versucht, A im Netzbereich auszuspielen.

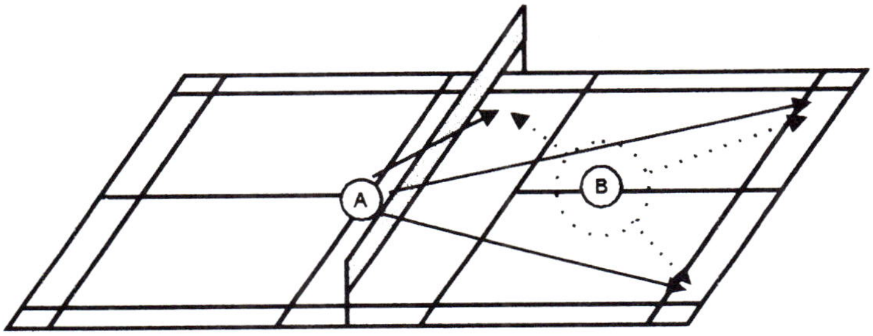

Abb. 100: Netzbereich gegen ganzes Feld

Ziel:
Spieler A übt aus dem Netzbereich verzögerte und fintierte Schläge und spielt diese zielgenau auf die festgelegten Ecken. Dabei soll er läuferische Schwächen von B erkennen und ausnutzen. Spieler B muss versuchen, die drei Feldbereiche optimal abzudecken (Stellungsspiel) und frühzeitig die Flugbahn der Bälle von A zu erkennen, um mit gut getäuschten Drops anzugreifen und A in seinem Bereich ebenfalls unter Druck zu setzen.

Variationen:
1. Spieler A spielt die Ecken im Grundlinienbereich und vorne links an.
2. Spieler A darf alle vier Ecken bzw. das gesamte Feld frei anspielen.

Hinweise:
- Da dies eine sehr intensive Spielform ist, sollte Spieler A zunächst alle Bälle in den Grundlinienbereich sehr hoch anspielen.
- Die Belastungszeiten sollten bei Fortgeschrittenen 3 min und bei Anfängern 90 s nicht überschreiten.
- Spieler A sollte alle Bälle grundsätzlich mit Unterhandschlägen spielen.

(7) Halbfeld gegen ganzes Feld

Beschreibung:
Spieler A erhält als Spielfeld das Halbfeld auf der rechten Aufschlagseite von der Mittellinie bis zur rechten Doppelseitenlinie. Spieler B hat sein normales Einzelfeld. A spielt ein Einzel gegen B, es darf nicht geschmettert werden. B macht alle Aufschläge von rechts, A wechselt je nach Spielstand die Seite.

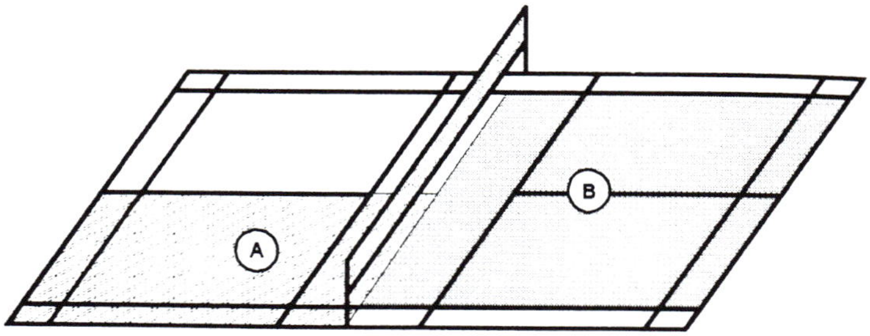

Abb. 101: Halbfeld gegen ganzes Feld

Ziel:
Spieler A kann sich durch seine vereinfachten Spielbedingungen darauf konzentrieren, Spieler B durch platziertes, sicheres Spiel in Bedrängnis zu bringen und dessen Laufwege sehr lang zu machen. Spieler B muss versuchen, sein gesamtes Feld gut abzudecken (Stellungsspiel) und unter diesen erschwerten Bedingungen A auf dessen Halbfeld unter Druck zu setzen.

Variationen:
1. Spieler B darf schmettern.
2. Das Spiel-Halbfeld von A wechselt je nach Spielstand.

Hinweise:
- Es ist zu beachten, dass die konditionellen Anforderungen bei dieser Spielform für B sehr hoch sind (evtl. 5-10 min Zeitspiel oder Sätze bis 7, 9 oder 11 spielen).
- Die Spielform wird auch für A intensiver und anspruchsvoller, wenn B schmettern darf.

Abb. 102: Umsprung, aggressives Angriffsspiel

SBC

- Wenn Spieler A je nach Spielstand die Seite wechselt, muss B sich noch mehr konzentrieren, um keine Fehler zu machen und ins richtige Halbfeld zu treffen.
- Diese Spielform eignet sich besonders für Spielpartner mit unterschiedlicher Leistungsstärke, da der schwächere Spieler durch die ungleiche Feldgröße spielerische wie auch läuferische Mängel ausgleichen kann.

(8) Aggressives Angriffsspiel

Beschreibung:
Beide Spieler agieren auf dem gesamten Einzelfeld. Bei beiden Spielern führt der erfolgreiche Abschluss eines Ballwechsels mit einem Vorhand-Überkopf-Smash oder „Töten"-im-Netzbereich zu einem doppelten Punkterfolg. Bei Spieler A führt allerdings jeder erfolgreiche Abschluss eines Ballwechsels unmittelbar zu einem Punkterfolg, auch wenn er das Aufschlagrecht nicht besitzt. In diesem Fall erhält Spieler A Aufschlagrecht und Punkterfolg. Spieler B spielt unter normalen Bedingungen.

Ziel:
Beide Spieler sollen die geforderten Angriffstechniken aggressiv einsetzen, um erfolgreich zu spielen.

Variationen:
1. Bei Spielpartnern mit ungleichen Leistungstärke erhält nur der schwächere Partner 2 Punkte.
2. Die Spieler spielen auf eine unbestimmte Zeit, die zumindest ein Partner nicht kennt. Besser wäre es, wenn beide Partner die Spielzeit nicht kennen (Zeitvorgabe durch einen Wecker, Timer oder Mitspieler/Trainer möglich).

Hinweise:
- Die Grundspielform ist besonders geeignet, wenn Spielpartner mit ungleicher Leistungsstärke gegeneinander spielen wollen.
- Beide Spieler müssen so aggressiv und fehlerlos wie möglich spielen.
- Beim „unbekannten" Zeitspiel müssen beide Spieler versuchen, ständig in Führung zu liegen, da das Spiel jederzeit zu Ende sein kann.

4 Grundlagen der Taktik des Doppelspiels

Nach Aneignung der wichtigsten technischen Fertigkeiten und taktischen Fähigkeiten für das Einzelspiel sollen die folgenden Übungs- und Spielformen ein gezieltes Doppeltraining ermöglichen.

Beim Doppelspiel müssen sich zwei Partner die eigene Feldhälfte teilen und ihre Laufarbeit miteinander abstimmen. Dies erfordert eine gute Kooperation in allen Spielsituationen. Dabei kommt es besonders darauf an, dass die Wechsel von der Angriffssituation in die Abwehrsituation und umgekehrt reibungslos vollzogen werden, damit die Gegner sich keine Vorteile erspielen können. Diese gemeinsamen Vorgehensweisen sind Strategien, auf die sich zwei Spielpartner einigen müssen, um sich mit ihrer eigenen Doppeltaktik durchzusetzen.

Das Doppelspiel mag zunächst sehr kompliziert erscheinen, weil die Abstimmung am Anfang doch einige Schwierigkeiten bereiten kann. Die Probleme nehmen aber mit zunehmender Spielpraxis schnell ab und schon nach kurzer Zeit werden die folgenden Übungs- und Spielformen das Doppelspiel zu einem Vergnügen werden lassen, auf das die meisten Spieler nicht mehr verzichten möchten.

Im Doppelspiel tauchen drei typische Grundsituationen auf:

1. Aufschlag und Aufschlagannahme,
2. neutrale Situation (die taktische Situation ist unentschieden) und
3. Angriff und Abwehr.

4.1 Aufschlag und Aufschlagannahme

Obwohl dieser Grundsituation im Taktiktraining häufig wenig Bedeutung beigemessen wird, ist die wichtigste Grundsituation im Doppel schon die Spieleröffnung, weil durch Aufschlag und Aufschlagannahme der folgende Ballwechsel bereits maßgeblich beeinflusst werden kann. So wird der Gegner einen hohen Aufschlag unmittelbar nutzen, um den eigenen Angriff zu beginnen, während er nach einem guten kurzen Aufschlag nicht sofort von oben nach unten spielen kann.

Da das Aufschlagfeld im Doppel kürzer als beim Einzelspiel ist (die hintere Aufschlaglinie befindet sich 0,76 m vor der Grundlinie), kann der annehmende Spieler besonders nach einem hohen Aufschlag sehr aggressiv mit einem Smash retournieren. Eine sichere

Beherrschung des kurzen Aufschlags ist daher für das aufschlagende Team unerlässliche Voraussetzung dafür, selbst in die Angriffsposition zu kommen und dadurch Punkte erzielen zu können. Der Gegner soll durch den kurzen Aufschlag dazu gezwungen werden, den Ball von unten nach oben zu spielen, sodass sich für die aufschlagende Mannschaft Gelegenheiten ergeben, den Federball im Netz- oder Grundlinienbereich von oben nach unten zu spielen, also anzugreifen. Da beide Doppelpaare bei der Spieleröffnung das Ziel haben, sofort in den Angriff zu kommen, ist es zweckmäßig, dass jeweils beide Spielpartner hintereinander stehen (Angriffsposition).

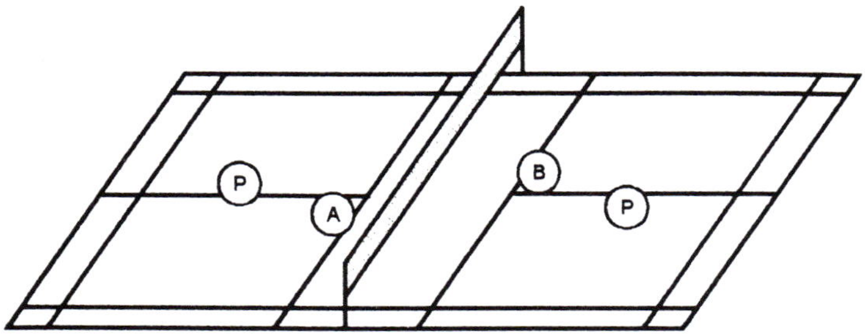

Abb. 103: Stellung bei Aufschlag und Aufschlagannahme

Dabei steht der Aufschläger (A) im Bereich der vorderen Aufschlaglinie/Mittellinie, sein Partner steht dicht hinter ihm, aber so, dass er den Aufschläger bei der Schlagausführung nicht behindert. Damit hat das aufschlagende Team sein Feld gleichzeitig für den zu erwartenden Return abgedeckt.

Der annehmende Spieler (B) rückt ebenfalls so nahe wie möglich an die vordere Aufschlaglinie, um den Aufschlag nach einer schnellen Vorwärtsbewegung möglichst im oberen Netzkantenbereich zu erreichen. Der Partner steht knapp hinter dem annehmenden Spieler dicht an der Mittellinie und konzentriert sich auf die Annahmesituation. Bei einem hohen, langen Aufschlag orientiert er sich sofort nach vorne zum „T" (die Position, bei der die Mittellinie auf die vordere Aufschlaglinie trifft), weil er von seinem Partner einen Angriffsschlag erwartet; nach einem kurzen Aufschlag muss er zunächst abwarten, was sein Partner für einen Ball spielt, denn:

Grundsätzlich richten sich alle Laufwege eines Doppelteams nach den eigenen Schlägen!

Folgende Treffbereiche sollten vom Aufschläger bevorzugt angespielt werden:

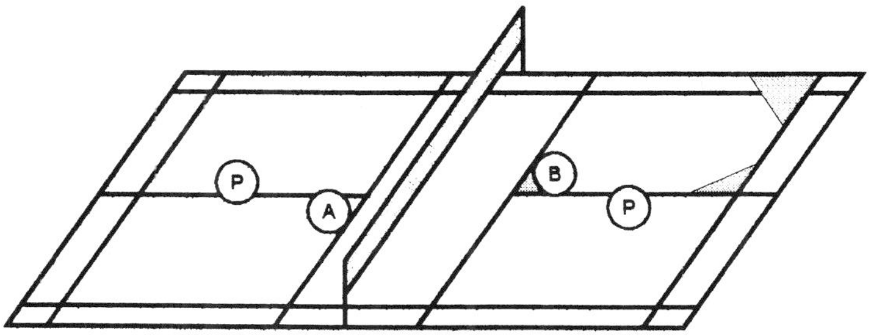

Abb. 104: Treffbereiche im rechten Aufschlagfeld (bei Aufschlag von rechts)

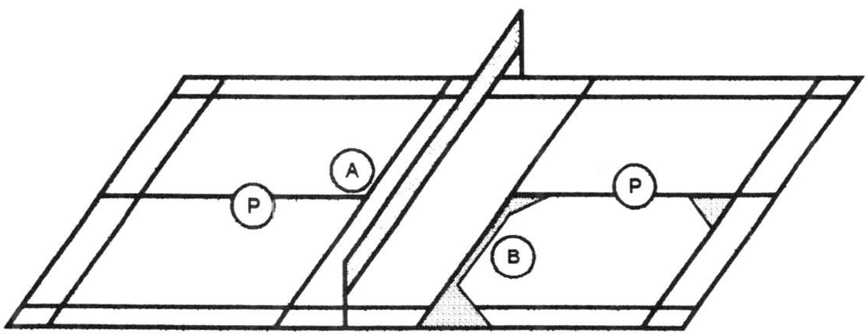

Abb. 105: Treffbereiche im linken Aufschlagfeld (bei Aufschlag von links)

Gegen einen sehr angriffslustigen Aufschlagannehmer ist ein gut getäuschter Swip eine wirkungsvolle Gegenmaßnahme für den Aufschläger.

Der einen kurzen Aufschlag annehmende Spieler sollte auf jeden Fall vermeiden, den Ball „einfach hochzuspielen". Wenn dieser Fehler gemacht wird, gelangt die Gegenseite sofort in die Angriffsposition (vgl. S. 118 ff.), die sie kaum aufgeben wird. Oberstes Ziel für den Aufschlagannehmer muss es sein, selbst in den Angriff zu gelangen oder zumindest eine neutrale Situation herzustellen. Angriff bedeutet in diesem Fall, den Ball mit einem Drop in den gegnerischen Netzbereich zu spielen oder einen etwas zu hoch geratenen Aufschlag gleich auf den Boden oder die Gegner zu „drücken". Eine „neutrale Situation" herzustellen, meint, dass der Ball an der Reichweite des vorderen Spielers „vorbeigeschoben", vom hinteren Spieler nicht über Netzkantenhöhe gespielt werden kann. Danach werden beide Doppelpaare in der Angriffsposition stehen und auf den entscheidenden Fehler (einen Clear oder zu hohen Ball) der Gegner warten, um sofort anzugreifen und die Gegner in die Abwehrposition zu zwingen.

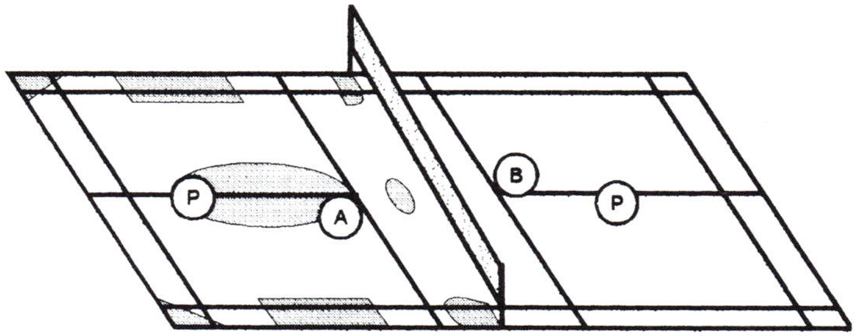

Abb. 106: Aufschlagannahme in der rechten Feldhälfte, Zielbereiche bei Aufschlagannahme in der rechten Feldhälfte

Besonders wichtig für das taktische Training der Aufschlag- und Aufschlagannahmesituation ist, dass nicht lediglich der Aufschlag und die Aufschlagannahme trainiert werden (siehe Techniktraining), sonders dass immer der dritte und vierte Schlag in das Taktiktraining einbezogen wird. Entscheidend ist hierbei die Anforderung, dass kein Ball über Schulter- bis Kopfhöhe gespielt werden darf.

Somit dürfen nur kurze, halblang geschobene und flach-scharfe Bälle gespielt werden. Ziel bleibt natürlich, auch in dieser ersten Phase des Ballwechsels bei günstiger Gelegenheit sofort den Ball auf den Boden zu spielen (den Punkt zu machen).

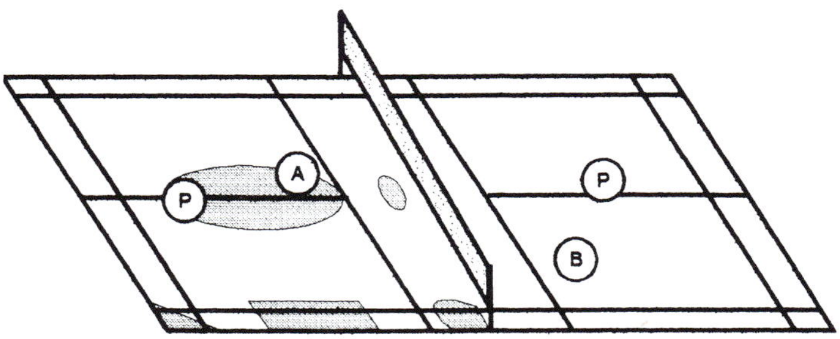

Abb. 107: Aufschlagannahme in der linken Feldhälfte, Zielbereiche bei Aufschlagannahme in der linken Feldhälfte

4.2 Die neutrale Situation

Wie im vorherigen Absatz schon erwähnt, kommt es besonders in der Anfangsphase eines Ballwechsels häufig zu einer Situation, in der noch nicht genau auszumachen ist, welche Doppelpaarung sich in der Angriffs- bzw. Abwehrposition befindet. Beide Teams „schieben" (pushen) die Bälle zunächst geduldig an den Seitenlinien entlang, bis ein Spieler die Chance für eine Angriffsattacke sieht und einen schnellen diagonalen flachscharfen Ball spielt oder im Netzbereich „ablegt" oder „tötet". Ziel ist es aber in jedem Fall, entweder den Punkt zu machen oder dem Gegner eine hohe Abwehrmaßnahme aufzuzwingen. Nach dieser wird dann sofort die Angriffsposition eingenommen und bis zum Ende des Ballwechsels beibehalten. Selbstverständlich versucht das in die Abwehrposition geratene Doppel, sich aus dieser zu befreien. Dies geschieht häufig wieder über die neutrale Situation. Aus einer guten flach-scharfen oder einer halblangen Abwehr heraus gelangt man zunächst in die neutrale Situation, über die man sich dann befreien und eventuell selbst in den Angriff gelangen kann.

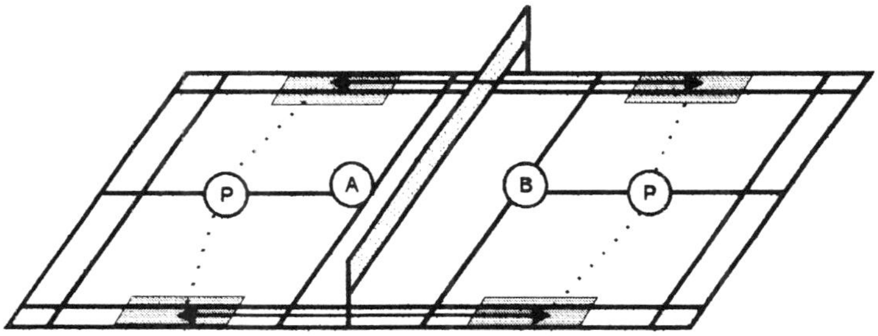

Abb. 108: Die „neutrale Situation"

Eine andere Möglichkeit, aus der neutralen Situation überraschend in den Angriff zu kommen, ist die Taktik des „Zumachens". Dabei versucht der Vorderspieler (A), den gegnerischen Ballweg zu antizipieren und orientiert sich schon während des Ballwechsels zur entsprechenden Seitenlinie. Wird der Ball vom gegnerischen Doppel zu langsam und/ oder zu hoch gespielt, bricht der Vorderspieler (A) in den Ballwechsel ein und erzwingt so die Angriffssituation für die eigene Seite. Dabei ist es sehr wichtig, dass der Partner, schon während A sich zur Seitenlinie orientiert, mehr Deckungsaufgaben übernimmt.

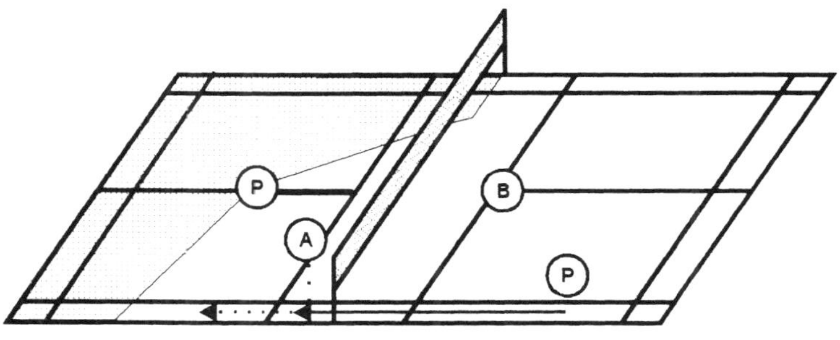

Abb. 109: Das „Zumachen" in der neutralen Situation

4.3 Angriff und Abwehr

Angriff und Abwehr bedingen sich gegenseitig und sind somit wechselseitig voneinander abhängig. Wie oben bereits erwähnt, ist es das Ziel beider Doppelteams, in die Angriffsposition zu gelangen. In dieser Position stehen die Spieler hintereinander. Dabei deckt ein Spieler den vorderen Feldbereich ab, der andere ist für den hinteren Bereich zuständig. Um diese Stellung möglichst lange aufrechtzuerhalten bzw. erfolgreich abzuschließen, müssen beide Partner ausschließlich Angriffsschläge ausführen: Smash, Drop und flach-scharf geschlagene Bälle (Drive).

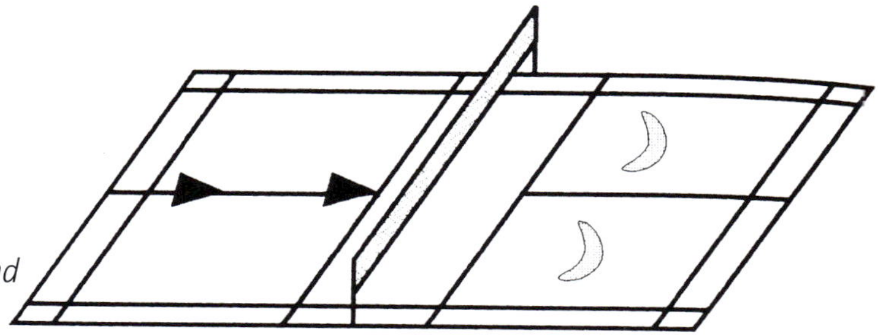

Abb. 110: Angriffs- und Abwehrposition

Wird ein Spieler gezwungen, als Verteidigungsschlag den Clear zu spielen, sind beide Doppelpartner sofort gehalten, die Abwehrposition einzunehmen. Dabei stehen beide Spieler dann etwa in der Mitte ihres Halbfeldes (zentrale-Halbfeld-Position) und orientieren ihre tiefe Abwehrstellung in Richtung des angreifenden Spielers.

In der Angriffs- wie auch in der Abwehrposition ergeben sich durch Kompetenzüberschneidungen gefährdete Spielzonen.

Abb. 111: Angriffs- und Abwehrposition mit Kompetenzbereichen

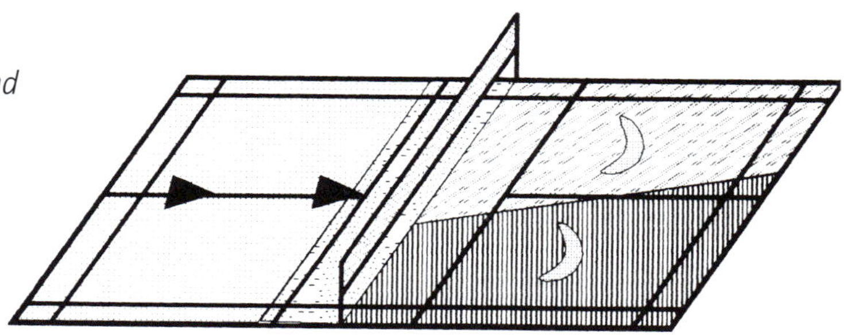

Abb. 112: Gefährdete Spielzonen im Doppel

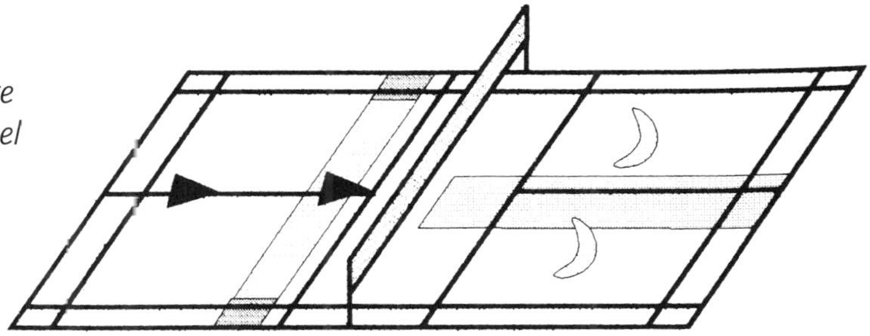

Diese Zonen ergeben sich dadurch, dass beide Partner gleichzeitig zum Ball gehen, weil sie glauben, diesen nehmen zu müssen, oder beide Partner verlassen sich darauf, dass der andere ihn wohl annehmen werde. Für die Angreifer ergibt sich daraus, dass sie ihre Angriffsaktionen möglichst gegen die Spielfeldmitte richten.

Die Zielbereiche für das Angreifen von hinten rechts und hinten links sind in den nachfolgenden Abbildungen verdeutlicht. Sie liegen hauptsächlich in der Mitte zwischen den zum Ball ausgerichteten Gegnern.

Abb. 113: Angriff von hinten rechts mit Drop oder Smash

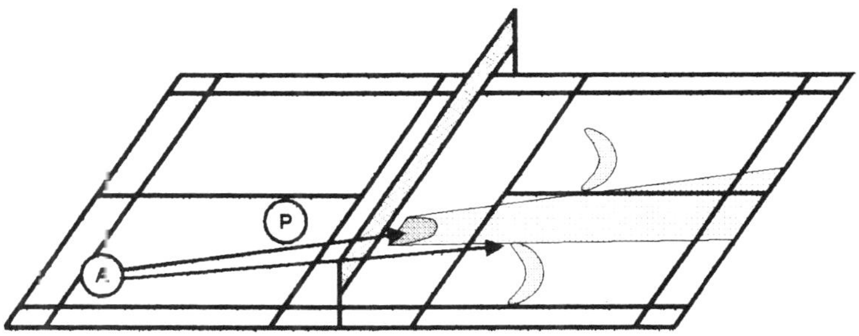

Abb. 114: Angriff von hinten links mit Drop oder Smash

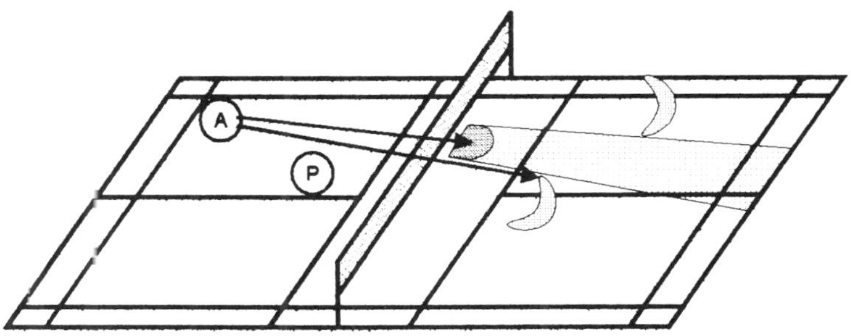

Abwehrende Spieler bevorzugen in der Regel die Rückhandabwehr. Aus diesem Grunde gilt bei der Smash-Abwehr in der Mitte der Grundsatz: Rückhand- vor Vorhandseite. Wird ein langer, hoher Ball in die Mitte gespielt, sollte der Vorhand-Partner den Ball übernehmen. Überhaupt ist es sinnvoll, die Abwehr möglichst kurz oder flach-scharf zu spielen, um so schnellstmöglich wieder in den Angriff zu gelangen.

4.4 Taktische Grundregeln und Merksätze

Um den drei Grundsituationen des Doppelspiels jederzeit gerecht zu werden, ist es notwendig, dass beide Spielpartner bestimmte Grundregeln beachten und einhalten, damit sie die unterschiedlichen Anforderungen in Angriff und Abwehr optimal lösen.

Entscheidend wird dabei sein, wie sicher ihnen die Wechsel von der Angriffs- zur Abwehrposition und umgekehrt gelingen. Für eine gut eingespielte Doppelpaarung ist es wichtig, dass alle notwendigen Positionswechsel situationsangepasst, fast automatisch und vor allem rechtzeitig ablaufen. Zudem müssen die Partner aber auch harmonieren, das bedeutet, dass Fehler und Schwächen des Partners nicht nur toleriert, sondern ständig gegenseitige Motivationshilfen gegeben werden. Die folgenden taktischen Grundregeln für das Doppelspiel knüpfen an die allgemeinen taktischen Grundregeln (vgl. S. 97 f.) an.

Grundsätzlich richten sich alle Laufwege eines Doppelteams nach den eigenen Schlägen, d. h., dass ein Doppelpaar aus der Angriffsposition dann in die Abwehrposition wechselt, wenn einer der Partner einen Clear spielt, der Vorderspieler bestimmt die Laufrichtungen. Umgekehrt erfolgt der Wechsel in die Angriffsposition, wenn aus der Abwehrposition ein Angriffsschlag (Smash, Drop, evtl. Drive) gespielt wird. Erfolgt der Angriff aus dem Netzbereich, übernimmt der entsprechende Spieler die Position des Vorderspielers. Der Partner deckt den hinteren Feldbereich ab. Erfolgt der Angriff aus dem Grundlinienbereich, nimmt der Partner umgehend die vordere Position in der Nähe des „Ts" ein. Bei einer gut eingespielten Doppelpaarung geschieht dieser Wechsel häufig schon, wenn der Federball vom Gegner deutlich hoch auf eine Feldseite gespielt wird. Der Vorderspieler orientiert sich dann zur Smashseite und macht diese „dicht" (vgl. Abb. 113/114), d. h., er wartet auf einen parallelen Abwehrschlag.

1. Jede Chance zum Angriff nutzen.
2. Angriffe sollten hauptsächlich über die Mitte erfolgen.
3. Der Angriff sollte möglichst lange aufrechterhalten werden.
4. Fehler beim Aufschlag- und in der Aufschlagannahmesituation vermeiden.

5. Dem Doppelpartner sollten Fehler schnell verziehen werden.
6. Nicht überhastet angreifen, sondern Geduld und Spielübersicht zeigen.

4.4.1 Was ist beim Damendoppel anders?

Auf Grund der geschlechtsspezifischen Unterschiede kommt dem letzten Grundsatz im Damendoppel eine besondere Bedeutung zu. Da Frauen auf Grund ihres geringeren Kraftniveaus den Smash nicht so hart schlagen können, die Voraussetzungen von Reaktions-, Koordinations- und Konzentrationsfähigkeit aber gleich sind, werden häufig längere Ballwechsel gespielt, bei denen zeitweise sogar der Clear dominiert.

In der Aufschlagsituation wird vielfach der hohe Aufschlag oder der Swip-Aufschlag angewendet. Die Annahme dieser Aufschlagvariante erfordert eine schnelle Lauf- und Sprungaktion und wird oftmals erst spät erreicht.

Da im Angriff die Schlaghärte beim Smash niedriger ist, gilt es, einen Angriff gut und geduldig vorzubereiten. Gut getäuschte Drops oder überraschend verzögerte Angriffsclears in den gefährdeten Bereich in die Feldmitte können zu schwachem, kurzem Rückspiel führen und eröffnen dann die Möglichkeit, den entscheidenden Smash platzieren zu können.

4.4.2 Wie wird ein gemischtes Doppel (Mixed) gespielt?

Badminton ist eine der wenigen Sportarten, bei der Frauen und Männer sogar in Wettkampfmannschaften zusammen spielen und trainieren.

Im gemischten Doppel haben beide Spielpartner die Möglichkeit, ihre unterschiedlichen spielerischen Voraussetzungen optimal zu kombinieren. Dabei kann die Dame im vorderen Feldbereich reaktionsschnell mit einem variantenreichen Spiel-am-Netz-Repertoire den Angriff vorbereiten bzw. vollenden. Der Partner hingegen kann seine Stärken wie schnellkräftiges Laufen und Springen sowie seine härteren Schläge nach dem vorbereitenden Spiel der Dame optimal einsetzen.

Bei Beginnern und mäßig Fortgeschrittenen wird man zunächst eine Taktik wählen, die diesen unterschiedlichen spezifischen Voraussetzungen entspricht. In der Regel wird das so aussehen, dass die Dame im vorderen Feldbereich spielt, und der Herr den hinteren Bereich abdeckt.

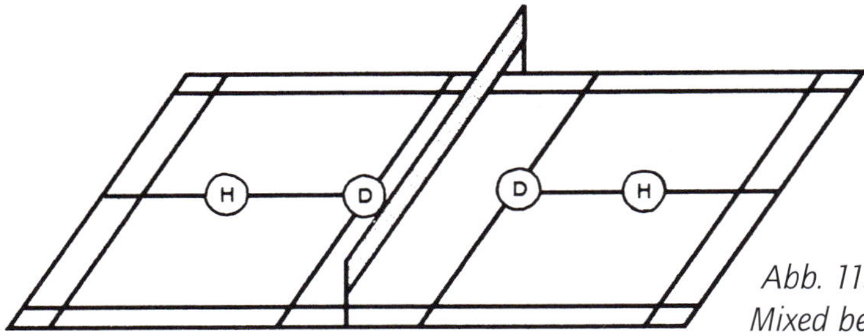

Abb. 115: Stellungsspiel im Mixed bei Beginnern

Diese Aufstellung wird während des gesamten Spiels aufrechterhalten. Ausnahmen bilden lediglich die Aufschlagsituationen, wenn der Herr aufschlägt. Dann steht die Dame nicht hinter, sondern kapp links vor ihrem Partner.

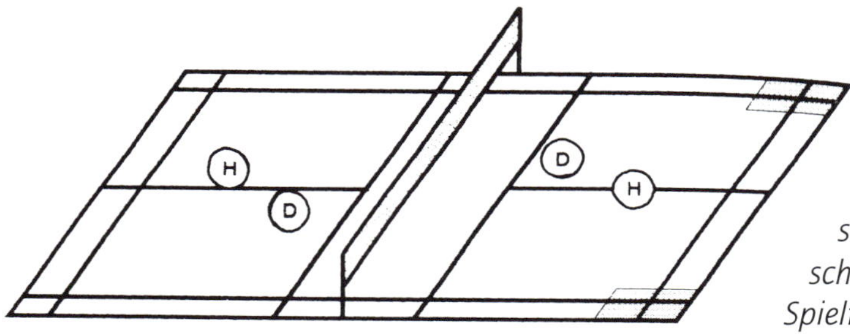

Abb. 116: Aufschlagsituation: Die Dame schlägt von der rechten Spielfeldhälfte auf.

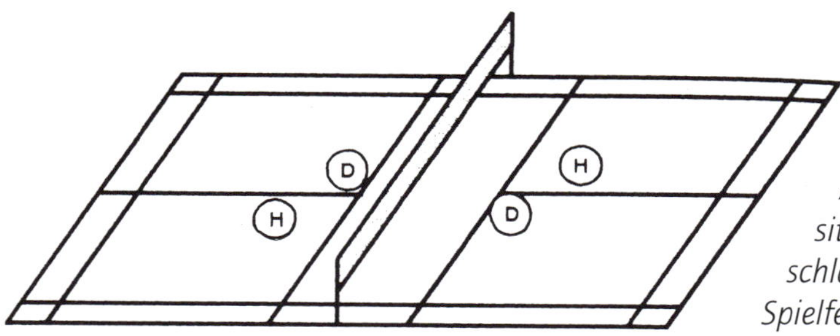

Abb. 117: Aufschlagsituation: Der Herr schlägt von der rechten Spielfeldhälfte auf.

Schlägt die Dame gegen die Dame auf, so entspricht die Aufschlagsituation der des Doppelspiels (vgl. S. 113 ff.). Hier ist es für die Aufschlägerin ratsam, häufiger einen hohen Aufschlag oder einen Swip zu spielen, um die annehmende Dame schon gleich zu Beginn des Ballwechsels aus ihrer Position im vorderen Feldbereich zu treiben. Muss die Dame auf den Herrn aufschlagen, ist es unumgänglich, dass sie in der Lage ist, einen kurzen, sicheren Aufschlag gegen einen angriffsstarken annehmenden Herrn zu spielen.

Abb. 118: Rückhandaufschlag des Herren beim Mixed

Der Herr verlegt seine Aufschlagposition oftmals ein wenig weiter nach hinten, damit er auch einen aggressiven schnellen Return im hinteren Feldbereich erreichen kann. Gegen die Dame wird auch er häufiger einen Swip, gegen den Herrn in der Regel einen kurzen Aufschlag spielen. Dadurch muss der annehmende Herr seine Position im hinteren Feldbereich aufgeben. Damit ist die Deckung in den hinteren Spielfeldecken seines Deckungsbereichs entblößt und für gegnerische Angriffsschläge anfällig.

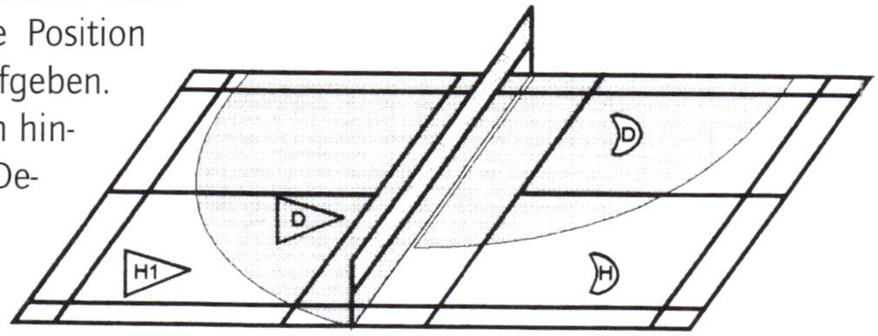

Abb. 119: Zuständigkeitsbereiche im Mixed bei fortgeschrittenen Spielern

Bei fortgeschrittenen Spielern ändert sich vor allem das Abwehrverhalten bei einem Mixed-Paar. Dabei weicht die Dame aus der ungünstigen vorderen mittleren Position zurück und erwartet den Angriff, diagonal zum angreifenden gegnerischen Herrn stehend, im mittleren Feldbereich. Dabei deckt sie einen kleinen Feldbereich vom Netz bis zur Mitte ihrer Feldseite ab. Der Herr stellt sich somit nach einem Clear des eigenen Teams parallel zum gegnerischen Angreifer und ist für die Sicherung des restlichen Feldes verantwortlich.

Um sich Taktik und Laufarbeit zu erleichtern, darf auch ein Mixed-Paar die Angriffsposition nicht leichtfertig aufgeben. Einen erzwungenen Clear sollte die Dame dann aber vorwiegend diagonal, der Herr immer parallel spielen.

Da beide Mixed-Paarungen die Angriffsposition einnehmen und aufrechterhalten wollen, kommt dem „Schiebespiel" (vgl. Abb. 108), bei dem die Herren die Bälle flach an der Reichweite der Damen vor-

Abb. 120: Aufschlagannahme des Herrn im rechten Aufschlagfeld (siehe Bild)

bei in die gefährdeten Spielzonen an den Seitenlinien schieben/pushen, eine besondere Bedeutung zu. Hierbei kann es oftmals zu Kompetenzüberschneidungen kommen, wenn die aggressive wachsame Dame „zumachen" (vgl. S. 117) und/oder einen Ballwechsel übernehmen will. Außerdem muss die Dame die Ballwechsel sehr konzentriert beobachten, damit sie einen diagonalen flach-scharfen Drive durch ihren Kompetenzbereich retournieren und dadurch ihren Partner entlasten kann.

Damit die teilweise kompliziert erscheinenden taktischen Anforderungen im Doppelspiel langsam und systematisch erlernt und trainiert werden können, wird auf den folgenden Seiten eine Vielzahl von Übungs- und Spielformen mit zahlreichen Varianten angeboten, die den Einstieg in das erfolgreiche Doppelspiel für Beginner ermöglichen und ein gezieltes Training für Fortgeschrittene unterstützen sollen.

Die folgenden Übungs- und Spielformen sind in drei inhaltliche Bereiche gegliedert:

- Vorbereitende Übungs- und Spielformen
- Angriff und Abwehr in festen Übungs- und Spielformen
- Variabler Wechsel zwischen Angriff und Abwehr für fortgeschrittene Spielpartner

4.5 Übungs- und Spielformen für das Doppelspiel

4.5.1 Vorbereitende Übungs- und Spielformen

(1) Angriff (mit Vorhand-Überkopf-Drop)

Beschreibung:
Die Spielpartner stehen hintereinander auf ihrem Halbfeld. A 2 spielt einen Unterhand-Clear auf den gegnerischen B 1. Der im Grundlinienbereich stehende B 1 spielt einen Vorhand-Überkopf-Drop auf A 2 zurück. A 2 retourniert mit einem Netzdrop auf den im Netzbereich stehenden B 2. Dieser spielt einen Unterhand-Clear auf A 1 und die Schlagfolge wiederholt sich.

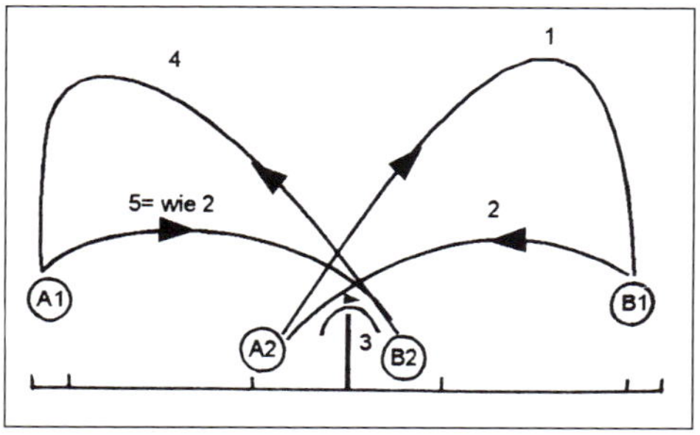

Abb. 121: Angriff mit Vorhand-Überkopf-Drop

Ziel:
Zwei Doppelpaare üben die Angriffsposition in fester Schlagfolge mit sicheren Techniken in den richtigen Treffbereich.

Variationen:

1. Die Grundlinienspieler A 1 und B 1 dürfen ihren Vorhand-Überkopf-Drop in den gesamten vorderen Feldbereich spielen. A 2 und B 2 spielen den Netzdrop parallel und den Unterhand-Clear in den Bereich der Mittellinie auf A 1 und B 1.
2. A 2 und B 2 variieren ihren Unterhand-Clear auf der ganzen Feldbreite von A 1 und B 1.
3. A 2 und B 2 können auch den Netzdrop im Netzbereich variieren. Somit bleibt die Schlagfolge bei der gesamten Übung erhalten, während die Flugrichtungen des Federballs im Rahmen der Treffbereiche variiert werden dürfen.
4. Bei fortgeschrittenen und guten Spielern wird anstatt des Vorhand-Überkopf-Drops ein Vorhand-Überkopf-Smash gespielt.

Hinweise:

- Die Grundübung kann auf dem Halbfeld, die Variationen müssen auf dem gesamten Feld gespielt werden.
- Da die Spieler eine feste Schlagfolge zu spielen haben, müssen die Positionen vorne und hinten nach einiger Zeit gewechselt werden.
- Alle Spieler sollten bemüht sein, fehlerlos zu spielen, damit die Übungsfolge möglichst lange aufrechterhalten bleibt.
- Wird die Übung mit dem Vorhand-Überkopf-Smash gespielt, muss der Vorderspieler weiter zurückweichen und noch konzentrierter üben.

(2) Abwehr (Vorhand-Überkopf-Clear)

Beschreibung:
Die Spielpartner stehen jeweils auf den Schnittpunkten „Einzel-/Hintere Aufschlaglinie" und spielen den Partnern auf der anderen Seite den Federball mit einem Vorhand-Überkopf-Clear zu. Spieler A 1 bringt den Ball mit einem hohen Aufschlag diagonal auf B 1 ins Spiel. B 1 spielt parallel auf A 2. A 2 spielt seinen Vorhand-Überkopf-Clear diagonal auf B 2, der wiederum parallel auf A 1 spielt. Nach dem diagonalen Vorhand-Überkopf-Clear von A 1 wiederholt sich die Schlagfolge ab B 1.

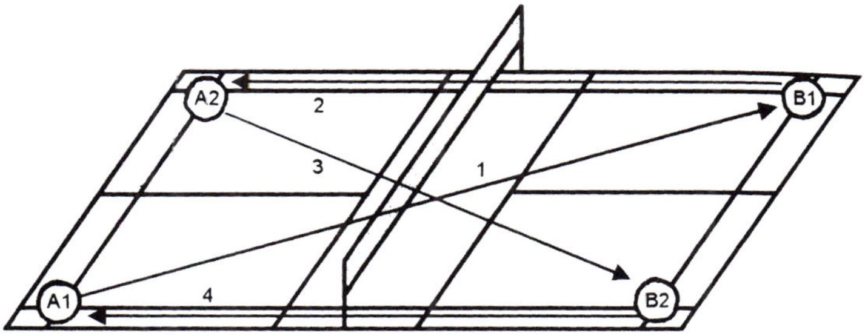

Abb. 122: Abwehrposition mit Vorhand-Überkopf-Clear

Ziel:
Zwei Doppelpaare üben die Abwehrposition in fester Schlagfolge.

Variationen:

1. Alle Spieler stehen in der zentralen Position ihres Halbfeldes und spielen den Vorhand-Überkopf-Clear aus dem Umsprung in den gleichen Treffbereich wie bei der Grundübung.

2. Der Ballweg kann frei entschieden werden (Vorhand-Überkopf-Clear bleibt).
3. Nachdem der Federball 4 x die Seite gewechselt hat, darf ein beliebiger Spieler einen Vorhand-Überkopf-Drop spielen. Dieser muss von dem annehmenden Spieler mit einem Unterhand-Clear wieder in den Grundlinienbereich retourniert werden. Danach folgen mindestens wieder vier Vorhand-Überkopf-Clears.

Hinweise:

- Die Spieler sollen bei der Grundübung zunächst alle Bälle sicher in den richtigen Treffbereich spielen.
- Wenn Anfänger noch nicht die richtige Länge in ihren Bällen haben, sollten die Treffbereiche in Richtung Netz auf der Seitenlinie verlagert werden.
- Bei den Variationen 1 und 2 ist darauf zu achten, dass die Spieler aus Bequemlichkeit die zentrale Position nicht immer weiter nach hinten verlagern.
- Bei Variation 3 ist der Vorhand-Überkopf-Drop möglichst gut anzutäuschen.

(3) Angriff mit Wechsel der Positionen vorne/hinten

Beschreibung:

Die Spielpartner stehen hintereinander auf ihrem Halbfeld. A 2 spielt einen hohen Aufschlag auf den gegnerischen B 1. Der im Grundlinienbereich stehende B 1 spielt einen Vorhand-Überkopf-Drop auf A 2 zurück. A 2 retourniert mit einem Netzdrop auf den im Netzbereich stehenden B 2. Dieser spielt einen Unterhand-Clear auf A 1. Nach dem eigenen Unterhand-Clear wechseln B 2 und B 1 die Positionen in ihrem Halbfelds. Wenn die A-Seite ihren Unterhand-Clear spielt, werden ebenfalls die Seiten gewechselt.

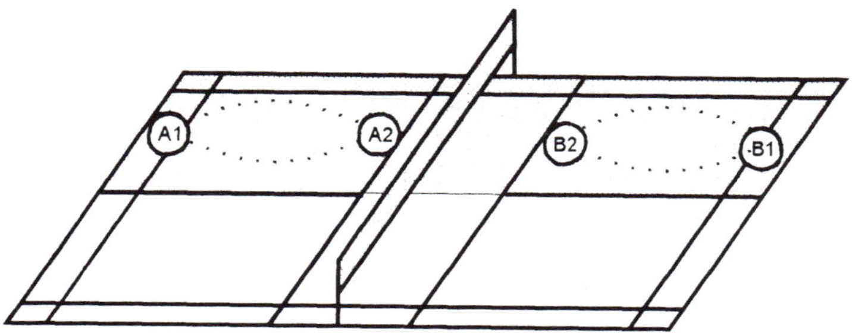

Abb. 123: Wechsel der Positionen vorne/hinten

Ziel:
Zwei Doppelpaare üben die Angriffsposition mit fester Schlagfolge und sicheren Techniken in den richtigen Treffbereich. Hinzu kommt jetzt die wichtige taktische Erfahrung, dass nach einem Clear die eigene Position auf dem Feld verändert werden muss. Damit die Doppelpartner gut kooperieren, müssen die Laufwege abgesprochen werden.

Variationen:
1. Die jeweiligen Grundlinienspieler dürfen ihren Vorhand-Überkopf-Drop in den gesamten vorderen Feldbereich spielen. Die Spieler im vorderen Feldbereich spielen den Netzdrop parallel und den Unterhand-Clear in den Bereich der Mittellinie.
2. Die vorderen Spieler variieren ihren Unterhand-Clear auf der ganzen Feldbreite.
3. Bei fortgeschrittenen und guten Spielern wird anstatt des Vorhand-Überkopf-Drops ein Vorhand-Überkopf-Smash gespielt.

Hinweise:
- Die Grundübung kann auf dem Halbfeld, die Variationen müssen auf dem gesamten Feld gespielt werden.
- Laufwege rechtzeitig mit dem Partner absprechen.
- Alle Spieler sollten bemüht sein, fehlerlos zu spielen, damit die Übungsfolge möglichst lange aufrechterhalten bleibt.
- Wird die Übung mit dem Vorhand-Überkopf-Smash gespielt, muss der den Smash abwehrende Spieler rechtzeitig stehen und platziert kurz abwehren.

(4) Netzspiel 2 : 2

Beschreibung:
Die Spielfelder sind die Bereiche vor den vorderen Aufschlaglinien (Doppelfeld). Beide Partner stellen sich zunächst am „T" hinter ihrer Aufschlaglinie auf. Nach dem Losen bringt der Gewinner den Ball mit einem Unterhand-Drop ins Spiel. Jedes Paar muss jetzt immer abwechselnd schlagen. Punkte erzielen kann nur die Mannschaft, die das Aufschlagrecht besitzt. Jedes Team hat nur ein Aufschlagrecht. Die Sätze können bis 11, 15 oder 21 Punkte gespielt oder als Zeitspiele durchgeführt werden.

Alle bekannten Netztechniken, wie „Heben", „Wischen", „Stechen", „Schneiden" und eventuell „Töten" sollten Anwendung finden.

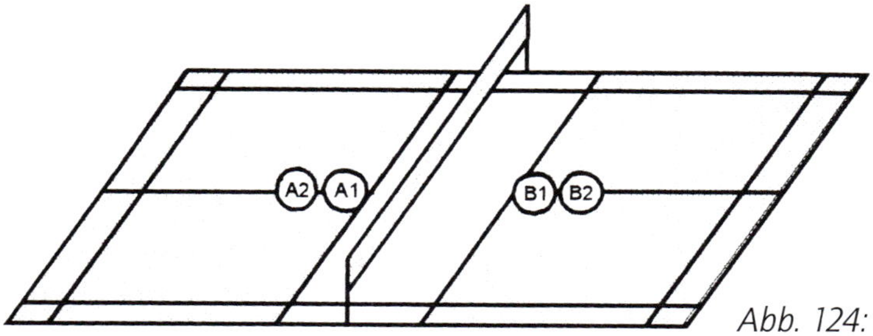

Abb. 124: Netzspiel 2 : 2

Ziel:
Die Doppelspieler sollen ihr Spiel im Netzbereich spielerisch verbessern. Dabei sollten sie möglichst alle bekannten Netztechniken anwenden.

Variation:
- Im Anfängerbereich kann zunächst auf der Einzelfeldbreite gespielt werden.

Hinweise:
- Wichtig ist, dass die Bälle immer möglichst weit oben angenommen werden.
- Die Bälle müssen sicher gespielt werden: Vermeide eigene Fehler!
- Diagonale, angetäuschte und verzögerte Schläge dürfen nicht fehlen.
- Die Partner sollten ihre Laufwege und eine eventuelle Taktik absprechen.

4.5.2 Angriff und Abwehr in festen Übungs- und Spielformen

(1) Der „Doppelpolizist"

Beschreibung:
Ein „Polizist" gibt zunächst die Grundanweisung, dass ein Doppelteam ausschließlich Angriffsschläge (Drop und Smash) spielen darf. Der „Polizist" zeigt die Laufwege für die Doppelspieler durch deutliche Handzeichen auf die vier Spielfeldecken an. Die Spieler, die zu Beginn in der Abwehrposition nebeneinanderstehen, müssen nach dem ersten Handzeichen sofort mit der Laufarbeit und der Einnahme der Angriffsposition beginnen. Wenn der Polizist nach einer Richtungsanweisung den anderen Arm gleichzeitig nach oben (zur Decke) streckt, bedeutet dies, dass der folgende Schlag ein Abwehrschlag (Clear) sein soll. Daraufhin haben die Doppelspieler wieder die Abwehrposition einzunehmen.

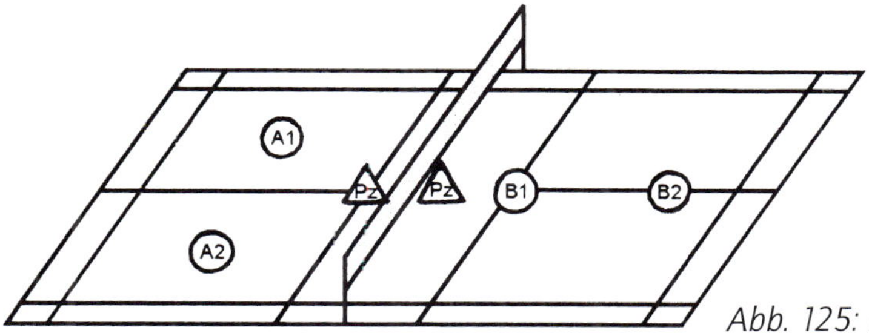

Abb. 125: Der „Doppelpolizist"

Ziel:
Die Doppelspieler sollen den Wechsel zwischen Angriffs- und Abwehrposition spielerisch lernen, ohne sich auf den Federball konzentrieren zu müssen.

Variation:

- Zur Festigung der Doppeltaktik unter hoher konditioneller Beanspruchung kann der „Polizist" bei fortgeschrittenen Spielern seine Handzeichen sehr schnell geben. Die Doppelpartner sollten dann pro Durchgang 4-5 min üben.

Hinweise:

- Durch geschicktes Variieren der Handzeichen kann der „Polizist" das Doppelteam in alle Spielfeldecken treiben und die Angriffs- und Abwehrposition ständig wechseln.
- Der „Polizist" sollte seine Handzeichen zunächst langsam geben.
- Bei Positionswechseln hat der „Polizist" darauf zu achten, dass die Spieler ihre Positionen im Angriff vorne und hinten wechseln.
- Jeder Spieler sollte auch die Aufgabe des „Polizisten" bewältigen können.
- Bei fortgeschrittenen Spielern wird durch schnelles Anzeigen ein hohes Maß an Konzentration und Kondition gefordert.
- Alle Lauftechniken sollten bei dieser Übung ohne Ball gut ausgeführt werden.

(2) Angriff gegen Abwehr

Beschreibung:
Ein Doppel steht in der Angriffs-, das andere in der Abwehrposition. Nach einem hohen Aufschlag von A 1 in das rechte Aufschlagfeld, spielt der hintere Angreifer B 1 einen Vorhand-Überkopf-Drop als Angriffsschlag. Der Abwehrspieler der betreffenden Seite, A 2, wehrt kurz ab und orientiert sich in Richtung „T". Nachdem der vordere Angreifer B 2

den Federball parallel am Netz abgelegt hat, spielt der am „T" stehende Spieler A 2 den Ball mit einem diagonalen Unterhand-Clear in den Grundlinienbereich des linken Aufschlagfeldes und nimmt wieder seine Abwehrposition ein. Den folgenden parallelen Vorhand-Überkopf-Drop von B 1 muss jetzt der Partner A 1 annehmen. Diese Schlagfolge wiederholt sich durch den jeweils diagonal gespielten Unterhand-Clear.

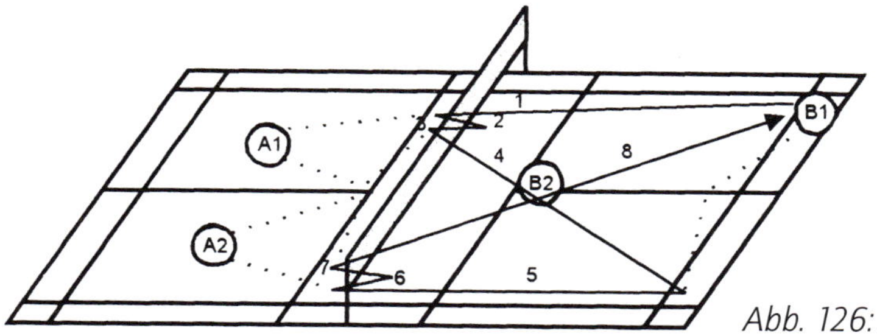

Abb. 126: Angriff gegen Abwehr

Ziel:

Die abwehrende Seite lernt das richtige Abwehrverhalten mit der entsprechenden Laufarbeit. Zudem sollen alle Spieler erkennen, dass ihre Laufarbeit von den eigenen Schlägen abhängig ist.

Variationen:

- Der Vorhand-Überkopf-Drop kann variiert werden. Dadurch müssen sich beide Abwehrspieler mehr konzentrieren und stets bereit sein, den Angriff zu retournieren.
- Die Abwehrspieler dürfen ihren Unterhand-Clear parallel oder diagonal spielen. Dadurch wird auch der hintere Angriffsspieler mehr gefordert.
- Die Variationen 1 und 2 sollten kombiniert werden.

Hinweise:

- Alle Spieler müssen ihre Schläge sicher ausführen, damit der Ball im Spiel bleibt.
- Die abwehrende Seite hat darauf zu achten, dass sie in der Abwehrposition tatsächlich in der ZP im HF steht (und nicht langsam ans Netz vorrückt).
- Der hintere Angreifer bewegt sich stets durch seine ZP im hinteren Feldbereich.
- Der vordere Angreifer hat Unterhandschläge zu spielen.
- Der Wechsel sollte vorgenommen werden, wenn das abwehrende Doppel die Schlagfolge sicher beherrscht.
- Im zweiten Durchgang muss darauf geachtet werden, dass bei den Angreifern die Positionen vorne-hinten und bei den abwehrenden Partnern die Seiten gewechselt werden.

(3) Angriff gegen Abwehr – Abwehr wechselt kurz in die Angriffsposition

Beschreibung:

Ein Doppel steht in der Angriffs-, das andere in der Abwehrposition. Nach einem hohen Aufschlag von A 2 in das rechte Aufschlagfeld spielt der hintere Angreifer B 1 einen parallelen Vorhand-Überkopf-Drop als Angriffsschlag. Der Abwehrspieler der betreffenden Seite, A 1 wehrt kurz parallel ab und orientiert sich in Richtung „T". Gleichzeitig bewegt sich der Spieler A2 in den hinteren Feldbereich in Richtung Mittellinie und postiert sich ca. 1–1,5 m hinter seinem Partner. Der gegnerische Vorderspieler B 2 spielt einen diagonalen Netzdrop. Spieler A 1 orientiert sich nach rechts vorn und spielt einen diagonalen Vorhand-Unterhand-Clear. Spieler A 1 und A 2 haben ihre Positionen getauscht. Spieler B 1 der Angriffsseite spielt wieder einen parallelen Vorhand-Überkopf-Drop aus dem Grundlinienbereich und die Schlagfolge beginnt erneut.

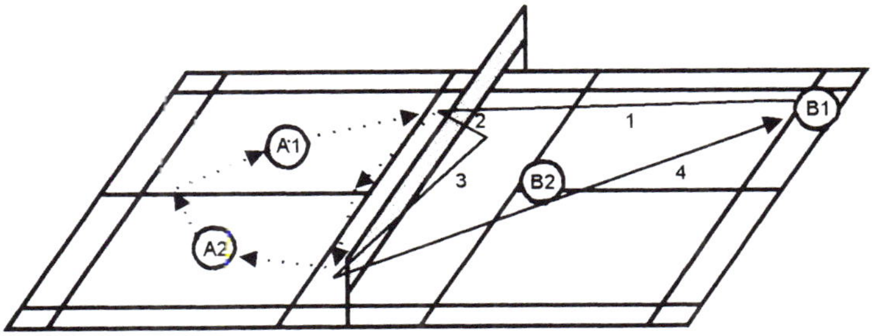

Abb. 127: Abwehr wechselt kurz in die Angriffsposition.

Ziel:

Die abwehrende Seite lernt das richtige Abwehrverhalten mit der taktisch richtigen Laufarbeit. Die abwehrenden Partner wechseln kurz aus der Abwehr- in die Angriffsposition und tauschen dabei noch die Feldseiten.

Variationen:

- Der Vorhand-Überkopf-Drop kann variiert werden. Alle anderen Schläge und Schlagrichtungen werden beibehalten. Dadurch müssen sich beide Abwehrspieler mehr konzentrieren und stets bereit sein, den Angriff zu retournieren.
- Spieler B der Angriffsseite kann den Netzdrop parallel oder diagonal spielen.
- Die Variationen 1 und 2 sollten kombiniert werden.

Hinweise:

- Alle Spieler müssen ihre Schläge sicher ausführen, damit der Ball im Spiel bleibt.
- Die abwehrende Seite hat darauf zu achten, dass sie in der Abwehrposition tatsächlich in der ZP im HF steht (und nicht langsam ans Netz vorrückt).
- Der hintere Angreifer bewegt sich stets durch seine ZP im hinteren Feldbereich. Besonders bei den Variationen sollte er sehr genau die Vorhand- bzw. Rückhandbereiche der Abwehrspieler anspielen.
- Der vordere Angreifer hat Unterhandschläge zu spielen.
- Beide Partner der abwehrenden Seite müssen äußerst konzentriert üben.
- Es ist darauf zu achten, dass der den Unterhand-Clear spielende Übende sehr rasch in seine HF-ZP zurückkehrt und sich sofort wieder zum angreifenden Spieler B orientiert.

4.5.3 Variabler Wechsel zwischen Angriff und Abwehr für fortgeschrittene Spielpartner

(1) Angriff gegen Abwehr – fortgeschrittene Spieler

Beschreibung:

Ein Doppel steht in der Angriffs-, das andere in der Abwehrposition. Nach einem hohen Aufschlag von A 1 in das rechte Aufschlagfeld spielt der hintere Angreifer B 1 einen parallelen Vorhand-Überkopf-Smash. Der Abwehrspieler der betreffenden Seite A 2, wehrt kurz parallel ab und orientiert sich in Richtung „T“. Gleichzeitig bewegt sich der Spieler A 1 in den hinteren Feldbereich in Richtung Mittellinie und postiert sich ca. 1–1,5 m hinter seinem Partner. Der gegnerische Vorderspieler B 2 spielt einen diagonalen Netzdrop. Spieler A 1 der Übungsseite orientiert sich nach rechts vor und spielt einen diagonalen Vorhand-Unterhand-Clear. Spieler A 1 und A 2 haben ihre Positionen getauscht. Spieler B 1 der Angriffsseite spielt wieder einen parallelen Vorhand-Überkopf-Smash aus dem Grundlinienbereich und die Schlagfolge beginnt erneut.

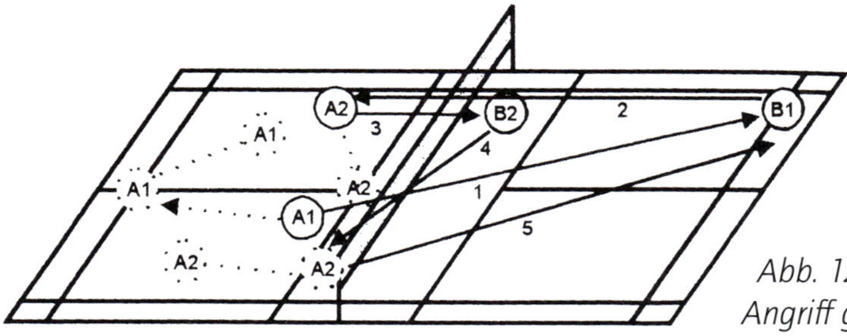

Abb. 128: Angriff gegen Abwehr

Ziel:
Die abwehrende Seite trainiert das richtige Abwehrverhalten bei hartem gegnerischen Smash-Angriff mit der taktisch richtigen Laufarbeit. Die abwehrenden Spieler sollten in der Lage sein, den Smash so kurz und platziert abzuwehren, dass der gegnerische Vorderspieler nicht die Möglichkeit erhält, den Federball oberhalb der Netzkante zu spielen.

Variationen:
- Der den Smash abwehrende Partner darf seine kurze Abwehr parallel und diagonal spielen.
- Der abwehrende Spieler darf den Ball zusätzlich noch am gegnerischen Spieler B 2 vorbeischieben. Diesen muss der Angreifer B 1 der abwehrenden Seite wieder zuspielen.
- Der abwehrende Spieler kann auf allen Positionen frei abwehren. Die Schlagfolge sollte aber aufrechterhalten bleiben.

Hinweise:
- Alle Spieler müssen ihre Schläge sicher ausführen, damit der Ball im Spiel bleibt. Eventuell muss die Smash-Härte dosiert werden.
- Der hintere Angreifer schmettert bei allen Varianten grundsätzlich parallel.
- Der vordere Angreifer spielt grundsätzlich diagonal oder „tötet" verunglückte Abwehrschläge.
- Beide Partner der abwehrenden Seite müssen äußerst konzentriert üben.
- Es ist darauf zu achten, dass der den Unterhand-Clear spielende Übende sehr rasch in seine HF-ZP zurückkehrt und sich sofort wieder zum angreifenden Spieler B orientiert.

(2) Seitenwechsel: Angriff und Abwehr

Beschreibung:
Ein Doppel steht in der Angriffs-, das andere in der Abwehrposition. Nach einem hohen Aufschlag (1) von A 1 in das rechte Aufschlagfeld spielt der hintere Angreifer B 1 einen parallelen Vorhand-Überkopf-Smash (2). Der Abwehrspieler der betreffenden Seite, A 2, wehrt kurz parallel ab (3) und orientiert sich in Richtung „T". Gleichzeitig bewegt sich der Spieler A 1 in den hinteren Feldbereich in Richtung Mittellinie und postiert sich ca. 1–1,5 m hinter seinem Partner. Der gegnerische Vorderspieler B 2 spielt einen diagonalen Netzdrop (4). Spieler A 2 orientiert sich nach rechts vorn und spielt einen diagonalen Vorhand-Unterhand-Clear (5). Die Spieler A 2 und A 1 haben ihre Positionen getauscht.

Spieler B 1 der Angriffsseite spielt wieder einen parallelen Vorhand-Überkopf-Smash aus dem Grundlinienbereich und die Schlagfolge beginnt erneut. Nach dem kompletten vierten Durchgang spielt Angreifer B 1 einen diagonalen Vorhand-Überkopf-Clear. Jetzt greift die ehemalige Abwehrseite vier vollständige Durchgänge an und leitet dann mit einem diagonalen Vorhand-Überkopf-Clear erneut den Wechsel ein.

Ziel:
Wie im Spiel soll jetzt nicht nur eine Seite die richtigen taktischen Wechsel von Angriff und Abwehr ausführen, sondern beide Seiten nach einem Vorhand-Überkopf-Clear die taktischen Positionen.

Variationen:
- Der Wechsel Angriff-Abwehr erfolgt nach drei Durchgängen.
- Der Wechsel Angriff-Abwehr erfolgt nach zwei Durchgängen.
- Die Grundlinienspieler B können zu einem beliebigen Zeitpunkt den Wechsel durch den Vorhand-Überkopf-Clear einleiten.

Hinweise:
- Alle Spieler müssen ihre Schläge sicher ausführen, damit der Ball im Spiel bleibt. Eventuell muss die Smash-Härte dosiert werden.
- Der hintere Angreifer schmettert bei allen Varianten grundsätzlich parallel.
- Der vordere Angreifer spielt grundsätzlich diagonal.
- Alle Partner müssen äußerst konzentriert üben.
- Es ist darauf zu achten, dass der den Unterhand-Clear spielende Übende sehr rasch in seine HF-ZP zurückkehrt und sich sofort wieder zum angreifenden Spieler B orientiert.
- Wenn die Übung sicher gespielt wird, kann der Vorhand-Überkopf-Clear parallel oder diagonal gespielt werden.

(3) Flachspielzwang

Beschreibung:
Zwei Doppelpaare spielen ein normales Doppel mit einer taktischen Einschränkung: Beide Teams dürfen den Ball nicht über Kopfhöhe spielen. Ein Verstoß gegen diese Einschränkung zählt als Fehler. Eine Ausnahme bildet der Aufschlag: hier darf als Aufschlagvariante der Swip gespielt werden. Es wird sich zwangsläufig ein Spiel entwickeln, bei dem die Bälle vorwiegend kurz in den Netzbereich, flach-halblang ins Halbfeld an die Seitenlinien oder flach-scharf in den Grundlinienbereich gespielt werden.

Ziel:
Durch den Zwang, den Ball flach, d. h. nicht über Kopfhöhe zu spielen, verhindert ein Doppel, dass die gegnerische Seite in die Angriffsposition gelangt und den Ball aus dem Bereich über Netzhöhe hart und steil nach unten spielen kann.

Variationen:
- Nur eine Seite hat „Flachspielzwang".
- In jedem Satz hat ein Doppel drei Clears „frei", ohne dass diese als Fehler gezählt werden.
- Ein Punkterfolg durch einen ins Halbfeld „geschobenen" Ball zählt doppelt.

Hinweise:
- Alle Mitspieler müssen die Auflage bei einem Einspruch akzeptieren.
- Die Spieler sollten besonders konzentriert sein, damit sie den Ball früh und vor dem Körper annehmen können.
- Die erforderlichen Schlagtechniken sollten von den Spielern beherrscht werden.

EX
再春館

Abb. 129: Aggressives Mixed-Spiel

Abb. 130: Konzentrierte Abwehr im Mixed

5 Spielregeln

1. Spielfeld (Regel Nr. 1)

Das Spielfeld ist ein Rechteck und wird gemäß der nachfolgenden Zeichnung und den darin angegebenen Maßen angelegt und durch 40 mm breite Linien begrenzt.

Die Linien sind Teil des Spielfeldbereichs, den sie begrenzen.

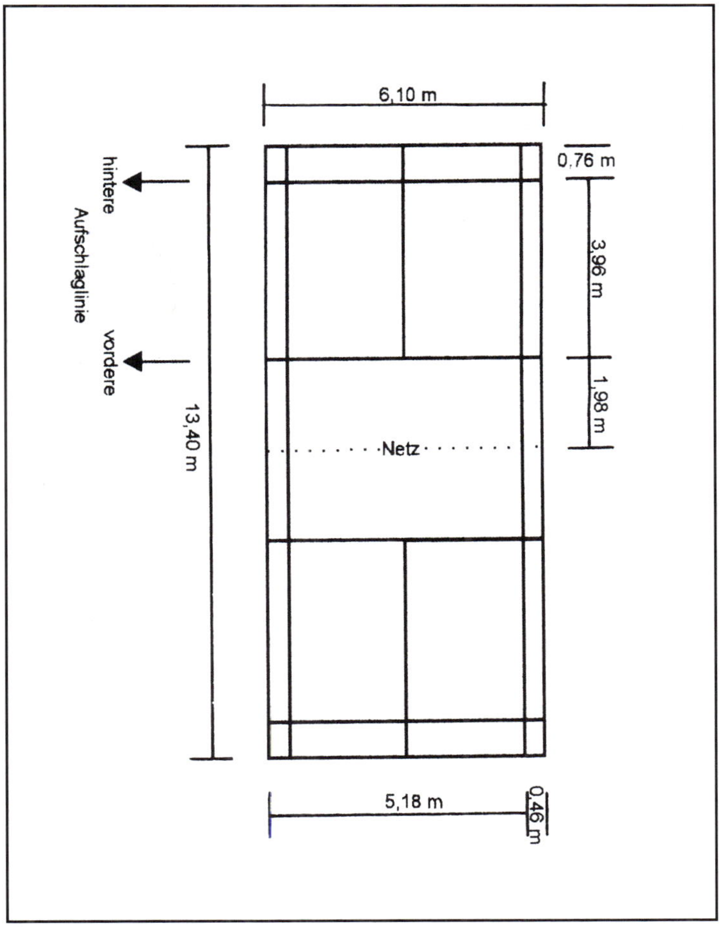

Abb. 131: Badmintonspielfeld

2. Pfosten und Netz (Regel Nr. 1)

Die Pfosten haben, vom Boden des Spielfeldes gemessen, eine Höhe von 1,55 m.

Die Netzoberkante muss, vom Boden des Spielfeldes gemessen, in der Mitte dieses Feldes eine Höhe von 1,524 m und an den äußeren Begrenzungslinien des Doppelspielfeldes eine Höhe von 1,55 m haben. Das Netz ist 760 mm tief.

3. Federball (Regel 2)

Der Federball darf aus natürlichen und/oder synthetischen Materialien hergestellt werden und muss zwischen 4,74 und 5,50 g wiegen.

Abb. 132 + 133 Kunststoffball und Naturfederball

4. Schläger (Regel 4)

Der Schlägerrahmen darf 680 mm in der gesamten Länge und 230 mm in der gesamten Breite nicht überschreiten.

Die Besaitung darf 280 mm in der gesamten Länge und 220 mm in der gesamten Breite nicht überschreiten.

Abb. 134 + 135: Hochwertige moderne Badmintonschläger

5. Los (Regel 6)

Vor Spielbeginn wird eine Wahl durchgeführt. Die Seite, welche die Wahl gewinnt, hat die Auswahl zu treffen zwischen den Möglichkeiten

- zuerst auf- oder zurückzuschlagen,
- Spielbeginn auf der einen oder anderen Spielfeldseite.

Der Verlierer der Wahl hat sich dann für eine der noch verbleibenden Möglichkeiten zu entscheiden.

6. Zählweise (Regel 7)

Gespielt werden zwei Sätze bis 21 Punkte in allen Disziplinen - also Herreneinzel, Dameneinzel, Herrendoppel, Damendoppel und Mixed - und Wettbewerben. Ab dem Punktestand von 20:20 müssen allerdings zwei Punkte Vorsprung erreicht sein. Bei 29:29 entscheidet der nächste Ballwechsel. Das knappste Ergebnis ist demnach 30:29.

Die Seite, die einen Satz gewinnt, führt im nächsten Satz den ersten Aufschlag aus. Im dritten Satz werden abermals die Seiten gewechselt, wenn die führende Partei 11 Punkte erreicht.

7. Wechsel der Spielfeldseiten (Regel 8)

Die Spieler wechseln die Spielfeldseiten

- nach Beendigung des ersten Satzes,
- mit dem Ende des zweiten Satzes, falls es einen dritten Satz gibt,
- im dritten Satz, wenn die führende Seite 11 Punkte erreicht hat.

8. Aufschlag (Regel 9)

Bei einem korrekten Aufschlag

- darf keine Seite die Ausführung des Aufschlags unzulässig verzögern.
- müssen der Aufschläger und der Rückschläger innerhalb der diagonal gegenüberliegenden Aufschlagfelder stehen, ohne dass sie die Begrenzungslinien dieser Aufschlagfelder berühren.
- muss ein Teil beider Füße des Aufschlägers und des Rückschlägers mit dem Spielfeldboden fest in Berührung bleiben, vom Beginn des Aufschlags an gerechnet, bis der Aufschlag ausgeführt ist.
- muss mit dem Schläger zuerst die Basis des Balls getroffen werden.
- muss sich – im Moment der Berührung mit dem Schläger – der gesamte Ball unterhalb der Taille des Aufschlägers befinden.
- muss der Schaft des Schlägers – im Augenblick des Treffpunkts mit dem Ball – in eine Abwärtsrichtung zeigen.
- muss nach Aufschlagbeginn die Bewegung des Schlägers weiter vorwärts fortgesetzt werden, bis der Aufschlag ausgeführt ist (d. h. die Aufschlagbewegung darf nicht abgestoppt werden).
- muss der Ball vom Aufschlagtreffpunkt an aufwärts über das Netz fliegen, um – sofern der Flug nicht unterbrochen wird – im Aufschlagfeld des Rückschlägers zu landen (auch auf bzw. innerhalb der Begrenzungslinien).
- darf der Ball, beim Versuch aufzuschlagen, nicht verfehlt werden.

Sobald die Spieler zum Aufschlag bereit sind, gilt die erste Vorwärtsbewegung des Schlägerkopfs durch den Aufschläger als Aufschlagbeginn.

Einmal eingeleitet, gilt ein Aufschlag als ausgeführt, wenn der Ball vom Schläger des Aufschlägers getroffen wird, oder beim Versuch, den Aufschlag auszuführen, der Aufschläger den Ball verfehlt.

Der Aufschläger darf mit dem Aufschlag nicht beginnen, bevor der Rückschläger bereit ist. Es muss der Rückschläger als bereit angesehen werden, wenn erkennbar ist, dass er den Aufschlag zurückzuschlagen beabsichtigt.

Im Doppelspiel können während der Ausführung des Aufschlags die jeweiligen Partner jede Position auf ihrer Feldseite einnehmen, vorausgesetzt, die gegnerischen Aufschläger oder Rückschläger werden in der Sicht nicht behindert.

9. Einzelspiel (Regel 10)

Der Aufschlag wird von den Spielern jeweils im rechten Aufschlagfeld ausgeführt und im rechten Aufschlagfeld zurückgeschlagen, wenn der Aufschläger noch keine Punkte oder eine gerade Punktzahl in diesem Satz erreicht hat.

Der Aufschlag wird von den Spielern jeweils im linken Aufschlagfeld ausgeführt und im linken Aufschlagfeld zurückgeschlagen, wenn der Aufschläger in diesem Satz eine ungerade Punktzahl erreicht hat.

Während eines Ballwechsels wird der Ball abwechselnd vom Aufschläger und Rückschläger von einer beliebigen Position seiner Feldseite geschlagen, bis der Ball nicht mehr im Spiel ist.

Wenn der Aufschläger einen Ballwechsel gewinnt, erzielt der Aufschläger einen Punkt. Der Aufschläger schlägt dann wieder auf, nun aber vom anderen Aufschlagfeld.

Wenn der Rückschläger einen Ballwechsel gewinnt, erzielt der Rückschläger einen Punkt. Der Rückschläger wird nun zum Aufschläger.

10. Doppelspiel (Regel 11)

Aufschlag- und Rückschlagposition

Ein Spieler der aufschlagenden Seite hat vom rechten Aufschlagfeld aufzuschlagen, wenn diese Seite noch keine Punkte oder eine gerade Punktzahl in diesem Satz erreicht hat.

Wer nach einem Aufschlagwechsel von den beiden Partnern aufschlagen muss, richtet sich nach dem eigenen Punktestand:

Gerade Punktezahl: Jener Spieler muss aufschlagen, der aufgrund des Spielverlaufs im rechten Aufschlagfeld steht.

Ungerade Punktezahl: Jener Spieler muss aufschlagen, der aufgrund des Spielverlaufs im linken Aufschlagfeld steht.

Gewinnt die aufschlagende Partei den Ballwechsel, so schlägt der Aufschläger weiter auf, wechselt dann in das andere Aufschlagfeld und schlägt auf den Partner des ersten Rückschlägers auf.

Gewinnt die rückschlagende Partei den Ballwechsel, so erhält sie Punkt und Aufschlagrecht. Die Positionen werden weder auf der Verlierer- noch auf der Gewinnerseite gewechselt.

Die Spieler wechseln ihre Aufschlagfelder nur, wenn sie nach eigenem Aufschlag einen Punkt erzielt haben. In allen anderen Fällen verbleiben die Spieler in den Aufschlagfeldern, die sie beim vorangegangenen Ballwechsel innehatten.

Es gibt keinen „zweiten Aufschlag"!

11. Fehler (Regel 15)

Es ist ein „Fehler",

- wenn ein Aufschlag nicht korrekt ist.

- wenn der aufschlagende Ball ...

- sich auf dem Netz verfängt und oberhalb liegen bleibt.
- sich nach Überfliegen des Netzes im Netz verfängt.
- vom Partner des Rückschlägers geschlagen wird.

- wenn der im Spiel befindliche Ball ...
- außerhalb der Begrenzungslinien des Spielfeldes den Boden berührt (also nicht auf oder innerhalb der Begrenzungslinien).
- durch das Netz oder unter dem Netz hindurchfliegt.
- nicht über das Netz fliegt.
- die Decke oder Seitenwände berührt.
- einen Spieler oder die Kleidung eines Spielers berührt.
- irgendeinen anderen Gegenstand oder eine andere Person außerhalb des Spielfeldes berührt.
- mit dem Schläger aufgefangen und angehalten wird und dann während des eigentlichen Rückschlags geschleudert wird.
- vom selben Spieler zweimal hintereinander geschlagen wird.

  Es ist jedoch kein Fehler, wenn der Ball zu einem Schlag den Schlägerrahmen und die Besaitung trifft.

- von einem Spieler und danach dessen Partner geschlagen wird.
- den Schläger eines Spielers berührt und danach nicht in Richtung auf die gegnerische Spielfeldseite zufliegt.

- wenn ein Spieler, während der Ball im Spiel ist ...
- das Netz oder dessen Haltevorrichtung mit dem Schläger, seinem Körper oder seiner Bekleidung berührt.
- mit dem Schläger oder seinem Körper unter dem Netz in das gegnerische Spielfeld eindringt, vorausgesetzt, der Gegner wird dadurch behindert oder abgelenkt.
- den Gegner daran hindert, das heißt verhindert, einen zulässigen Schlag auszuführen, der dem Ball über das Netz folgt.
- seinen Gegner vorsätzlich durch irgendwelche Handlungen wie Rufen oder Gebärden ablenkt.

12. Fortgesetztes Spiel (Regel 16)

Nach dem ersten Satz wechseln die Spieler die Feldseite. Es gibt zwei Minuten Pause, in der ein Gespräch mit einem Betreuer erlaubt ist. Falls nach zwei Sätzen noch kein Sieger feststeht, wird nach einer weiteren 2-minütigen Pause ein dritter Satz gespielt. Innerhalb der Sätze gibt es jeweils eine Minute Pause, wenn die führende Partei 11 Punkte erreicht hat.

13. Coachen (Regel 16)

Ein Spieler darf nur in den Pausen Ratschläge erhalten.

6 Wichtige Fachausdrücke

Ablegen

Wenn ein Spieler die Möglichkeit hat, den Federball unmittelbar im Netzkantenbereich anzunehmen und der Gegner sich nicht im Netzbereich befindet, sollte er den Federball „ablegen". Das bedeutet, dass der Schläger so dicht an die Netzkante gehalten werden muss, dass der Federball direkt auf der gegnerischen Netzseite herabfällt. Dabei wird der Ball nicht aktiv gespielt, sondern „tropft" nur vom Schläger ab.

Angriffsclear

Ein Angriffsclear ist ein Ball, mit dem der Gegner knapp über der Reichweite/-höhe überspielt wird. Der Angriffsclear muss gut angetäuscht werden, damit der Gegner den Ball erst sehr spät annehmen kann und nur noch ein defensiver Rückschlag möglich ist. Angriffsclears sind ein taktisch wirkungsvolles Mittel gegen Spieler mit geringer Reichhöhe und schwacher Laufarbeit in den hinteren Feldbereichen.

Antizipation

Unter Antizipation versteht man auch die gedankliche Vorwegnahme gegnerischer Bewegungen und Schlagrichtungen, die bei der Bewegungsvorstellung der folgenden Eigenbewegung und der spieltaktischen Handlung berücksichtigt werden.

Antizipation ist im Badminton vor allem bei der Einschätzung der Flugkurven des Balls wichtig. Spieler, die Flugkurven gut antizipieren können, wissen sehr früh, wann und wo sie ihre optimale Schlagposition erreichen.

Aufschlag

Der Aufschlag ist der erste Schlag in jedem Ballwechsel. Er gewinnt seine besondere Bedeutung dadurch, dass er als einziger Ball ohne Beeinflussung durch den Gegenspieler ausgeführt werden kann. Die am häufigsten verwendeten Aufschläge im Einzelspiel sind der hohe, weite Aufschlag auf die Grundlinie und der flache, kurze Aufschlag hinter die vordere Aufschlaglinie.

Auftaktschritt

Um z. B. möglichst schnell nach rechts vorne in die Vorhandecke zu starten, muss der linke Fuß nach links hinten hinter den Körperschwerpunkt ausgestellt werden, damit ein schnellkräftiger Abdruck von diesem den schnellen Start in die gewünschte Bewegungsrichtung ermöglicht. Der Auftaktschritt erfolgt häufig aus dem „Vorspannhüpfen".

Ausfallschritt

Mit dem Ausfallschritt wird immer die Laufarbeit in den Netzbereich und häufig auch in den Seithand- und Grundlinienbereich abgeschlossen. Ziel ist aber nicht nur das Abbremsen der Vorwärtsbewegung, sondern auch die schnelle Rückkehr in die zentrale Position durch schnellkräftigen Abdruck vom ausgestellten Bein. Extreme Ausfallschritte und ein starkes Abknicken des Oberkörpers zum Treffpunkt sind sehr kraftaufwendig, aber in vielen Spielsituationen nicht zu vermeiden. Bei der technischen Ausführung von Ausfallschritten ist es vorteilhaft, dass der in Schlagrichtung aufgesetzte Fuß sich vor dem Kniegelenk befindet, um schnell in die Rückwärtsbewegung starten zu können.

Ballerwartungshaltung

Wenn der gegnerische Schlag in der zentralen Position erwartet wird, soll die Erwartungshaltung (Grundstellung, Startposition) eingenommen werden. Durch Beugen der Fuß-, Knie- und Hüftgelenke wird der Körperschwerpunkt abgesenkt, um eine Vorspannung zu erzeugen, die es ermöglicht, schnell in die jeweilige Richtung zu starten. Der Schläger befindet sich vor dem Körper (Unterarm parallel zum Boden, Schlägerkopf senkrecht nach oben).

Bratpfannengriff

„Federballspieler“ und Beginner verwenden beim Spielen häufig einen frontalen „Bratpfannengriff“. Die Faust umschließt dabei den Schläger, die Schlagfläche weist frontal zum Netz und der Spieler schaut teilweise durch die Bespannung, um einfacher treffen zu können.

Circuit

Der Begriff Circuit kommt aus dem Englischen und bedeutet Kreisbewegung/Kreislauf. Beim Circuittraining wird ein bestimmtes Übungsprogramm durch den Trainierenden wiederholt ausgeführt. Dabei durchläuft er in bestimmter Reihenfolge einzeln Stationen und führt dabei die geforderten Trainingsinhalte durch. Diese können konditioneller, aber auch badmintonspezifischer Art sein.

Clear

Alle Clears (Ausnahme Angriffsclear) sind hohe, weite Befreiungsschläge, die im Grundlinienbereich des Gegners landen sollten. Sie können aus jedem Feldbereich gespielt werden. Beim Clear geht es vor allem darum, den Ball so zu spielen, dass der Gegenspieler aus der zentralen Position getrieben wird und keinen effektiven Angriffsschlag spielen kann. Außerdem ermöglicht der sehr hohe Clear in einer bedrängten Situation Zeitgewinn und die eigene Rückkehr in die zentrale Position.

Doppel-Grundsituationen

In der Doppeltaktik sind drei Grundsituationen zu unterscheiden:

- Aufschlag- und Aufschlagannahme,
- die neutrale Situation und
- Angriff- und Abwehr.

Doppelpositionen

Aus den Doppel-Grundsituationen ergeben sich auf dem Spielfeld unterschiedliche Positionen/Aufstellungen der Spieler:

- In den Positionen Aufschlag und Aufschlagannahme, in der neutralen und in der Angriffsposition stehen die Spieler etwa in dem Bereich der Mittellinie hintereinander.
- In der Abwehrpositionen stehen sie nebeneinander in der zentralen Position ihrer Halbfelder.

Drive

Bälle, die vor allem im Seithandbereich, aber auch vor der Körpermitte und bei der Smash-Abwehr gespielt werden. Treffhöhe meist im Netzkantenbereich. Ziel: flach-scharfer, schneller Ball, mit dem der Gegenspieler passiert und im hinteren Feldbereich zu einem schwachen Unterhandschlag gezwungen wird.

Drop

Als Drops werden Bälle bezeichnet, die, aus unterschiedlichen Feldbereichen geschlagen, knapp über und dicht hinter die Netzkante gespielt werden. Drops sind Angriffsbälle, mit denen der Gegenspieler aus seiner zentralen Position ans Netz gelockt wird, um ihn dann mit einem Clear oder Drive zu passieren. Außerdem wird er nach einem guten Drop gezwungen, von unten nach oben zu spielen.

Drücken („töten")

Mit dieser Spiel-am-Netz Technik wird der Ball im Netzbereich oberhalb der Netzkante durch eine schnellkräftige Streckung und Drehung des Unterarms und des Handgelenks hart nach unten gespielt. Beim Drücken handelt es sich um einen Angriffsschlag, mit dem ein Ballwechsel beendet werden soll.

Flach-scharfes Spiel

Übungs- und Spielformen, bei denen der Ball vorwiegend aus der Frontalstellung flach über das Netz und schnell zum Partner gespielt wird.

Frontalstellung

Wenn beim Schlag eine Frontalstellung zum Netz eingenommen wird, so kann weder der Ball hoch beschleunigt noch die Laufarbeit in die zentrale Position unmittelbar eingeleitet werden. Viele Spieler neigen zu einer Frontalstellung, da der Ball vermeintlich leichter zu beobachten ist und die Koordination der Schlagbewegung leichter fällt. Um das Spiel effektiver zu gestalten, sollte jedoch - vor allem bei den Überkopfschlägen - eine seitliche Position eingenommen werden. Durch die schnelle Drehung des Oberkörpers nimmt die Schlaghärte zu und die Verletzungsgefahr im Bereich der Wirbelsäule ab. Zusätzlich wird durch das Vorbringen der Schlagarmseite und damit auch des rechten Beins der Abdruck vom hinteren linken Bein ermöglicht und die schnelle Rückkehr zur zentralen Position eingeleitet.

Halfsmash

Der Halfsmash ist eine Variante des Smashs. Ein abwehrender Spieler kann sich auf den Smash-Angriff seines Gegners nach einiger Zeit gut einstellen. Werden Länge und Härte der Smashs aber gut variiert, steigen die Erfolgsaussichten für den Angreifer.

Handgelenk

Eines der schwierigsten Anfängerprobleme im Badminton ist ein zu lockeres Handgelenk beim Schlagen des Balls. Die durch die Unterarmdrehung ausgelöste Beschleunigung des Schlägerkopfs wird in diesem Fall nicht vollständig auf den Ball übertragen.

Das Handgelenk ist die schwächste Stelle bei intensiven Schlagbewegungen. Daher ist es vorteilhaft, das Handgelenk bei diesen zu fixieren. Die Fixierung in Kombination mit einem Wechsel von lockerem und festem Griff dient zudem der Übertragung der Kraft der Unterarmmuskulatur in den Schlag. Ungeübter Handgelenkeinsatz ist meistens nicht sehr effektiv, kontrollierter Handgelenkeinsatz, z. B. beim Spiel am Netz, ist unentbehrlich für ein variantenreiches, erfolgreiches Spiel.

Heben

Mit dieser Technik wird der Ball meist tief unterhalb der Netzkante aus dem Ausfallschritt gespielt.

Unterarm und Ellbogen sind bei dieser Netztechnik weitgehend fixiert. Arm und Schläger werden aus dem Schultergelenk „gehoben". So kann der Federball fast senkrecht im Netzbereich gespielt werden, wobei die Stellung des Schlägerkopfs nahezu parallel zum Boden sein muss. Der Ball kann mit der Vorhand oder mit der Rückhand gespielt werden.

Hinterspieler (Doppel)

Der Hinterspieler deckt den Bereich hinter der vorderen Aufschlaglinie ab und sollte ein möglichst druckvolles Angriffsspiel aufbauen.

Leistungsfähigkeit

Die Leistungsfähigkeit im Badminton ist abhängig von der Kondition, Technik, Taktik und den psychischen Fähigkeiten, um diese Leistungsvoraussetzungen im Wettkampf anwenden zu können. Kondition ist ein Sammelbegriff, unter dem Ausdauer, Kraft, Schnelligkeit, Beweglichkeit und zum Teil Koordination zusammengefasst werden können. Unter Technik wird die Schlag- und Lauftechnik verstanden. Taktische Fähigkeiten beziehen sich auf die Möglichkeit, verschiedene Schläge situativ richtig einzusetzen, taktische Grundsituationen zu erkennen und ein Spiel entsprechend der eigenen Stärken und Schwächen unter Berücksichtigung der Spielmerkmale des Gegners gestalten zu können.

Neutrale Position

Eine der drei Grundsituationen im Doppelspiel. Meist nach der Aufschlag/Aufschlagannahmesituation zwischen dem 3.-5. Schlag, aber auch während des Spiels, wenn ein Doppel sich über das flach-scharfe Spiel aus der Abwehrsituation befreien kann, nimmt es wieder die neutrale Position ein, in der die Spieler nebeneinander stehen.

Netzspiel

Spiel-am-Netz-Techniken sind Schlagvarianten, mit denen ein Spieler im Netzbereich angreifen kann. Dazu zählen fünf Grundtechniken wie „Töten", „Wischen", „Stechen", „Schneiden" und „Heben". Je höher der Ball oberhalb der Netzkante gespielt werden kann, umso effektiver sind die Angriffsschläge. Voraussetzung für ein erfolgreiches Netzspiel ist eine gute Laufarbeit, um den Ball zum frühstmöglichen Zeitpunkt oberhalb der Netzkante spielen zu können.

Positionswechsel

Im Doppel wechseln die Spieler aus der Position "Hintereinander" in die Position "Nebeneinander" oder umgekehrt.

Powergriff

Der Griff ist besonders für harte Schläge geeignet. Der Schläger soll so gegriffen werden, dass vier Finger den Griff von unten locker umschließen und der Daumen von oben auf den Zeigefinger gelegt wird. Der zunächst lockere Griff und das schnellkräftige Zufassen kurz vor dem Treffen des Balls geben dem Schlägerkopf eine zusätzliche Beschleunigung.

Push

Weiche, halblange Schlagtechnik im Doppel, bei der der Ball meist an den Seitenlinien aus dem eigenen vorderen und mittleren Feldbereich am gegnerischen Vorderspieler vorbei in den gefährdeten Seitenlinienbereich „geschoben" wird. Aus dem pushen entwickelt sich ein „Schiebespiel" in der neutralen Situation.

Reichhöhe/Reichweite

Reichhöhe und Reichweite ergeben sich aus den konstitutionellen Voraussetzungen von Spielern, Sprungkraft und ihrer Lauftechnik. Hochgewachsene Spieler verfügen über eine größere Reichhöhe. Dieser Vorteil ist beim Badminton nicht unerheblich, da die Angriffsmöglichkeiten im Überkopfspiel größer werden. Aber auch eine gute Lauftechnik (Umsprung) ermöglicht eine Vergrößerung der Reichhöhe. Die individuelle Reichhöhe der jeweiligen Gegenspieler muss beim Schlagen des Balles in den Grundlinienbereich immer mitberücksichtigt werden. Die Flugkurven gegen Spieler mit großer Reichhöhe müssen dementsprechend höher sein als gegen kleine Spieler mit geringer Reichhöhe.

Return

Jeder Rückschlag beim Badminton wird als Return bezeichnet.

Rückhandgriff

Wenn der Universalgriff vom Rechtshänder ein wenig weiter nach rechts gedreht wird, gelangt der Daumen zentral auf die breite Griffseite auf der Vorhandseite und kann dadurch als Rückhandgriff bei den Rückhandschlägen den Krafteinsatz verstärken.

Rückhandseite

Die Rückhandseite im Grundlinienbereich ist ein Schwachpunkt für die meisten Spieler, weil der Ball aus dieser Position nur selten druckvoll bis zur gegnerischen Grundlinie zurückgespielt werden kann. Um die Rückhand zu vermeiden, kann sie umlaufen werden. Es ist möglich, den Ball mit einem Überkopfschlag (links vom Kopf) zu spielen. Allerdings werden die Anforderungen an die Laufarbeit höher, da die Laufwege zwischen zentraler Position und Schlagposition weiter sind und schneller zurückgelegt werden müssen. Vorteilhaft ist demgegenüber, dass der Ball und Gegner die gesamte Zeit beobachtet werden können. Beim Rückhandspiel von der Grundlinie ist das nicht möglich, da während des Laufwegs zum Ball die gegnerische Spielhälfte nicht beobachtet werden kann.

Schiebespiel

Mit dem „Push" entwickelt sich ein „Schiebespiel" in der neutralen Situation im Doppel und besonders im gemischten Doppel. Dabei wird der Ball meist an der Seitenlinie aus dem eigenen vorderen und mittleren Feldbereich parallel am gegnerischen Vorderspieler vorbei in den gefährdeten Seitenlinienbereich „geschoben". Wenn sich sowohl Vorderspieler als auch Hinterspieler zum Ball (oder keiner) bewegen, kommt es zur gewünschten Kompetenzüberschneidung, die das Feld für einen eigenen Angriff öffnet. Zudem wird der hintere Spieler gezwungen, den Ball von unten nach oben zu spielen.

Startposition

Vergleiche „Erwartungshaltung".

Stechen

Spiel-am-Netz-Technik, bei der der Schläger waagerecht zum Boden in Richtung Netzkante geführt wird. Der Ball erhält durch dieses „Stechen" einen Rückwärtsdrall und ist nur schwer retournierbar.

Smash

Der Smash wird meistens als Vorhand-Überkopf-/Überhandschlag gespielt, er kann aber auch als Rückhand-Überhand-Smash gespielt werden. Ein Smash wird mit maximaler Beschleunigung des Schlägerkopfs gespielt. Der Ball muss deutlich vor dem Körper gespielt werden, um zu gewährleisten, dass der Ball möglichst steil nach unten in das Feld des Gegners gespielt werden kann. Je nach Reichhöhe gibt es eine individuelle Grenze im mittleren bis hinteren Bereich des Feldes, von der aus Smashs effektiv gespielt werden können.

Stellung zum Ball

Die Stellung zum Ball beeinflusst den folgenden Schlag ganz entscheidend. Es ist vorteilhaft, den Ball immer vor dem Körper (in Richtung Netz) zu spielen. Dadurch kann der Ball nach unten gespielt werden. Außerdem wird der Körperschwerpunkt nach vorn verlagert und damit die Rückkehr in die zentrale Position erleichtert.

Stemmschritt

Um einen Überkopfschlag mit dem Stemmschritt aus dem Grundlinienbereich auszuführen, muss der Spieler aus der zentralen Position in den Grundlinienbereich laufen. Dieser Laufweg wird mit einem Stemmschritt abgeschlossen. Der Fuß der Schlagarmseite wird parallel zur Grundlinie aufgesetzt. Mit dem Stemmschritt wird der Rückwärtslauf abgestoppt und anschließend die Vorwärtsbewegung zum Schlag und der weitere Lauf in die zentrale Position eingeleitet. Mit dem Stemmschritt in die Schlagrichtung wird die Schlagintensität erhöht und zudem ist eine bessere Koordination der Schlagbewegung möglich.

Swip

Ein überraschend flach über oder durch die Reichweite gespielter Aufschlag. Aber auch ein flach-scharfer Ball oder gut getäuschter Angriffsclear aus dem Netzbereich wird häufiger als Swip bezeichnet.

Tagesform

Neben der allgemeinen sportlichen Form, die auf unterschiedlichen Leistungsstufen beschrieben werden kann (z. B. Anfänger, Fortgeschrittener, Vereinsspieler von der Kreisliga bis zur Bundesliga), gibt es die Tagesform, mit der die jeweils aktuelle Leistungsfähigkeit eines Spielers gemeint ist. Die Tagesform kann großen Schwankungen unterliegen und wird wesentlich von den Ereignissen der letzten 24 Stunden bestimmt. Dazu können berufliche, private, gesundheitliche und sportliche Aspekte gezählt werden. Wer z. B. am Abend des Vortags ein hartes Match absolviert hat und eine gute Tagesform hatte, wird möglicherweise bei einem Match am folgenden Tag feststellen, dass die Tagesform schlechter ist. Der Grund: keine vollständige Erholung. In ein wichtiges Match sollte man immer ausgeruht gehen, d. h. (je nach Trainingszustand) 1-2 Tage vorher nicht zu hart trainieren oder spielen.

Töten

Das „Töten" ist eine Netztechnik, mit der ein Ballwechsel im Netzbereich abgeschlossen werden soll. Dabei hat der Spieler die Möglichkeit, den Ball im Netzbereich oberhalb der Netzkante zu spielen. Mit einer hohen Schlagintensität durch eine schnellkräftige Unterarmdrehung und/oder einen explosiven Handgelenkeinsatz wird der Federball hart und steil nach unten ins gegnerische Feld gespielt.

T-Position

Position auf dem Spielfeld, wo die Mittellinie auf die vordere Aufschlaglinie trifft.

Trockenübungen/„trocken" üben

Trockenübungen sind Übungsformen „ohne Ball". Bei diesen Übungen werden auf dem Spielfeld Positionen angelaufen, Lauf- und Schlagtechniken geübt, ohne dass ein Federball im Spiel ist. Vorteilhaft ist dabei, dass der Übende sich zum Beispiel bei dieser Trainingsart auf seine Lauftechnik konzentrieren kann. Bei Übungen im Schnelligkeitstraining verhindert ein schlecht zugespielter Ball häufig die Realisation der Trainingsziele (besonders im Beginnerbereich).

Überkopf-Drop

Der Überkopf-Drop ist ein Angriffsschlag, bei dem der Ball knapp vor und über dem Kopf gespielt wird. Kurz vor dem Treffen des Balls werden Schlagarm und Schläger stark abgebremst, sodass der Federball nur noch dosiert kurz über die Netzkante und knapp hinter das Netz gespielt wird.

Unterschieden werden schnelle und langsame Überkopf-Drops.

Schnelle Drops werden mit etwas höherer Schlagintensität gespielt, die Flugkurve fällt gleichmäßiger ab und der Ball fliegt etwas weiter ins gegnerische Feld. Langsame Drops mit geringer Schlagintensität fallen auf Grund der Flugeigenschaften des Balls hinter dem Netz steiler zu Boden. Im Wettkampf auf höherem Niveau wird der schnelle Drop bevorzugt, da der Gegenspieler weniger Zeit für einen effektiven Return hat.

Überspielt werden

Überspielt werden bedeutet, dass der Ball nicht vor dem Körper oder vor und über dem Kopf zurückgespielt werden kann. Die daraus entstehende Spielsituation ist ungünstig, da effektive Schläge kaum noch möglich sind. Das Ziel sollte im Spiel immer darin bestehen, diese Situation zu vermeiden.

Umsprung

Der Umsprung ermöglicht ein effektives Überkopfspiel, da die Reichhöhe vergrößert wird und Bälle im Überkopfbereich früher gespielt werden können. Dadurch werden Spieltempo und Zeitdruck für den Gegner erhöht. Wie beim Stemmschritt wird das Bein der Schlagarmseite parallel zur Grundlinie aufgesetzt. Nun wird von oben hinten von diesem Bein abgesprungen. In dieser Phase werden das linke Bein und der linke Ellbogen schnell zurückgeführt. Gleichzeitig kommt zunächst die rechte Körperseite (Hüfte) und dann der rechte Ellbogen nach vorn (Drehung um die Längsachse). Nach dem Schlag erfolgt die Landung mit seitlich zur Laufrichtung aufgestelltem Bein. Die Landung soll so erfolgen, das die Vorwärtsbewegung in die zentrale Position unmittelbar möglich wird. Der Umsprung erfordert Übung, da die Koordination der Teilbewegungen schwieriger als beim Stemmschritt ist.

Universalgriff

Der Griff wird mit den drei hinteren Fingern locker umfasst. Daumen und Zeigefinger werden so an die breiten Seiten des Griffhalses gelegt, dass sich Daumen und mittleres Gelenk des Zeigefingers gegenüberliegen.

Unterarmdrehung/Basic-Drehung

Grundlage für die Basic-Drehung (Unterarmrotation) ist die richtige Griffhaltung. Der Winkel zwischen Schlägerschaft und Unterarm sollte ca. 90° betragen, um eine optimale Kraftübertragung zu gewährleisten. Um einen Vorhandschlag auszuführen, muss der Schläger aus der Nullstellung zur Handrückenseite fallen gelassen werden. Durch schnellkräftiges Zufassen mit gleichzeitiger Unterarmdrehung gelangt der Schlägerkopf in einer Schleifenbewegung in seine Ausgangsposition zurück.

Verletzungen

Verletzungen kommen beim Badminton, statistisch gesehen, selten vor.

Verletzungen an Muskeln, Bändern und Sehnen kommen gelegentlich vor.

Verletzungen dieser Art können auf Grund mangelnden Aufwärmens entstehen, aber auch bei unkontrollierten Bewegungen (falsche Lauftechnik) oder durch Überbeanspruchung.

Vorderspieler (Doppel)

Der Vorderspieler ist der Spieler, der in der Angriffsposition alle Bälle vor der vorderen Aufschlaglinie nimmt.

Wettkampfspieler

Die Wettkampfspieler sind in Vereinen organisiert und nehmen am Spielbetrieb der Vereine und der Verbände teil. Im Gegensatz zu den Freizeitspielern trainieren die meisten Wettkampfspieler regelmäßig, um sich auf die Anforderungen der Wettkämpfe systematisch vorzubereiten.

Allerdings ist zu beobachten, dass auch zunehmend Turniere für Freizeitspieler ausgeschrieben werden, die nicht am vom Verband oder Verein organisierten Spielbetrieb teilnehmen.

Wischen

Spiel-am-Netz-Technik, die meistens dann sehr dicht im Bereich der Netzoberkante gespielt wird, wenn es beim „Töten" zur Netzberührung kommen könnte. Der Schlägerkopf steht senkrecht zum Netz und wird in der Art eines Scheibenwischers sehr schnell von der Vorhand- zur Rückhandseite oder umgekehrt geführt. Dadurch erhält der Federball einen „Schnitt", sodass der Gegner die Flugbahn des Balls nur schwer einschätzen kann.

Zählweise

Ein Spiel ist beendet, wenn eine Seite zwei Sätze gewonnen hat, außer es ist etwas anderes vereinbart worden.

Ein Satz gilt von der Seite als gewonnen, die zuerst 21 Punkte erreicht hat (Ausnahmen siehe weiter unten).

Die Seite, die einen Ballwechsel gewinnt, erhält einen Punkt zum bisherigen Punktestand hinzu. Eine Seite gewinnt einen Ballwechsel, wenn die Gegenseite einen Fehler begeht oder der Ball aus dem Spiel ist, weil er auf den Boden des gegnerischen Spielfeldes fällt.

Beim Spielstand von 20 beide gewinnt die Seite den Satz, die zuerst einen Vorsprung von zwei Punkten hat.

Beim Spielstand von 29 beide gewinnt die Seite den Satz, die als nächste den 30sten Punkt erzielt.

Die Seite, die einen Satz gewinnt, führt im nächsten den ersten Aufschlag aus.

Zeigefingergriff

Falsche Griffhaltung, die teilweise bei Anfängern auszumachen ist. Dabei liegt der gestreckte Zeigefinger auf der schmalen oberen Griffseite.